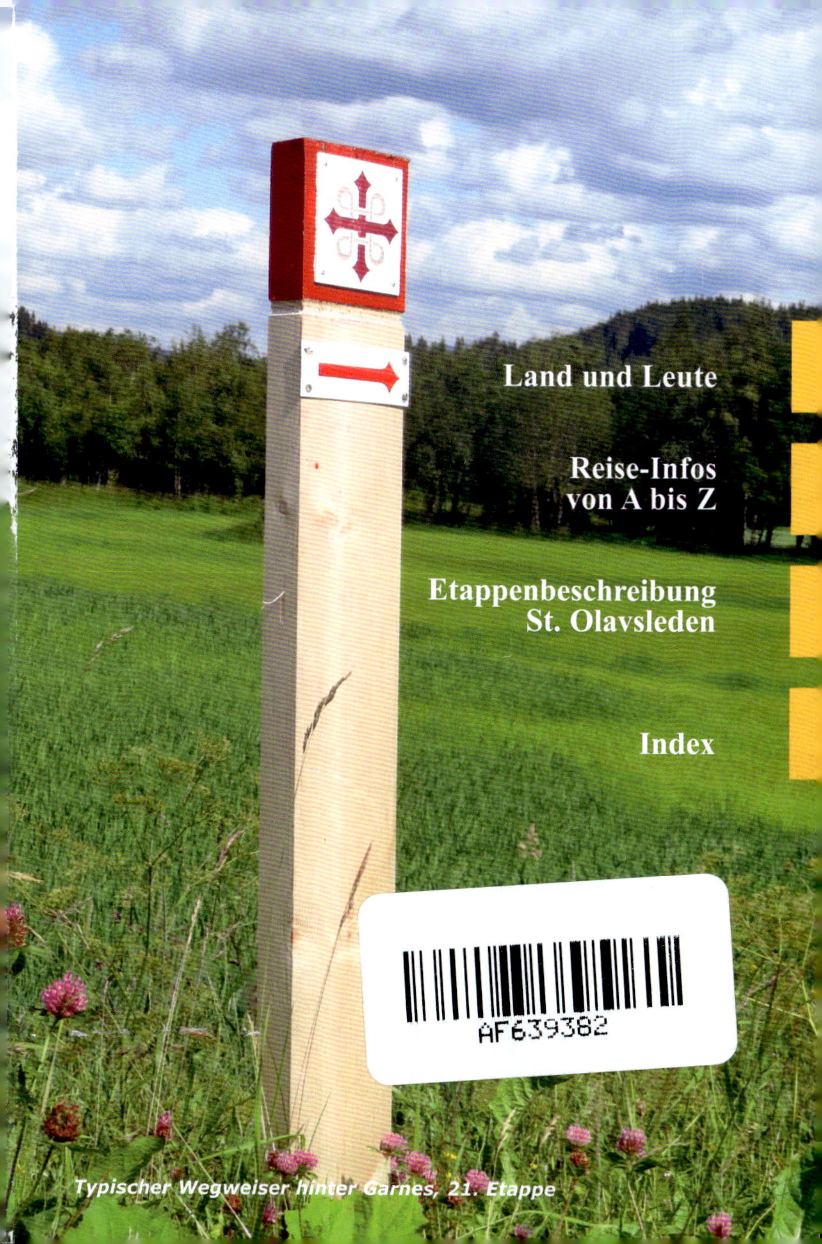

Typischer Wegweiser hinter Garnes, 21. Etappe

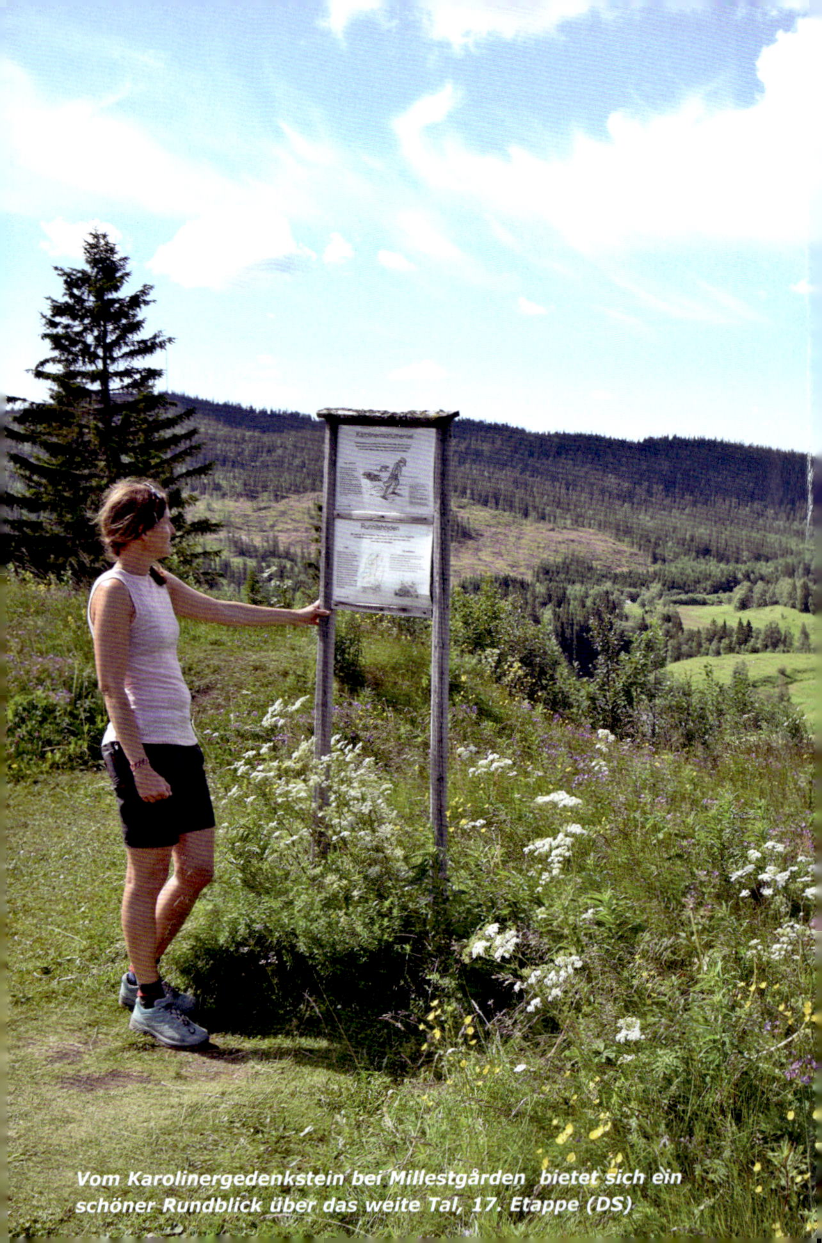

Vom Karolinergedenkstein bei Millestgården bietet sich ein schöner Rundblick über das weite Tal, 17. Etappe (DS)

Band 447

OutdoorHandbuch

Andrea Susanne Opielka

St. Olavsleden von Selånger nach Trondheim

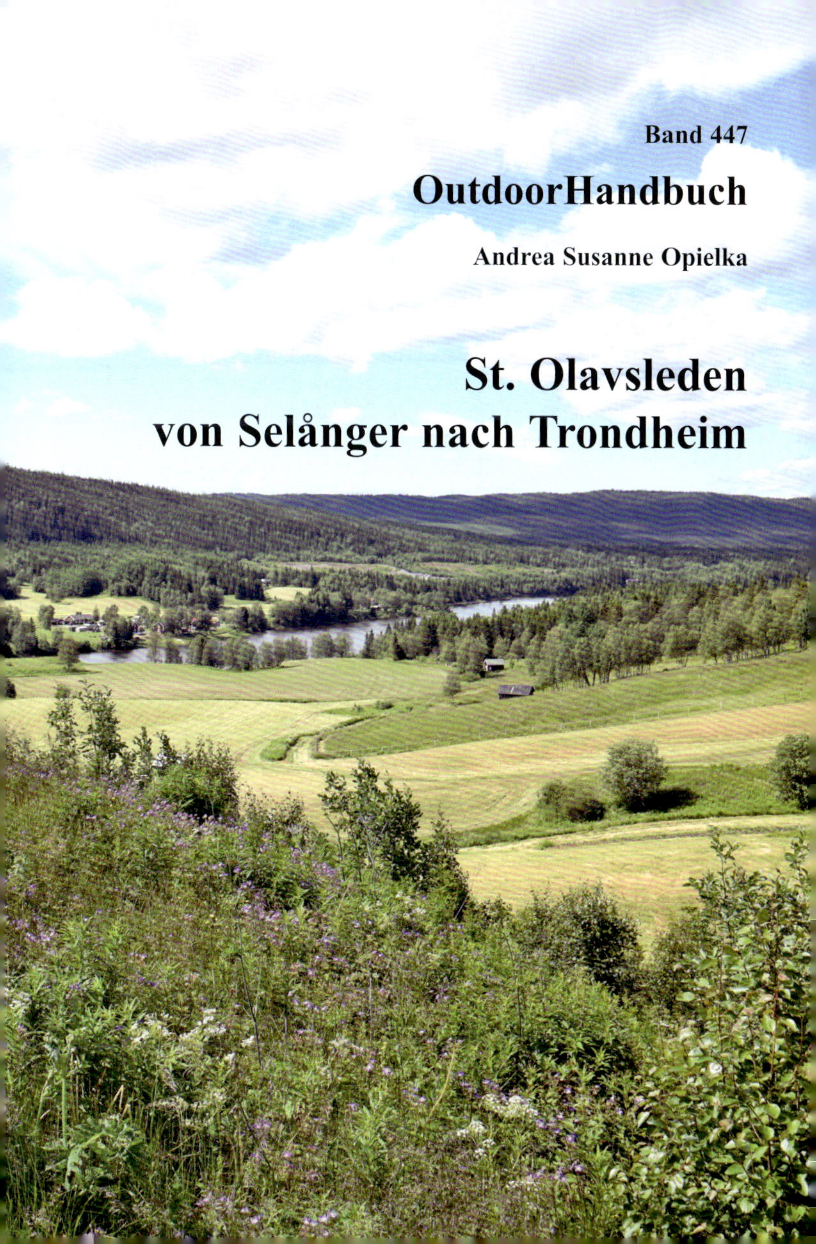

St. Olavsleden

Die Autorin und der Verlag sind für Lesertipps und Verbesserungen (besonders per E-Mail) unter Angabe der Auflagen- und Seitennummer dankbar.

Dieses OutdoorHandbuch hat 224 Seiten mit 85 farbigen Abbildungen sowie 41 farbigen Kartenskizzen im Maßstab 1:150.000, 41 farbigen Höhenprofilen, einem farbigen Stadtplan und einer farbigen, ausklappbaren Übersichtskarte. Es wurde auf chlorfrei gebleichtem, FSC®-zertifiziertem Papier gedruckt, in Deutschland klimaneutral hergestellt und transportiert und wegen der größeren Strapazierfähigkeit mit PUR-Kleber gebunden.

FSC www.fsc.org MIX Papier aus verantwortungsvollen Quellen FSC® C009051

Klimaneutral Druckprodukt
ClimatePartner.com/10951-2004-1004

OutdoorHandbuch aus der Reihe „Der Weg ist das Ziel“, Band 447

ISBN 978-3-86686-635-5 1. Auflage 2020

Text: Andrea Susanne Opielka
Fotos: Andra Susanne Opielka, Michael Hediger (MH), Cornelia Opielka (CO), Daniel Schütte (DS)
Karten: Heide Schwinn
Lektorat: Amrei Risse
Layout: Alexandra Sauerland

Gesamtherstellung: gutenberg beuys feindruckerei

Dieses OutdoorHandbuch wurde konzipiert und redaktionell erstellt vom:

Conrad Stein Verlag GmbH,
Kiefernstr. 6, 59514 Welver,
☏ 023 84/96 39 12, FAX 023 84/96 39 13,
info@conrad-stein-verlag.de,
www.conrad-stein-verlag.de

Besuchen Sie uns bei Facebook & Instagram:

www.facebook.com/outdoorverlag

www.instagram.com/outdoorverlag

Titelfoto: Charakteristischer Wegabschnitt des St. Olavsleden bei Loböle, 2. Etappe

Inhalt

Einleitung

Der in diesem Buch beschriebene **St. Olavsleden** führt in ca. 580 km von Selånger nach Trondheim und gehört zu einem weitverzweigten Netz an Pilgerwegen in Skandinavien, die alle das Grab des heiligen Olav im Nidarosdom zum Ziel haben. Der bekannteste unter ihnen ist der norwegische Gudbrandsdalsweg von Oslo nach Trondheim („Norwegen: Olavsweg“ aus dem Conrad Stein Verlag, Band 369), erschlossen sind inzwischen aber u. a. auch der Romboweg mit Start in Vadstena (Schweden), der Nordweg mit Start in Gløshaug (Norwegen) sowie der Küstenweg mit Start in Egersund (Norwegen).

Als das Pilgern im ausgehenden 20. Jahrhundert wiederentdeckt wurde, besann man sich auch in den nordischen Ländern auf die lange in Vergessenheit geratene Tradition, die durch die Einführung der Reformation 1537 ein jähes Ende gefunden hatte. Im Mittelalter galt Trondheim – das damals den Namen Nidaros trug – nach Santiago de Compostela und Rom als drittgrößtes Pilgerzentrum Europas. 2010 erklärte der Europarat mehrere skandinavische Pilgerwege zu europäischen Kulturwegen, darunter auch den St. Olavsleden, der im September 2013 offiziell wiedereröffnet wurde.

Die äußerst abwechslungsreiche Route führt in 29 Etappen quer durch Schweden und Norwegen vom bottnischen Meerbusen bis zum Nordatlantik. Sie folgt dem historischen Weg, den der heilige Olav im Frühsommer des Jahres 1030 mit seinem Gefolge zurücklegte. Dabei stehen schöne Naturparadiese ebenso auf dem Programm wie bedeutende Kulturschätze. Den Pilger erwarten malerische Dörfer und Gehöfte, geschichtsträchtige Kirchen, idyllische Seen, fischreiche Flüsse, sprudelnde Quellen, fruchtbare Felder, tiefe Wälder und karge Gebirgszüge.

Aufgrund der guten Infrastruktur mit einem dichten Netz an Übernachtungsmöglichkeiten und zuverlässigen Wegmarkierungen ist der St. Olavsleden auch als Einstieg für weniger erfahrene Wanderer geeignet. Die Gesamtlänge von ca. 580 km (plus Abstecher zu den Herbergen) erfordert jedoch eine gute körperliche Konstitution. Abseits des Massentourismus können Sie auf diesem Weg in die Natur eintauchen, zur Ruhe kommen und zu sich selbst finden.

Land und Leute

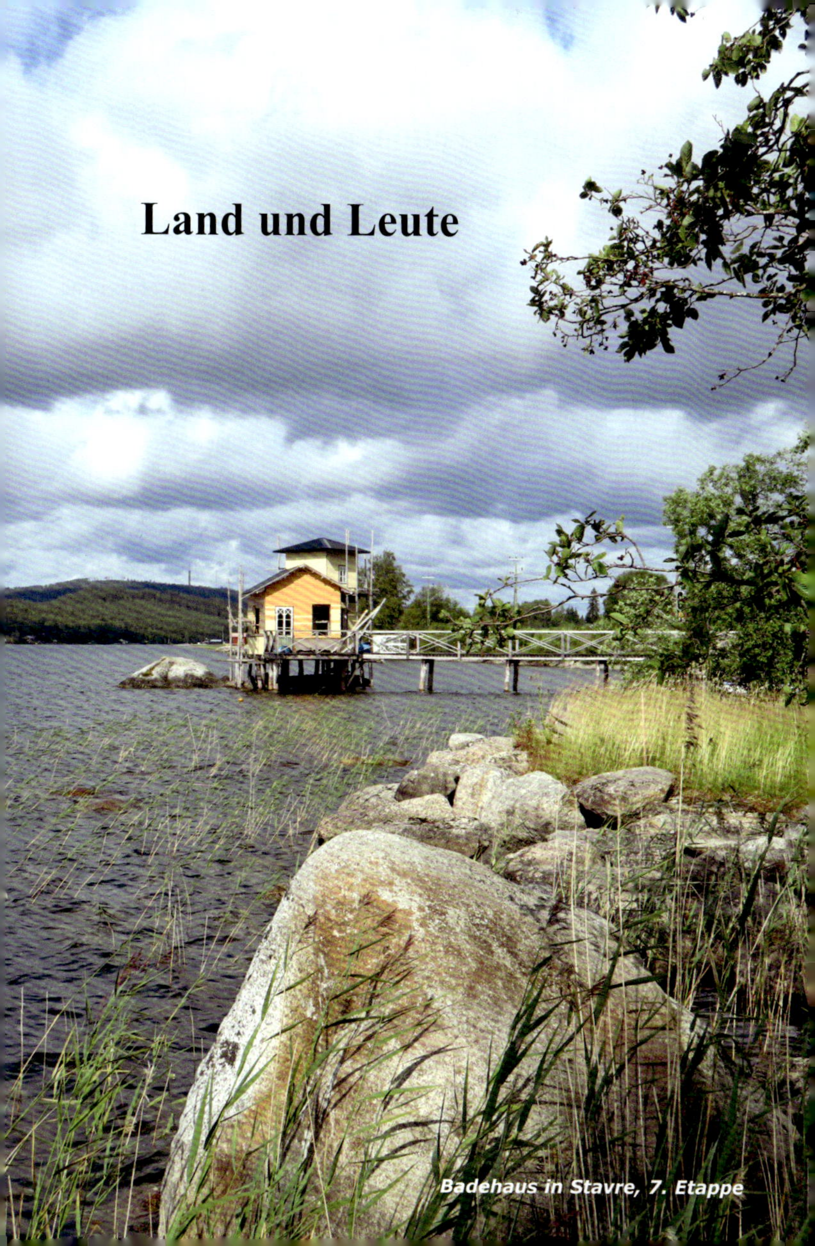

Badehaus in Stavre, 7. Etappe

Olav der Heilige – Patron des Nordens

Olav gilt bis heute mit Abstand als wichtigster Heiliger der nordischen Länder. Von seiner immensen Bedeutung zeugen nicht nur die Massen an Pilgern, die im Mittelalter zu seinem Grab strömten, sondern auch die zahlreichen, bis heute erhalten gebliebenen Olavskirchen, Olavsskulpturen und Olavsquellen.

995 n. Chr. als Sohn des Kleinkönigs Harald Grenske und der Königin Åsa geboren, wuchs Olav nördlich vom heutigen Oslo in Ringerike auf. Als 13-Jähriger nahm er an seiner ersten Wikingerfahrt teil und zog plündernd, kämpfend und mordend durch Frankreich, England und Spanien. Mit 18 Jahren ließ er sich in Rouen taufen und kehrte ein Jahr später in seine Heimat zurück, um das Volk zu christianisieren und gleichzeitig Anspruch auf den Thron zu erheben und das Land zu einen. Zur damaligen Zeit war Norwegen zersplittert und unter zahlreichen Kleinkönigen aufgeteilt, die sich gegenseitig bekriegten und um das wenige Ackerland kämpften. Mit überaus großem Erfolg setzte Olav seine Ziele innerhalb kurzer Zeit durch und erreichte 1024 die offizielle Annahme des Christentums als Staatsreligion. Es kehrte Ruhe im Land ein.

Seine zunehmende Macht war allerdings nicht nur einigen lokalen Häuptlingen, sondern auch dem englisch-dänischen König Knut ein Dorn im Auge. 1028 musste Olav zum Großfürsten Jaroslaw nach Nowgorod fliehen, wo ihm im Traum ein Mann erschien, der ihn zur Rückkehr nach Norwegen aufforderte: „Fahr in Dein Reich zurück und lass Dich nicht durch Deine Untertanen erschrecken. Eines Königs Ruhm ist, über seine Feinde zu siegen, und ein ehrenvoller Tod ist es, in der Schlacht mit seinen Kriegern zu fallen."

1030 brach Olav mit seinen Gefolgsmännern auf, ging im Frühsommer in Selånger an Land und machte sich auf den Weg gen Westen. In Stiklestad traten ihm die Feinde in deutlicher Überzahl entgegen und eröffneten am 29. Juli eine blutige Schlacht, in deren Verlauf Olav das Leben verlor.

Die Sage berichtet, dass sich die Sonne in seiner Todesstunde verdunkelte und Bauern den toten Helden heimlich nach Nidaros brachten und dort begruben. Als man den Sarg ein Jahr später wieder öffnete, fand man einen völlig unversehrten Leichnam vor, dessen Haare weitergewachsen waren. Nach diesem und weiteren wundersamen Ereignissen wurde Olav am 3. August 1031 als Märtyrer heiliggesprochen. Bereits um 1075 berichtet Adam von Bremen von großen Pilgerscharen, die in der Hoffnung auf Vergebung oder Heilung zu Olavs Grab nach Nidaros strömten. Ein regelrechter Olavskult hatte zur Folge, dass im Norden fast 500 Kirchen diesem Heiligen geweiht wurden.

Pilgerboom im Mittelalter

Pilgerwege üben in unserer multikulturellen, zunehmend globalisierten Welt u. a. deshalb einen so großen Reiz aus, weil sie eine jahrhundertealte Tradition spürbar machen und eine tiefe Verbundenheit zur eigenen Kultur und Geschichte ermöglichen. Trotzdem liegen Welten zwischen dem historischen und dem modernen Pilger.

Im Mittelalter gingen fast 50 % der Christen irgendwann in ihrem Leben auf Pilgerreise, manche nur für wenige Tage, andere für viele Wochen oder gar Jahre. Ob Mann oder Frau, ob arm oder reich, ob Bettler oder Fürst – alle waren von der vermeintlichen Gunst Gottes abhängig.

Hoffnung auf Heilung bei schwerer Krankheit, Dankbarkeit für bereits erfahrene Hilfe oder die Bitte um Vergebung der Sünden waren die wichtigsten Beweggründe der damaligen Pilger.

Als die Gläubigen im 11. Jahrhundert aus allen Richtungen zum Grab des heiligen Olav strömten, kristallisierten sich in Skandinavien schon bald bestimmte Hauptrouten heraus, an denen sich eine pilgergerechte Infrastruktur entwickelte. Kirchen und einfache, als *Själastuga* bezeichnete Herbergen boten den Reisenden Schutz vor Naturgewalten und vor Räubern, die insbesondere die kaum erschlossenen Gebiete unsicher machten. Schon damals trugen die Pilger einen Pilgerausweis oder ein kirchliches Empfehlungsschreiben bei sich. Erkennbar waren sie aber auch an ihrer typischen Ausrüstung, die aus einem Stab, einer Kalebasse für Trinkwasser und einer Schultertasche für Proviant bestand.

Die meisten Gläubigen gingen zu Fuß, manche reisten aber auch zu Pferd oder mit dem Boot. Nach der Ankunft im Nidarosdom nahm der Rückweg noch einmal die gleiche Zeit in Anspruch wie der Hinweg. Als Andenken an die Pilgerreise wurden nun Flaschen mit heilendem Wasser und kleine Olavsplaketten mitgeführt.

Mit der Einführung der Reformation fand die Tradition des Pilgerns in Skandinavien ein jähes Ende. 1537 erließ König Christian III. in Norwegen unter Androhung der Todesstrafe ein Pilgerverbot, dem sich der schwedische Herrscher Gustav Wasa 1544 anschloss.

Die heilige Birgitta von Schweden (1303-1373) machte sich 1339 auf den Weg nach Trondheim und prägte während ihrer Reise sieben Schlüsselbegriffe, die auch den heutigen Pilger auf seiner Wanderung begleiten können:

- Langsamkeit
- Freiheit
- Einfachheit
- Sorglosigkeit
- Stille
- Gemeinschaft
- Geistlichkeit

Zwei Länder – drei Provinzen

Der 580 km lange St. Olavsleden führt knapp 400 km durch Schweden und gut 180 km durch Norwegen. Die heute sehr eng kooperierenden Staaten verbindet eine über 1.000-jährige, nicht immer unproblematische Geschichte. Mit der Kalmarer Union endete 1397 zunächst die Unabhängigkeit beider Länder, denn sie wurden unter Königin Margarethe I. Teil eines von Dänemark aus gesteuerten Reiches. Während Schweden sich nach einem blutigen Krieg 1523 aus diesem Bündnis befreien konnte, blieb Norwegen bis 1814 unter dänischer Herrschaft und kam dann als Folge der Napoleonischen Kriege zum schwedischen Reich. Erst 1905 erlangte das Land nach über 500 Jahren seine Unabhängigkeit zurück.

Der Ausgangspunkt des St. Olavsleden liegt im Herzen Schwedens in der Region **Medelpad**. Hier befand sich bis zur frühen Neuzeit eines der wichtigsten Macht- und Wirtschaftszentren des Landes. Der Kult um den heiligen Olav spielte eine prägende Rolle, denn in Selånger begann im Mittelalter der bedeutendste schwedische Pilgerweg. Bis zur Reformation zeigte das offizielle Siegel Medelpads eine Prozessionsfahne mit Olavsaxt.

Vom bottnischen Meerbusen führt die Route durch landwirtschaftlich geprägte Regionen mit kleinen Siedlungen und schönen Seen. Stromaufwärts geht es am Fluss Ljungan entlang bis nach Torpshammar, wo sich ganz in der Nähe der geografische Mittelpunkt Schwedens befindet. Hinter Borgsjö verändert sich die Landschaft und wird zu einer waldreichen, unwirtlichen Gegend, in der früher Räuber ihr Unwesen trieben.

Nach 113 km erreicht der St. Olavsleden die schwedische Provinz **Jämtland**, die mit nur 3 Einwohnern/km^2 sehr dünn besiedelt ist. Jahrhundertelang war sie ein hart umkämpfter Spielball zwischen dem dänisch-norwegischen und dem schwedischen Königreich. Erst 1645 wurde die Region endgültig Schweden zugesprochen. Im Westen bildet der Gebirgszug Skanden die Grenze zu Norwegen, im Norden liegt Lappland. In einigen Kommunen Jämtlands sind bis heute Samen ansässig und pflegen ihre einzigartige Kultur.

An den Seen Revsundssjön und Storsjön entlang gelangt der St. Olavsleden zur Provinzhauptstadt Östersund, die mit 50.000 Einwohnern und einer guten Infrastruktur ein wichtiges Versorgungszentrum bildet. Im 19. Jahrhundert brachte die florierende Holzwirtschaft der bewaldeten Gegend großen Reichtum, denn die Holzstämme konnten noch vor dem Bau der Eisenbahn bequem über die Flüsse transportiert werden. Ein schöner Streckenabschnitt führt am Fluss Indalsälven entlang bis zu Schwedens wichtigstem Wintersportzentrum Åre, in dem bereits mehrfach die alpine Ski-WM ausgetragen wurde. Die nächsten 40 km legen Sie auf dem geschichtsträchtigen Karl Johansvägen zurück, der 1835 für kleine Fuhrwerke angelegt, inzwischen allerdings zu einer Autostraße ausgebaut wurde. Der beeindruckende Wasserfall Tännforsen und die fischreichen Seen am Wegesrand entschädigen für den anstrengenden Marsch auf Asphalt.

Die Vegetation weist nun mit Flechten, Moosen und Zwergbirken immer stärkere Hochlandzüge auf. Der Weg steigt stetig an, bis er kurz hinter der schwedisch-norwegischen Grenze seinen höchsten Punkt mit 640 m erreicht. Während sich Schweden und Norwegen in kultureller Hinsicht kaum voneinander unterscheiden, ändern sich die Landschaft und die Wegbeschaffenheit abrupt.

Die letzten 183 km führen durch die geschichtsträchtige norwegische Provinz **Trøndelag**, deren Name sich vom alten nordischen Volksstamm der Trønder ableitet. Den Pilger begleiten auch weiterhin landwirtschaftlich geprägte Gebiete, schöne Seen und tiefe Wälder. Der Anteil an schmalen, stellenweise feuchten Pfaden nimmt aber deutlich zu, und da es obendrein viel öfter auf und ab geht, verlangsamt sich das Wandertempo spürbar.

Der historisch bedeutende Ort Stiklestad bildet mit einem Freilichtmuseum sowie mehreren Kirchen und Kapellen einen wichtigen kulturellen Höhepunkt. Im Fokus aller Aktivitäten steht natürlich der heilige Olav, der hier am 29. Juli 1030 in einer Schlacht den Tod fand. Schon jetzt bereitet sich die Ortschaft schrittweise auf das große Jubiläum im Jahr 2030 vor.

Schon ab Verdal eröffnen sich immer wieder schöne Blicke auf den weiten Trondheimfjord, die Stadt Trondheim wird aber erst 16 km vor dem Ziel sichtbar. Nun ist es nicht mehr weit bis zum Nidarosdom, der ab 1152 im romanisch-gotischen Stil angelegten Grabeskirche des heiligen Olav. 1869 begann der 100 Jahre andauernde Wiederaufbau des inzwischen stark verfallenen Gotteshauses. Auch Trondheim, ältester Königssitz Norwegens und mit knapp 200.000 Einwohnern drittgrößte Stadt des Landes, ist einen ausgiebigen Besuch wert.

Fauna und Flora

Da der Pilgerweg über weite Strecken durch besiedeltes Gebiet führt, sind die am häufigsten vorkommenden **Säugetiere** Milchkühe, Rinder und Pferde. Sie werden auf eingezäunten Weiden gehalten, während Schafe frei umherlaufen dürfen und schon von Weitem durch ihr Glockengeläut zu hören sind.

In freier Natur leben natürlich auch Rehe, Hirsche, Rentiere und Elche, es ist jedoch gar nicht so einfach, diese Tiere zu Gesicht zu bekommen. Elche verlassen z. B. oft erst in der Dämmerung den Wald, um auf saftigen Wiesen zu grasen. Rentiere halten sich hauptsächlich während der Wintermonate in den Gebieten rund um den St. Olavsleden auf. Die Wahrscheinlichkeit, Rentiere oder Elche zu sehen, ist in der Nähe der schwedisch-norwegischen Grenze besonders hoch. In Jämtland gibt es zwischen Bräcke und Östersund außerdem eine wachsende Anzahl an Braunbären, von denen jährlich etwa 100 Tiere zur Jagd freigegeben werden. Auf diese Weise soll sichergestellt werden, dass die aktuelle Gesamtpopulation von etwa 650 Bären konstant bleibt.

Der Pilgerweg führt viele Kilometer an Flüssen und Seen entlang, in denen sich zahlreiche **Fische** tummeln und Angler ihr Glück versuchen. Zu den besten schwedischen Angelrevieren für Forellen und Saibling gehört der Bodsjön kurz hinter Tännforsen.

In den landwirtschaftlich genutzten Gebieten wird die Flora genau wie die Fauna durch menschliche Eingriffe in die Natur bestimmt. Getreidefelder, Weiden, Wiesen und Wälder prägen das Bild. Auffällig ist im Sommer die üppige bunte **Blumenpracht** an den Wegesrändern. Hier gedeihen u. a. Weidenröschen, Eisenhut, Margeriten, Glockenblumen und verschiedene Orchideenarten.

Üppige Blütenpracht am Wegesrand

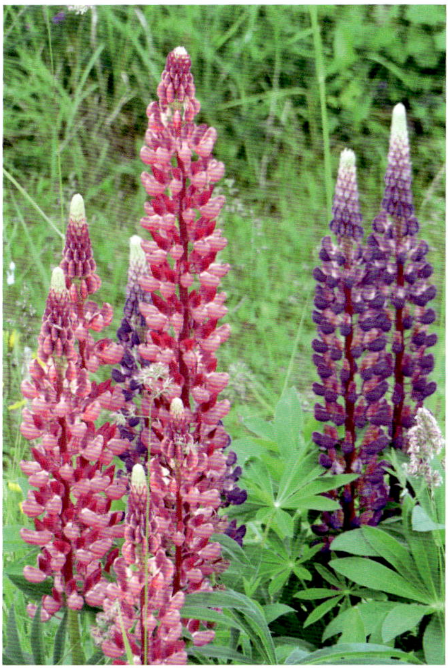

Gegen Ende des Sommers kann man insbesondere auf den norwegischen Hochebenen **Beeren** ernten, und zwar Heidelbeeren, Preiselbeeren und schwedischen Hartriegel. Diese im deutschsprachigen Raum weitgehend unbekannten roten Steinfrüchte sind zwar ungiftig und essbar, aber nicht sonderlich schmackhaft. In den feuchten Waldgebieten gedeihen außerdem verschiedene **Pilzsorten**.

Reise-Infos von A bis Z

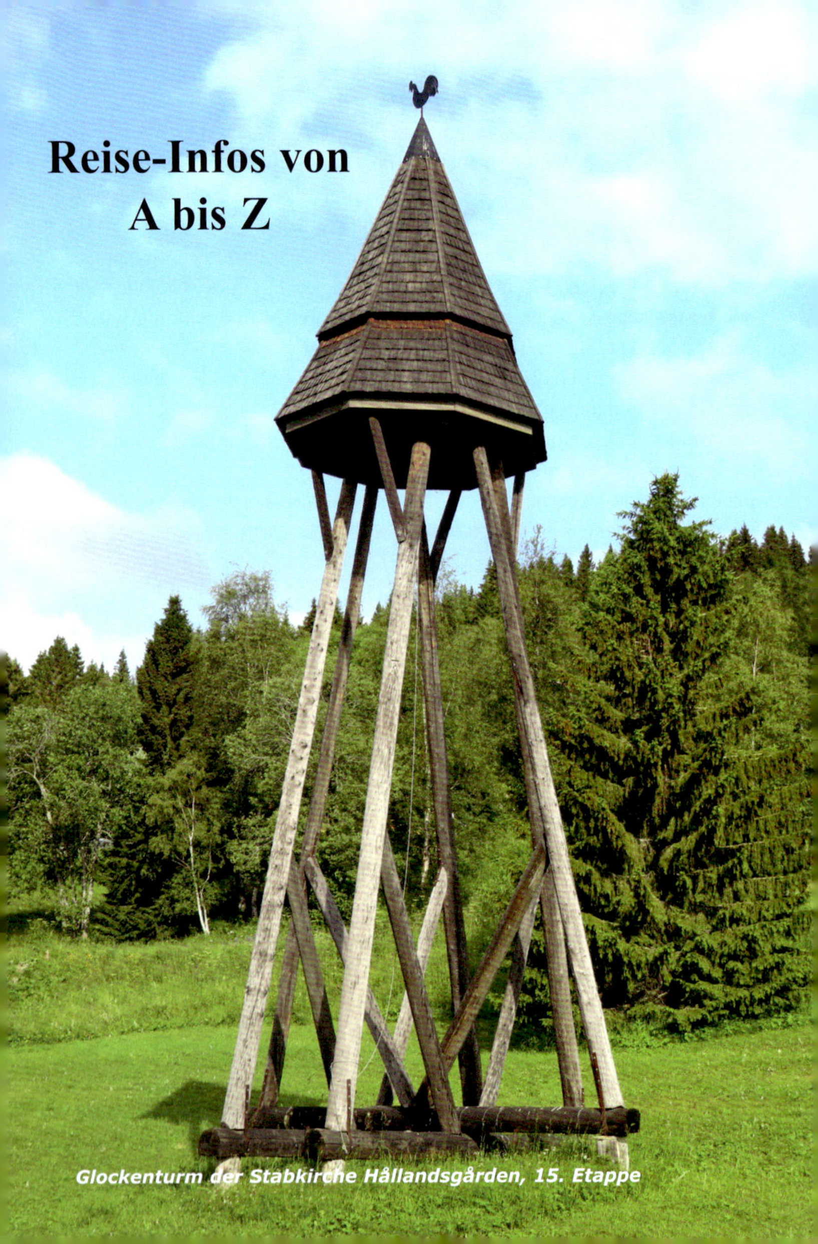

Glockenturm der Stabkirche Hållandsgården, 15. Etappe

Allein unterwegs?

Schweden und Norwegen gelten als sehr sichere Länder, sodass Sie sich – auch als Frau – problemlos allein auf den Weg machen können. Statistisch gesehen sind allein pilgernde Frauen auf dem St. Olavsleden sogar in der Überzahl.

Da sich die Zivilisation in Form von Bauernhöfen, kleinen Ortschaften und befahrenen Straßen immer in der Nähe befindet, können Sie bei Problemen schnell Hilfe organisieren. Auch in den abgelegenen Gebieten sind oft Spaziergänger oder Tageswanderer unterwegs.

Da der St. Olavsleden nur mäßig frequentiert ist, treffen Sie nicht an jeder Ecke auf Gleichgesinnte wie z. B. auf dem Jakobsweg. Wenn Sie jedoch anderen Pilgern begegnen, bleiben diese oft für viele Tage Ihre Weggefährten.

An- und Abreise

Die Anreise zum Startpunkt des St. Olavsleden in Selånger erfolgt in drei Schritten: Zunächst geht es mit dem Flugzeug, Zug oder Bus nach **Stockholm** und dann weiter mit dem Flugzeug oder Zug nach **Sundsvall**. Von dort können Sie die letzten 7,5 km nach **Selånger** zu Fuß oder mit dem Bus zurücklegen (☞ 1. Etappe). Die Heimreise von **Trondheim** erfolgt mit dem Flugzeug oder Zug.

✋ Alle benötigten Tickets für die Reise nach Sundsvall sollten Sie im Vorhinein auf den entsprechenden Internetseiten verbindlich buchen und per Kreditkarte bezahlen. Die Rückreise von Trondheim organisieren Sie am besten erst dann, wenn Sie Ihre Ankunft am Ziel genau abschätzen können.

☺ Eine empfehlenswerte Kombination für den Hinweg ist die Anreise mit dem Flugzeug bis Stockholm und die Weiterreise mit dem Direktzug vom Flughafen Arlanda nach Sundsvall.

Mit dem Flugzeug nach Stockholm

Von vielen Flughäfen in Deutschland, Österreich und der Schweiz werden Direktflüge nach Stockholm angeboten, wobei die Fluggesellschaften je nach Abflughafen variieren. Zu den wichtigsten gehören:

- SAS, 💻 www.flysas.com
- Lufthansa, 💻 www.lufthansa.com
- Eurowings, 💻 www.eurowings.com

Mit dem Zug nach Stockholm

Die Anreise mit dem Zug ist zeitintensiv und dauert von Hamburg nach Stockholm ca. 11 Stunden. Fahrpläne und Tarife finden Sie im Internet unter:

- Deutsche Bahn, 💻 www.bahn.de
- Schwedische Bahn, 💻 www.sj.se

Mit dem Bus nach Stockholm

Der Bus ist das zeitaufwendigste Verkehrsmittel und benötigt von Hamburg nach Stockholm etwa 16 Stunden. Fahrpläne und Tarife finden Sie im Internet unter:

- Flixbus, 💻 www.flixbus.de

Mit dem Flugzeug von Stockholm nach Sundsvall

Der regionale Flughafen in Sundsvall wird von den Fluggesellschaften SAS und Braathens Regional Airlines angeflogen.

- SAS, 💻 www.flysas.com
- Braathens, 💻 www.flygbra.se

✋ Die Maschinen von Braathens Regional Airlines fliegen in Stockholm nicht vom internationalen Flughafen Arlanda ab, sondern vom regionalen Flughafen Bromma.

Mit dem Zug von Stockholm nach Sundsvall

Vom Hauptbahnhof in Stockholm sowie vom Flughafen **Arlanda** verkehren durchgehende Züge nach Sundsvall, die Reisezeit beträgt ca. 3,5 Stunden. Fahrpläne und Tarife finden Sie im Internet unter:

- Schwedische Bahn, 💻 www.sj.se

Rückreise von Trondheim mit dem Flugzeug

Der Flughafen Trondheim Værnes liegt gut 30 Minuten außerhalb von Trondheim. Sie erreichen ihn vom Zentrum mit dem Regionalzug (Haltestelle „Trondheim Lufthavn") oder mit dem Bus.

- Norwegische Staatsbahn, 💻 www.vy.no
- Flughafen Shuttle, 💻 www.flybussen.no

Von Trondheim gibt es mit den Fluggesellschaften SAS oder Norwegian Verbindungen zu allen größeren Flughäfen in Deutschland, Österreich und der Schweiz, in der Regel mit Umstieg in Oslo oder Kopenhagen.

- SAS, 💻 www.flysas.com
- Norwegian, 💻 www.norwegian.com

Rückreise von Trondheim mit dem Zug

Von Trondheim verkehren mehrmals täglich durchgehende Züge nach Oslo, die Fahrtzeit beträgt knapp 7 Stunden. Fahrpläne und Tarife finden Sie im Internet unter:

- Norwegische Staatsbahn, 💻 www.vy.no

Von Oslo können Sie Ihre Reise dann mit dem Flugzeug, dem Zug (ca. 13,5 Stunden) oder dem Flixbus (ca. 15 Stunden) Richtung Hamburg fortsetzen.

An- und Abreise mit dem eigenen Auto

Die Anreise mit dem eigenen Auto ist aufgrund der langen Strecke nicht unbedingt empfehlenswert. Die Entfernung von Hamburg nach Sundsvall beträgt 1.350 km. Sie folgen der A1 bis Fehmarn, nehmen die Fähre von Puttgarden nach Rødby, setzen Ihre Fahrt auf der E47 bis Kopenhagen fort und erreichen nach der Überquerung des Öresunds Malmö. Von dort folgen Sie der E4 bis Sundsvall.

Um von Trondheim zu Ihrem Auto in Sundsvall zurückzukehren, nehmen Sie am besten den Zug. Es gibt zweimal täglich Verbindungen mit Umstieg in Storlien. Die Fahrzeit beträgt ca. 6,5 Stunden. Fahrpläne und Tarife finden Sie im Internet unter:

- Norrtåg, 💻 www.norrtag.se

Ausrüstung und Packliste

Beherzigen Sie beim Packen unbedingt die Redewendung „Weniger ist mehr“ und denken Sie daran, dass Sie Ihr Gepäck viele Tage lang auf den Schultern tragen müssen. Der Rucksack wiegt im Idealfall ca. 10 kg zzgl. Trinkwasser und sollte auf keinen Fall schwerer sein als 20 % des eigenen Körpergewichts.

Wählen Sie einen ausreichend großen, aber leichten Rucksack mit gepolstertem Hüftgurt, Vorder- und Seitentaschen sowie Regenschutzhülle.

Aufgrund des dichten Netzes an Unterkünften ist eine Campingausrüstung nicht erforderlich. Wichtig sind dagegen warme und wetterfeste Kleidung sowie etwas Proviant, da der Weg oft tagelang an keinem Supermarkt vorbeiführt.

Nehmen Sie leicht trocknende Funktionskleidung mit, die Sie schnell per Hand waschen können. In einigen Unterkünften stehen auch Waschmaschinen zur Verfügung. Dann ist eine einzige Garnitur zum Wechseln völlig ausreichend!

Grundausrüstung

- ☐ wasserdichte, gut gefederte Wanderschuhe
- ☐ leichte Sportschuhe oder Sandalen für abends
- ☐ winddichte Regenjacke und Regenhose
- ☐ Trekkinghosen (evtl. mit abnehmbaren Hosenbeinen)
- ☐ schnell trocknende T-Shirts
- ☐ langärmelige Shirts oder Funktionshemden
- ☐ Sweatshirt oder Fleecepulli
- ☐ Wandersocken und Unterwäsche
- ☐ Handtuch
- ☐ Seidenschlafsack
- ☐ Kopfbedeckung und Sonnenbrille
- ☐ Mütze, Handschuhe und Halstuch/Schal (im Frühjahr und Spätsommer erforderlich)
- ☐ Badehose bzw. Badeanzug

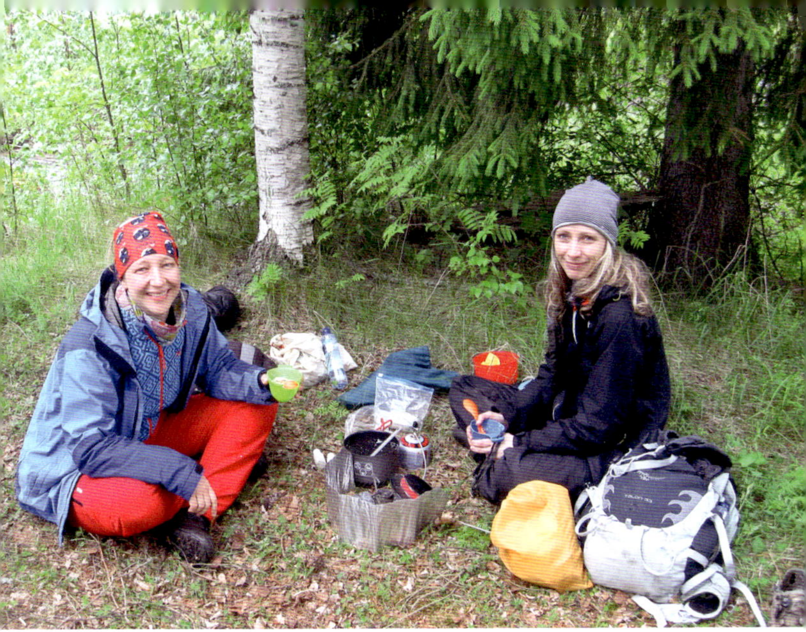

Auch ohne Bank lässt es sich gut picknicken

Essen und Trinken

- ☐ Trinkflasche/Thermoskanne (Füllmenge 2 l)
- ☐ Besteck
- ☐ Proviant (z. B. Müsli- oder Energieriegel)

Hygieneartikel und medizinische Versorgung

- ☐ Sonnenschutz
- ☐ Mückenschutz
- ☐ Blasenpflaster
- ☐ Reiseapotheke (Medikamente gegen Erkältung, Durchfall etc.)
- ☐ Taschentücher
- ☐ Zahnpasta und Zahnbürste
- ☐ Seife
- ☐ Handwaschmittel für Kleidung
- ☐ Duschgel und Haarshampoo in kleiner Reisegröße

Sonstiges

- ☐ Pilgerführer und Kartenmaterial
- ☐ Pilgerpass
- ☐ Kugelschreiber
- ☐ Reisedokumente (Flug- und Zugtickets etc.)
- ☐ Handy und Aufladekabel
- ☐ Geld (auch schwedische/norwegische Kronen) und Kreditkarte
- ☐ Reisepass oder Personalausweis
- ☐ Europäische Krankenversicherungskarte
- ☐ Fotoapparat, Speicherkarten und Aufladekabel/Ersatzbatterien
- ☐ Taschenmesser
- ☐ Taschenlampe oder Stirnlampe
- ☐ Streichhölzer bzw. Feuerzeug
- ☐ Sitzunterlage
- ☐ bei Bedarf: Wander-/Trekkingstöcke
(☞ bitte Transportbedingungen der Fluggesellschaften beachten)

Optionale Campingausrüstung

- ☐ Zelt
- ☐ Isomatte
- ☐ Schlafsack für Temperaturen bis ca. 5° C
- ☐ Campingkocher und Brennstoff
- ☐ Campinggeschirr und Besteck
- ☐ Spüllappen und Trockentuch

Diplomatische Vertretungen

… in Schweden

(D) Botschaft der Bundesrepublik Deutschland, Skarpögatan 9, 115 27 Stockholm, ☎ +46/8/670 15 00, ✉ info@stockholm.diplo.de, 💻 www.stockholm.diplo.de

(A) Österreichische Botschaft Stockholm, Kommendörsgatan 35, 114 58 Stockholm, ☎ +46/8/665 17 70, ✉ stockholm-ob@bmeia.gv.at, 💻 www.bmeia.gv.at/oeb-stockholm

(CH) Schweizerische Botschaft in Stockholm, Valhallavägen 64, 114 27 Stockholm, +46/8/676 79 00, ✉ stockholm@eda.admin.ch, 💻 www.eda.admin.ch/stockholm

… in Norwegen

Ⓓ Deutsche Botschaft Oslo, Oscars gate 45, 0258 Oslo, ☏ +47/23/27 54 00, ✉ info@oslo.diplo.de, 💻 www.oslo.diplo.de

Ⓐ Österreichische Botschaft Oslo, Thomas Heftyes Gate 21, 0264 Oslo, ☏ +47/22/54 02 00, ✉ oslo-ob@bmeia.gv.at, 💻 www.bmeia.gv.at/oeb-oslo/

(CH) Botschaft der Schweiz in Oslo, Oscars Gate 29, 0244 Oslo, ☏ +47/22/54 23 90, ✉ oslo@eda.admin.ch, 💻 www.eda.admin.ch/oslo

Schwedische Botschaften im Ausland

Ⓓ Schwedische Botschaft, Rauchstr. 1, 10787 Berlin, ☏ +49/30/50 50 60, ✉ ambassaden.berlin@gov.se, 💻 www.swedenabroad.se/de/botschaften/deutschland-berlin/

Ⓐ Schwedische Botschaft, Liechtensteinstr. 51, 1090 Wien, ☏ +43/1/21 65 30, ✉ ambassaden.wien@gov.se, 💻 www.swedenabroad.se/de/botschaften/österreich-wien/

(CH) Schwedische Botschaft, Bundesgasse 26, 3011 Bern, ☏ +41/31/328 70 00, ✉ ambassaden.bern@gov.se, 💻 www.swedenabroad.se/de/botschaften/schweiz-bern/

Norwegische Botschaften im Ausland

Ⓓ Königlich Norwegische Botschaft, Rauchstr. 1, 10787 Berlin, ☏ +49/30/505 05 86 00, ✉ emb.berlin@mfa.no, 💻 www.norway.no/de/germany/

Ⓐ Botschaft des Königreichs Norwegen, Reisnerstr. 55-57, 1030 Wien, ☏ +43/1/716 60, ✉ emb.vienna@mfa.no, 💻 www.norway.no/de/austria/

(CH) Königlich Norwegische Botschaft, Bubenbergplatz 10, 3011 Bern, ☏ +41/31/310 55 55, ✉ emb.bern@mfa.no, 💻 www.norway.no/de/switzerland/

Einkaufen

Das Preisniveau ist in Norwegen höher als in Schweden und in beiden Ländern deutlich höher als in Deutschland. Besonders der Genuss von Alkohol hat seinen Preis. In allen Geschäften können Sie problemlos mit Kreditkarte bezahlen und dabei sogar Bargeld abheben. Während die Supermärkte in Schweden auch sonntags geöffnet haben, bleiben sie in Norwegen am Sonntag geschlossen. Die genauen Öffnungszeiten einzelner Läden entnehmen Sie bitte den Etappenbeschreibungen.

Eine große Auswahl an Geschäften finden Sie nur in den Städten Sundsvall, Östersund und Trondheim. In vielen Ortschaften gibt es aber kleine Läden mit gutem Sortiment, die u. a. auch rezeptfreie Medikamente verkaufen.

Der Pilgerweg führt nicht regelmäßig an Supermärkten vorbei, sodass Sie sich immer wieder mit Proviant für mehrere Tage versorgen müssen. Keine Einkaufsmöglichkeit gibt es auf der 41 km langen Strecke zwischen Borgsjö und Bräcke, auf der 42 km langen Strecke zwischen Gällo und Brunflo, auf der 36 km langen Strecke zwischen Östersund und Nälden, auf der 43 km langen Strecke zwischen Nälden und Mörsil, auf der 95 km langen Strecke zwischen Duved und Sul, auf der 80 km langen Strecke zwischen Verdal und Hell sowie auf der gut 30 km langen Strecke zwischen Hell und Vikhammer.

Einreise

Für die Einreise nach Schweden und Norwegen ist ein gültiger Pass bzw. Personalausweis erforderlich. Vorläufige Dokumente werden in beiden Ländern akzeptiert, abgelaufene jedoch nicht. Ein Visum benötigen Sie nur für einen länger als drei Monate andauernden Aufenthalt. Da die Grenze von Schweden nach Norwegen auf einem Fußweg überquert wird, gibt es dort keine Passkontrolle.

Elektrizität

Um Ihre elektronischen Geräte an das schwedische oder norwegische Stromnetz anzuschließen, benötigen Sie keinen Adapter. In fast allen Unterkünften gibt es Elektrizität. Sollte dies ausnahmsweise nicht der Fall sein, wird an entsprechender Stelle explizit darauf hingewiesen.

Essen und Trinken

Mit Ausnahme der größeren Hotels sind fast alle Unterkünfte mit **Küchen** ausgestattet, sodass Sie sich problemlos selbst versorgen können. Dies setzt allerdings voraus, dass Sie regelmäßig einkaufen und Lebensmittel für mehrere Tage mit sich führen.

Alternativ können Sie die meisten Herbergen mit **Halbpension** (HP) buchen und gegen ein kleines Entgelt sogar ein **Lunchpaket** (LP) für unterwegs mitnehmen.

✋ Oft wird darum gebeten, dass Sie die Mahlzeiten zwei Tage im Voraus bestellen. Dabei sollten Sie ggf. auch auf Essgewohnheiten (vegetarisch/vegan) und Allergien hinweisen.

Manchmal kommen Sie passend zur Mittagszeit an einem Imbiss vorbei oder haben abends ein gutes ✗ Restaurant vor der Haustür, dies ist aber eher die Ausnahme und nicht die Regel. Eine schöne und preiswerte Einkehrmöglichkeit bieten die gemütlichen ☕ Sommercafés, die vielen kleinen Heimatmuseen angeschlossen sind.

In Schweden und Norwegen lässt sich das **Leitungswasser** bedenkenlos trinken. Nehmen Sie pro Tag etwa 2 l Flüssigkeit mit. Unterwegs können Sie auf Friedhöfen, an Quellen und an einigen Rastplätzen Trinkwasser nachfüllen.

☺ Im Notfall ist es auch kein Problem, Privatpersonen um etwas Wasser zu bieten. Die meisten Schweden und Norweger sind äußerst hilfsbereit.

Etappenlänge und Ruhetage

Wenn Sie ohne Campingausrüstung unterwegs sind, ergibt sich die Etappenlänge automatisch durch die Wahl der Unterkünfte. An den meisten Tagen können Sie nach ca. 20-22 km in einer Pilgerherberge einkehren. Es gibt jedoch auch Engpässe, wo sich auf weit über 20 km keine Übernachtungsmöglichkeit befindet. Die längste Strecke ohne Unterkunft ist die 21. Etappe von Sul nach Vuku mit insgesamt 28,5 km. Öffentliche Verkehrsmittel verkehren zwischen den beiden Orten leider nicht.

Ein Gepäcktransport kann helfen, lange Strecken besser zu bewältigen. In der Regel sind die Gastgeber entweder am Start- oder am Zielpunkt bereit, den Rucksack gegen ein kleines Entgelt zu transportieren (☞ Gepäcktransport). Dabei können Sie natürlich auch selbst ein Stück mitfahren, um den Fußmarsch zu verkürzen.

Die Kilometerangaben bei den Etappenbeschreibungen beziehen sich lediglich auf den offiziellen Wegverlauf und gegebenenfalls die Strecken zu Unterkünften, die als Etappenendpunkte aufgeführt sind. Gehen Sie davon aus, dass Sie für kleine Abstecher zu Sehenswürdigkeiten, anderen Herbergen und Supermärkten noch insgesamt 20-30 km zusätzlich benötigen.

Planen Sie für Ihre Wanderung etwa 35 Tage ein, damit Sie auch bei unvorhergesehenen Ereignissen wie kräftigen Unwettern, Blasen oder starkem Muskelkater nicht unter Druck geraten. Grundsätzlich empfiehlt es sich, alle 7-8 Tage einen Ruhetag einzulegen, um den Körper zu entlasten oder auch nur in Ruhe Wäsche zu waschen. In größeren Orten wie Östersund oder Åre können Sie den Ruhetag mit einem interessanten Besichtigungsprogramm kombinieren.

Geld und Banken

Offizielles Zahlungsmittel in Schweden ist die schwedische Krone. € 1 entspricht etwa SEK 10,87 und SEK 1 etwa 0,09 €. Offizielles Zahlungsmittel in Norwegen ist die norwegische Krone. € 1 entspricht etwa NOK 11,25 und NOK 1 etwa € 0,09 (Stand 04/20).

Vor Beginn Ihrer Wanderung sollten Sie sich spätestens in Sundsvall mit schwedischen Kronen versorgen, da es unterwegs nur in größeren Ortschaften Bankautomaten gibt. Allerdings ist es oft kein Problem, beim Einkaufen in Supermärkten Bargeld abzuheben.

Auf norwegischer Seite kommen Sie erst nach 57 km in Verdal an einem Bankautomaten vorbei. Obwohl die meisten Unterkünfte in Grenznähe auch schwedische Kronen annehmen, sollten Sie für den Notfall etwas norwegisches Geld parat haben. Dieses bestellen Sie am besten vor Reiseantritt bei einer Bank in Ihrem Heimatland.

Geschäfte, Restaurants, Hotels und Jugendherbergen akzeptieren alle gängigen Kreditkarten. In kleinen, privat geführten Herbergen ist bargeldloses Bezahlen aber nur teilweise möglich.

☺ Nicht immer können die Gastgeber große Geldscheine wechseln. Im Idealfall haben Sie den vereinbarten Betrag passend oder annähernd passend dabei.

Gepäcktransport

Mit Ausnahme der größeren Hotels und unbemannten Herbergen bieten fast alle Unterkünfte den Service des Gepäcktransports an. Es empfiehlt sich, den Transport gegebenenfalls einige Tage im Voraus zu organisieren und dabei die Gastgeber am Start- und Zielpunkt anzufragen. Der Preis für diese Leistung variiert, liegt in der Regel aber zwischen SEK/NOK 100 und SEK/NOK 200.

Information

Touristinformationen vor Ort

Entlang des Weges finden Sie Touristinformationen in Sundsvall (☞ 1. Etappe), Borgsjö (Naturum Ånge, ☞ 5. Etappe), Östersund (☞ 10. Etappe), Åre (☞ 16. Etappe) und Trondheim (☞ 29. Etappe). Die Kontaktdaten sind bei den jeweiligen Städten in der Wegbeschreibung aufgeführt.

Informationen und Material zum St. Olavsleden erhalten Sie außerdem in den Pilgerzentren in Selånger, Stiklestad und Trondheim (☞ Reise-Infos von A bis Z, Pilgerzentren).

Informationen im Internet

- www.stolavsleden.com: offizielle Website des St. Olavsleden mit detaillierten Informationen auf Schwedisch und Englisch, Kartenmaterial und aktuellem Übernachtungsverzeichnis zum Download
- www.pilegrimsleden.no: offizielle Website für alle nach Trondheim führenden Pilgerwege, Informationen auf Norwegisch, Englisch und Deutsch, Kartenmaterial zum Download für den Abschnitt Sul – Trondheim
- www.olavsweg.com: deutschsprachige Website mit den wichtigsten Informationen zum St. Olavsleden und Berichten zu aktuellen Themen

Jedermannsrecht und Verhalten in der Natur

In Schweden und Norwegen gilt das sogenannte Jedermannsrecht, das allen Menschen freien Zugang zur Natur ermöglicht. Es beinhaltet aber gleichzeitig die Pflicht, sich umweltverträglich zu verhalten und die Natur mit ihrer Pflanzen- und Tierwelt zu schützen. An folgende Regeln müssen Sie sich halten:

▷ Wildcamping ist erlaubt, allerdings nicht auf bewirtschafteten Feldern oder Wiesen sowie in der unmittelbaren Nähe von Grundstücken.

▷ Lagerfeuer sind gestattet, wenn keine Brandgefahr besteht. Informieren Sie sich bei großer Trockenheit auf den Seiten des schwedischen bzw. norwegischen Wetterdienstes 💻 www.smhi.se und www.yr.no über aktuelle Verbote.

▷ Das Sammeln von Beeren und Pilzen ist erlaubt, solange diese nicht unter Naturschutz stehen.

▷ Fischen und Jagen sind in vielen Fällen nur mit Genehmigung gestattet. Angelkarten erhalten Sie in Geschäften, Tankstellen und Tourist-Informationen.

  ☺ Am Storsjön benötigen Sie zum Angeln keine Erlaubnis.

▷ Es ist nicht erlaubt, Abfälle in der Natur zurückzulassen.

▷ Gatter und Tore müssen unbedingt wieder geschlossen werden, damit keine Tiere entfliehen können.

▷ In Naturschutzgebieten und Nationalparks gelten Sonderregeln!

Kirchen

Natürlich bildet der Nidarosdom in Trondheim den Höhepunkt der Pilgerwanderung, aber auch unterwegs kommen Sie immer wieder an interessanten Kirchen vorbei. Ob aus Holz oder aus Stein, ob aus dem Mittelalter oder dem 20. Jahrhundert – viele von ihnen beherbergen kleine Kunstschätze wie Taufbecken, Altargemälde, Skulpturen und Kanzeln. Einige Kirchen sind während des Sommers täglich geöffnet, viele bleiben jedoch aus Sicherheitsgründen leider verschlossen.

Klima und Reisezeit

Eine Wanderung auf dem St. Olavsleden ist zwischen Mitte Mai und Mitte September zu empfehlen, wobei die Hauptsaison im Juli und August liegt.

Jeder Monat bietet seinen besonderen Reiz: Im Juni entfaltet der Frühling eine fantastische Blütenpracht, im Juli säumen zahlreiche Blumen den Wegesrand und die steigenden Wassertemperaturen ermöglichen erfrischende Bäder in den Seen. Im August beginnen die Beeren zu reifen und im September zaubert der Herbst eine bunte Farbpalette in die Landschaft. Wenn Sie außerhalb dieser Monate pilgern möchten, erkundigen Sie sich im Vorhinein unbedingt bei den Touristinformationen vor Ort über die gegenwärtige Beschaffenheit des Weges und die Wetterprognose.

Auch während des Sommers müssen Sie mit kalten Nächten, kräftigen Regenschauern und frischen Winden rechnen. Den aktuellen Wetterbericht können Sie auf der Website des schwedischen meteorologischen Instituts, 💻 www.shmi.se, verfolgen.

Während es im Frühsommer bis spät in die Nacht hinein hell bleibt, geht die Sonne Ende September bereits gegen 18:30 Uhr unter. Die nicht ganzjährig bewirtschafteten Herbergen sind in der Regel nur von Mai bis September geöffnet.

☺ Besonders beeindruckend ist es, wenn Sie Trondheim pünktlich zum Patronatsfest des heiligen Olav am 29. Juli erreichen.

Durchschnittstemperaturen (Max./Min. in °C)

	Jan	Feb	März	April	Mai	Juni	Juli	Aug	Sep	Okt	Nov	Dez
Sundsvall	-2/-10	-1/-10	3/-6	7/-2	14/3	19/9	21/1	20/10	14/6	8/2	2/-4	-1/-8
Åre	-4/-10	-2/-9	2/-6	7/-2	12/3	16/7	20/10	18/9	13/5	6/0	1/-5	-2/-9
Trondheim	1/-3	2/-4	5/-2	10/2	14/6	16/9	20/12	19/11	15/8	9/4	5/0	3/-3

Regentage pro Monat

	Jan	Feb	März	April	Mai	Juni	Juli	Aug	Sep	Okt	Nov	Dez
Sundsvall	9	6	6	6	7	7	9	9	8	9	10	9
Åre	11	9	9	8	7	11	14	11	12	12	11	12
Trondheim	13	11	12	10	10	11	10	11	12	13	10	13

Landkarten und GPS

Kartenmaterial zum Download

Auf der offiziellen Website des St. Olavsleden können Sie sich detailliertes Kartenmaterial herunterladen (💻 www.stolavsleden.com/maps/), das sowohl die Wander- als auch die Radstrecke ausweist. Außerdem werden auf der Internetseite 💻 www.pilegrimsleden.no sehr gute Karten für den norwegischen Abschnitt zum Download angeboten.

✋ Es kommt vor, dass der Streckenverlauf des St. Olavsleden geändert wurde, das Kartenmaterial aber noch nicht angepasst ist. Richten Sie sich bei Unstimmigkeiten nach den aktuellen Wegmarkierungen.

Kartenmaterial für Schweden

Für Schweden sind die vom offiziellen Vermessungsamt Lantmäteriet herausgegebenen topografischen Straßenkarten **Vägkartan** und Gebirgskarten **Fjällkartan** im Maßstab 1:100.000 hilfreich, die allerdings in Zukunft nicht mehr fortgeführt werden. Von den 79 Blättern der Vägkartan benötigen Sie gegebenenfalls die Nummern 148, 149, 150 und 152, von den Fjällkartan die Nummern Z4 und Z7.

Der Verlag Norstedts Kartor gibt außerdem die Freizeitkarten **Sverigeserien** im Maßstab 1:50.000 heraus. Hier sind die Blätter 94 bis 98 für den St. Olavsleden relevant. Die **Outdoorkartan** 10 von Norstedts reicht von Järpen bis etwas westlich der norwegischen Grenze. Die relativ große Lücke zwischen Karte 97 und Outdoorkartan 10 kann bis auf etwa 4 km nur noch durch die Fjällkarte Z7* im Maßstab 1:100.000 geschlossen werden. Zwischen Outdoorkartan 10 und der Karte 10095 der Norge-serien (☞ unten) ist eine minimale Lücke von etwa 2 km.

In allen schwedischen Karten ist der Verlauf des Pilgerweges eingetragen und bezeichnet.

Kartenmaterial für Norwegen

Als Standardwerk für Norwegen gelten die 195 Blätter der **Norge-serien** im Maßstab 1:50.000, die im Nordeca Verlag erscheinen. Für den St. Olavsleden brauchen Sie gegebenenfalls die Blätter 10096, 10095, 10091 und 10090.

☺ Die Kartenempfehlungen wurden von der Geobuchhandlung Kiel überprüft. 💻 www.geobuchhandlung.de

GPS

Die GPS-Tracks zum beschriebenen Weg können Sie von der Internetseite des Verlags herunterladen.

💻 www.conrad-stein-verlag.de

📖 **GPS** *Grundlagen · Tourenplanung · Navigation* von Michael Hennemann, Conrad Stein Verlag, Basiswissen für draußen, ISBN 978-3-86686-495-5, € 9,90

Literaturtipps

📖 Hardegger, Sibylle: Weiter Himmel, stille Wege. Pilgerwege zu den heiligen Stätten des Nordens, Kösel-Verlag, 2013, ISBN 978-3-466-37065-8

- Schildmann, Michael: Auf dem Olavsweg durch Schweden. Unterwegs auf dem St. Olavsleden von Selånger nach Trondheim, Edition Lichtblick, 2018, ISBN 978-3-732-28953-0
- Jämtlands län, hrsg. von Wikipedia, Books on Demand, 2011, ISBN 978-1-231-75864-9
- Geographie (Jämtlands Län), hrsg. von Wikipedia, Books on Demand, 2014, ISBN 978-1-159-01019-5
- Kaminski, Michael: Pilgern mitten im Leben. Wie deine Seele laufen lernt, Herder Verlag, 2016, ISBN 978-3-451-31026-3
- Müller, Peter: Auf gutem Weg. 7x7 Pilgerkarten, Vier-Türme-Verlag, 2014, ISBN 978-3-896-8088-20

Medizinische Versorgung

Mit der Europäischen Versicherungskarte Ihrer Krankenversicherung sind Sie in Schweden und Norwegen automatisch versichert und zahlen nur die landesüblichen Tarife für Leistungen beim Arzt oder im Krankenhaus. Trotzdem empfiehlt es sich, eine zusätzliche Auslandskrankenversicherung abzuschließen, die u. a. die Kosten für Krankenrücktransporte deckt.

Krankenhäuser gibt es in den vier Städten Sundsvall, Östersund, Levanger und Trondheim. Wenn Sie ärztliche Hilfe benötigen, wenden Sie sich in Schweden an die Hälsocentral (Gesundheitszentrale), die in allen größeren Ortschaften entlang des Weges einen Sitz hat und telefonisch über ☏ +46/11 77 zu erreichen ist. In Norwegen ist die Legevakt (Arztwache) für akute gesundheitliche Probleme zuständig. Entsprechende Anlaufstellen finden Sie in Levanger, Stjørdal und Trondheim. Die zentrale Rufnummer lautet ☏ +47/116 117.

Apotheken gibt es nur in größeren Ortschaften, die meisten Supermärkte verkaufen aber auch rezeptfreie Medikamente. Da es immer wieder Tagesetappen ohne Einkaufsmöglichkeit gibt, gehören Arzneimittel gegen Hals- und Kopfschmerzen, Erkältungen, grippale Infekte sowie Magen-Darm-Erkrankungen ebenso in die Reiseapotheke wie Blasenpflaster.

Mücken

Die Mückenplage fällt von Jahr zu Jahr unterschiedlich stark aus und erreicht jeweils zwischen Ende Juni und Mitte August ihren Höchststand. Sie müssen auf Ihrer Wanderung also mit Mücken rechnen, und zwar insbesondere in feuchten Waldgebieten und an Seen. Hilfreich sind lange Kleidungsstücke sowie ein Mückenschutzmittel (z. B. Mygga oder Djungelolja), das Sie im Supermarkt kaufen können.

Notruf

Notrufe sind in Schweden und Norwegen kostenfrei.

Die schwedische Notrufnummer für Polizei, Feuerwehr und Rettungsdienst lautet einheitlich ☏ 112.

In Norwegen erreichen Sie die Polizei unter ☏ 112, die Feuerwehr unter ☏ 110 und den Notarzt/Krankenwagen unter ☏ 113.

Paket- und Gruppenreisen

Die meisten Pilger sind als Individualtouristen auf dem St. Olavsleden unterwegs und nehmen die Planung ihrer Wanderung selbst in die Hand. Es gibt jedoch auch die Möglichkeit, für den gesamten Weg oder für Teilstrecken Paketreisen inkl. Gepäcktransport, Unterkunft und Vollpension zu buchen.

▷ Der Niederländer Ruben Heijloo hat mehrere Jahre in Revsund eine Pilgerherberge betrieben und kennt die Route wie seine eigene Westentasche. Inzwischen ist er in seine Heimat zurückgekehrt und organisiert von dort aus individuell zugeschnittene Paketreisen.
💻 www.nordicpilgrim.com, ✉ info@nordicpilgrim.com,
☎ +31/6/45 28 45 33

▷ Andere Anbieter haben Individualtouren oder Gruppenreisen mit verschiedenen thematischen Schwerpunkten wie Musik, Achtsamkeit (Mindfulness) oder Qigong im Programm.
💻 www.stolavsleden.com/packagetours/

▷ Bisher gibt es im Angebot deutscher Reiseveranstalter leider noch keine Gruppenreisen, dies kann sich aber jederzeit ändern. Informationen zum aktuellen Stand erhalten Sie unter:
💻 www.olavsweg.com

Patronatsfest des heiligen Olav

Obwohl Norwegen vom protestantischen Glauben geprägt ist, wird der Todestag des heiligen Olav am 29. Juli sowohl in Trondheim als auch in Stiklestad groß gefeiert.

In Trondheim bieten die jeweils vom 28. Juli bis 3. August stattfindenden **Olavsfestdagene** ein umfassendes kirchliches und kulturelles Programm mit Gottesdiensten, thematischen Stadtrundgängen, Märkten, Konzerten, Theateraufführungen, Filmvorführungen, Kunstausstellungen, Lesungen und Vorträgen. Das aktuelle Programm wird unter 💻 www.olavsfest.no/program/ veröffentlicht.

In Stiklestad veranstaltet das Nationale Kulturzentrum in der Woche vor dem 29. Juli die **Olsokdagene**, in deren Zentrum die Aufführung des musikalischen Dramas „Das Spiel vom heiligen Olav" auf der Freilichtbühne steht. Das bunte Rahmenprogramm mit Konzerten, Ausstellungen und Vorträgen findet jedes Jahr unter einem anderen Motto statt. Das aktuelle Programm wird in der Regel im Mai auf der Internetseite 💻 www.stiklestad.no bekannt gegeben.

Pilgerpass, Pilgerstempel und Olavsbrief

Die Tradition des Pilgerpasses reicht bis ins Mittelalter zurück und spielt bis in die heutige Zeit eine wichtige Rolle. Jeder, der mindestens die letzten 100 km des St. Olavsleden zu Fuß zurückgelegt hat oder mindestens die letzten 200 km mit dem Fahrrad gefahren ist, kann sich im Pilgerzentrum in Trondheim eine als Olavsbrief bezeichnete Urkunde ausstellen lassen.

Um die zurückgelegte Strecke zu dokumentieren, benötigen Sie einen Pilgerpass. Diesen können Sie für SEK 50 z. B. in der Touristinformation in Sundsvall oder im Pilgerzentrum in Selånger erwerben (☞ 1. Etappe).

Vor Antritt der Reise erhalten Sie den Pilgerpass auch über den Onlineshop der offiziellen Website 💻 stolavsledenshop.se/

Typischer roter Pilgerstempelkasten am Wegesrand

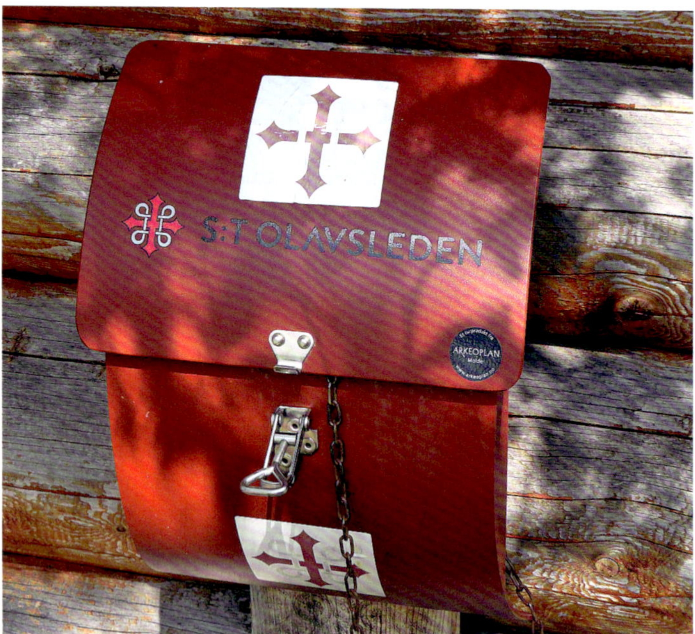

Pilgerstempel bekommen Sie in den meisten Unterkünften. In Schweden befinden sich außerdem an vielen Kirchen, Sehenswürdigkeiten und Rastplätzen rote Stempelkästen. In Norwegen gibt es entlang des Weges so gut wie keine Stempelmöglichkeiten mehr. Stattdessen nimmt die Anzahl der Tourenbücher rapide zu, in die Sie sich namentlich eintragen können.

☺ Erfahrungsgemäß reichen die 36 Stempelfelder des Pilgerpasses für die gesamte Wegstrecke nicht aus, sodass Sie am besten gleich zwei Pässe kaufen.

Pilgerzentren

In den drei regionalen Pilgerzentren am Weg können Sie sich über den St. Olavsleden informieren, Pilgerpässe kaufen, aktuelle Literatur einsehen u. v. m. Das Pilgerzentrum in Selånger beherbergt ein schönes, preisgünstiges Café. Dem Pilgerzentrum in Trondheim ist außerdem eine Herberge angeschlossen. Hier können Sie sich mit Pilgern austauschen, die auf anderen Routen nach Nidaros gewandert sind.

Selånger pilgrimcenter, Helene Westerlind, Kungsnäs 158, 855 91 Sundsvall, +46/60/64 50 60, +46/70/311 73 91, helene.westerlind@svenskakyrkan.se, Mo-Fr 9:00-18:00, Sa 11:00-18:00, So 12:00-18:00

Regionalt pilegrimssenter Stiklestad, Heidi Carine Brimi, Leksdalsveien 1, 7656 Verdal, +47/93 21 77 39, heidi.brimi@stolavsleden.com, Mo-Fr 8:00-16:00

Nidaros Pilegrimsgård, Kjøpmannsgata 1, 7013 Trondheim, +47/73/52 50 00, www.pilegrimsgarden.pilegrimsleden.no, post@pilegrimsgarden.no, Mo-Fr 9:00-20:00 (Juni-Sep) bzw. 9:00-17:00 (Okt-Mai), Sa/So 12:00-18:00 (ganzjährig)

Radfahren und Reiten

Der St. Olavsleden ist durchgängig als Radstrecke und in Teilen sogar als Reitweg angelegt. Die Routen sind weitgehend mit dem in diesem Führer beschriebenen Wanderweg identisch, nehmen aber immer dann einen anderen Verlauf, wenn der Fußweg auf schmalen Pfaden durch den Wald führt.

Die Alternativrouten für Radfahrer sind gut ausgeschildert und im offiziellen Kartenmaterial unter 💻 www.stolavsleden.com/maps/ eingezeichnet. Die Strecke von Selånger bis Trondheim können Sie mit einem normal ausgestatteten Fahrrad problemlos innerhalb von 10-14 Tagen bewältigen.

Das Pilgern zu Pferd steckt noch in den Anfängen und eignet sich besonders gut für kürzere Abschnitte. Da nicht alle Herbergen eine Unterstellmöglichkeit für Tiere anbieten, erfordert es eine minutiöse Planung und Vorbereitung, wenn man den gesamten Weg reiten möchte.

Sprache

Um sich in Schweden und Norwegen verständigen zu können, müssen Sie die jeweilige Landessprache nicht beherrschen. Deutsch ist zwar wenig verbreitet, die meisten Skandinavier sprechen aber sehr gut Englisch. Bei älteren Menschen halten sich die Sprachkenntnisse manchmal in Grenzen. Die Betreiber von Herbergen sind jedoch auf ausländische Pilger eingestellt und können die üblichen Fragen zur Übernachtung und Verpflegung problemlos beantworten. Folgende Begriffe helfen weiter:

Deutsch	**Schwedisch**	**Norwegisch**
Pilger	pilgrim	pilegrim
1 Person	en person	en person
2 Personen	två personer	to personer
Übernachtung	övernattning	overnatting
frei	ledigt/ledig	ledig
morgen	i morgon	i morgen
übermorgen	i övermorgon	i overmorgen
Einzelzimmer	enkelrum	enkeltrom
Doppelzimmer	dubbelrum	dobbeltrom
Bett im Schlafsaal	säng i sovsal	seng i delt rom
Dusche	dusch	dusj
Toilette	toalett	toalett
Plumpsklo	utedass	utedo
Waschmaschine	tvättmaskin	vaskemaskin

Küche	kök	kjøkken
Selbstversorgung	självhushåll	selvhushold
Frühstück	frukost	frokost
Abendessen	middag	middag
Lunchpaket	lunchpaket	matpakke
bar bezahlen	betala kontant	betale kontant
mit Karte bezahlen	betala med kort	betale med kort
Gepäcktransport	bagagetransport	bagagetransport
Zug	tåg	tog
Bus	buss	buss
Taxi	taxi	drosje
Supermarkt	livsmedelsbutik	supermarked
Bankautomat	bankomat	minibank
Apotheke	apotek	apotek
Arzt	läkare	lege
Krankenhaus	sjukhus	sykehus

Eine Besonderheit der skandinavischen Sprachen besteht darin, dass der bestimmte Artikel den Substantiven nicht vorangestellt wird (wie im Deutschen), sondern als Suffix hinten an das Wort angehängt wird. Deshalb verändern auch Eigennamen von Flüssen, Seen, Dörfern oder Höfen ihre Form. Aus *en å* (ein Fluss) wird z. B. *ån* (der Fluss), aus *en sjö* (ein See) *sjön* (der See), aus *et torp* (ein Dorf) *torpet* (das Dorf) oder aus *en gård* (ein Hof) *gården* (der Hof). Wundern Sie sich nicht, wenn Sie im Kartenmaterial, in der Sekundärliteratur oder auf Hinweisschildern diese verschiedenen Formen entdecken!

Telefon und Internet

Um von Schweden oder Norwegen in Ihre Heimat zu telefonieren, müssen Sie Ⓓ +49, Ⓐ +43 bzw. (CH) +41 vorwählen. Die Landesvorwahl für Schweden lautet +46, für Norwegen +47. Es schließen sich die Ortskennzahl ohne Null und die Rufnummer des Teilnehmers an. In diesem Führer sind alle Telefonnummern bereits mit der richtigen Vorwahl angegeben. Ob es sich um eine ☏ Festnetz- oder eine 📱 Mobilfunknummer handelt, erkennen Sie am jeweiligen Piktogramm.

Das Mobilfunknetz ist auf der gesamten Strecke sehr gut ausgebaut, in einsamen Gebieten ohne Zivilisation kann es aber dennoch zu kleinen Funklöchern kommen.

Viele Herbergen bieten den Gästen gratis WLAN an und auch in den Touristinformationen können Sie einen kostenlosen Internetzugang bekommen. Wenn Ihr Handyvertrag keine mobile Datennutzung umfasst, sollten Sie sich trotzdem auf den einen oder anderen Tag ohne Internet einstellen.

Unterkünfte

Es gibt am Weg ausreichend Unterkünfte, sodass Sie für Ihre Pilgerwanderung kein Zelt und keine Campingausrüstung benötigen. Manchmal können Sie am Etappenziel zwischen mehreren Übernachtungsmöglichkeiten wählen, manchmal müssen Sie aber auch froh sein, wenn es am Ende eines langen Tages überhaupt eine Herberge gibt. Der Standard in den Unterkünften variiert sehr stark und schlägt sich auch im Preisniveau nieder.

Hotels

Hotels oder Pensionen mit Hotelstandard finden Sie überwiegend in größeren Ortschaften wie Sundsvall, Torpshammar, Bräcke, Östersund, Åre, Stiklestad und Trondheim. Hier können Sie ein Einzel- oder Doppelzimmer mit eigenem Bad buchen. Das Frühstück ist meistens im Preis inbegriffen, eine Möglichkeit zur Selbstversorgung besteht in der Regel nicht.

☺ Buchungen sind im Internet über große Portale wie www.booking.com, www.hrs.de oder www.hotels.com möglich. Dort finden Sie auch weitere komfortable Unterkünfte, die in diesem Führer nicht erwähnt werden. Manchmal bekommen Sie bei Direktbuchung im Hotel aber einen Pilgerrabatt.

Bed & Breakfast

Einige Bauernhöfe haben einen größeren Beherbergungsbetrieb aufgebaut, sind ganzjährig auf Touristen eingestellt und bieten auch Raum für Tagungen und Konferenzen. Die Atmosphäre ist in diesen Unterkünften sehr familiär und das schmackhafte Essen stammt häufig aus eigenem ökologischen Anbau. Das Preisniveau liegt über dem der einfachen Pilgerherbergen, das Preis-Leistungs-Verhältnis ist jedoch hervorragend. In diese Kategorie gehören z. B. der Framgården bei Pilgrimstad, der Sörbygården in Brunflo, die Munkeby Herberge sowie der Ersgård bei Stjørdal.

Private Pilgerherbergen

Diese kleinen Herbergen sind extra für Pilger gedacht und werden von engagierten Privatpersonen betrieben, die sehr um das Wohl ihrer Gäste besorgt sind und ihnen mit Rat und Tat zur Seite stehen. Hier haben Sie die Möglichkeit, Einheimische und ihren Lebensstil näher kennenzulernen. Die Unterkünfte haben einen einfachen bis mittleren Standard und bestehen meistens aus einigen Zimmern im Privathaus oder aus kleinen, separaten Häuschen. Es ist keine Seltenheit, dass Sie die Küche und/oder das Bad Ihrer Gastgeber mitbenutzen dürfen. Die Herbergen verfügen oft nur über wenige Betten, sodass Sie damit rechnen müssen, das Zimmer oder die Hütte mit anderen Pilgern zu teilen. Die Preise sind moderat und beinhalten oft auch Frühstück, Abendessen und ein Lunchpaket.

Pilgerherberge Solgården bei Matfors, 1. Etappe

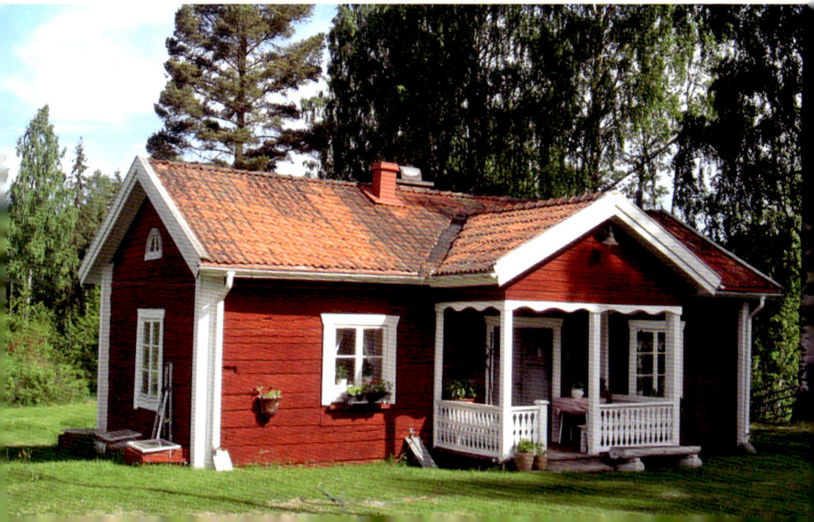

Jugendherbergen

Plumpsklo der Herberge Lombäcken, 5. Etappe

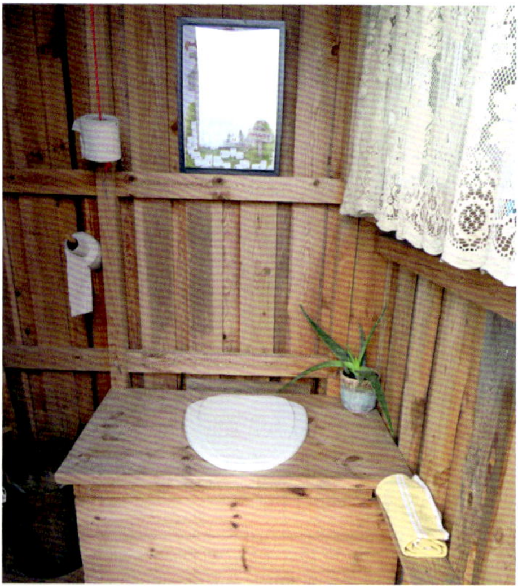

Jugendherbergen oder jugendherbergsähnliche Einrichtungen gibt es in Sundsvall, Torpshammar (Boda Borg), Borgsjö, Pilgrimstad, Frösövallen, Medstugan und Trondheim. Meistens können Sie neben einem Bett im Schlafsaal auch ein Einzel- oder Doppelzimmer buchen. Charakteristisch ist der einfache Standard mit Gemeinschaftsduschen und -toiletten. Für die Selbstversorgung steht eine gut ausgestattete Küche zur Verfügung, manchmal kann auch ein Frühstück gebucht werden. Die Einrichtungen sind in der Regel sehr gepflegt und sauber.

Camping

In Schweden und Norwegen können Sie auf allen Campingplätzen kleine Hütten mieten, sodass Sie zum Übernachten kein Zelt benötigen. Der Standard variiert stark und schlägt sich auch im Preis nieder. Die einfachsten Hütten verfügen zwar über eine kleine Kochnische, haben aber kein fließend Wasser. Duschen, Toiletten und Spülküchen befinden sich dann in einem separaten Sanitärgebäude. Es gibt aber auch Luxushütten mit einer voll eingerichteten Küche und einem eigenen Badezimmer. Auf Campingplätzen müssen Sie sich in der Regel selbst versorgen. Die Preise gelten normalerweise pro Nacht und pro Hütte, sodass Sie hier mit mehreren Personen äußerst günstig übernachten.

☺ Da der St. Olavsleden aktuell noch nicht so stark frequentiert ist, können Sie als Alleinreisende/r bedenkenlos ein Bett im Mehrbettzimmer oder Schlafsaal buchen. In der Regel teilen Sie das Zimmer nur mit wenigen Personen oder haben es sogar ganz für sich allein.

☺ Auf der offiziellen Website www.stolavsleden.com können Sie sich ein Übernachtungsverzeichnis im PDF-Format herunterladen, das regelmäßig aktualisiert wird. Bei Redaktionsschluss hatten noch nicht alle Unterkünfte die Preise für 2020 festgelegt, sodass mit vereinzelten Preiserhöhungen zu rechnen ist.

Updates

Der Conrad Stein Verlag veröffentlicht Updates zu diesem Wanderführer, die direkt von der Autorin oder von Lesern des Buches stammen. Sie finden sie auf der Internetseite des Verlags (www.conrad-stein-verlag.de), wenn Sie dort diesen Buchtitel aufrufen. Der rechts abgebildete QR-Code führt Sie direkt zur richtigen Seite.

Verkehrsmittel am Weg

Zwischen Sundsvall und Trondheim gibt es zweimal täglich Zugverbindungen mit Umstieg in Storlien. In Schweden verläuft der St. Olavsleden häufig in der Nähe der Eisenbahnlinie und passiert dabei die Bahnhöfe in Stöde, Torpshammar, Fränsta, Ljungaverk, Erikslund (Borgsjö), Bräcke, Stavre, Gällö, Pilgrimstad, Brunflo, Östersund, Mörsil, Järpen, Undersåker, Åre und Duved. In Norwegen nimmt der Pilgerweg überwiegend eine andere Route als die Bahn, sodass Sie nur in den Ortschaften Verdal, Hell (Værnes) und Vikhammer eine Zuganbindung haben.

Informationen zum Fahrplan und zu Preisen erhalten Sie auf der schwedischen Website www.norrtag.se bzw. auf der norwegischen Website www.vy.no. Viele kleine Bahnhöfe haben weder einen Schalter noch einen Fahrkartenautomaten, Sie können die Tickets jedoch problemlos mit Kreditkarte beim Schaffner kaufen.

☺ Wenn Sie nur eine Teilstrecke des St. Olavsleden gehen möchten, erreichen Sie den Start- bzw. Zielpunkt am einfachsten mit dem Zug. Dabei ist je nach Ort abzuwägen, ob die An- und Abreise über Trondheim oder über Stockholm kürzer und kostengünstiger ist.

Natürlich fahren auch Busse an der Strecke des Pilgerweges entlang, allerdings in entlegenen Gebieten oft mit nur sehr wenigen Abfahrten pro Tag.

Informationen zu Busverbindungen in Sundsvall und in der Region Medelpad finden Sie unter www.dintur.se, Informationen zu Busverbindungen in der Provinz Jämtland auf der Internetseite des Länstrafiken, www.ltr.se.

Für den öffentlichen Personennahverkehr in Trondheim und der Region Trøndelag Nord ist die Gesellschaft Trønderbilene zuständig, deren Fahrplanauskunft Sie unter www.atb.no aufrufen können.

Wegbeschaffenheit und Anforderungen

Der St. Olavsleden verläuft etwa zu 45 % auf Schotterpisten, zu 35 % auf Asphaltstraßen und zu 20 % auf Pfaden. Dabei ist zu beachten, dass die Wegbeschaffenheit in Schweden und Norwegen deutlich voneinander abweicht. Während Sie in Schweden ohne nennenswerte Steigungen an Flüssen und Seen entlanglaufen und den gemächlichen Anstieg bis zur Landesgrenze kaum wahrnehmen, gehören in Norwegen zahlreiche, teilweise steile An- und Abstiege zur Tagesordnung. Auch der Anteil an Pfaden nimmt auf der norwegischen Seite deutlich zu.

Der Pilgerweg ist mit einer normalen körperlichen Kondition und einer durchschnittlichen Ausdauer gut zu bewältigen. Allerdings sollten Sie in Norwegen aufgrund des höheren Schwierigkeitsgrads weniger Kilometer pro Tag einplanen als in Schweden.

☺ Wenn Sie die Gebirgspfade als zu strapaziös empfinden, können Sie alternative Routen auf Straßen und Schotterpisten wählen. Folgen Sie dazu z. B. ein Stück der markierten Fahrradstrecke oder fragen Sie Ihre Gastgeber vor Ort nach entsprechenden Tipps.

☺ Bei den zu Beginn jeder Etappe aufgeführten Zeitangaben handelt es sich um reine Gehzeiten, bei denen Pausen und Fotostopps nicht berücksichtigt sind. Es liegt die Annahme zugrunde, dass ein Wanderer mit normaler Kondition ca. 4 km/h in ebenem Terrain und 3,5 km/h bei mäßigen Steigungen zurücklegt.

Wegmarkierung

Die offizielle Markierung des St. Olavsleden besteht aus einem rot-grauen Symbol, das eine Kombination aus dem Kreuz des Nidarosdoms und dem Vierpassknoten (= Piktogramm für Sehenswürdigkeiten) darstellt. Die Beschilderung entlang der Route ist durchweg gut und wird von den zuständigen Kommunen regelmäßig kontrolliert.

Das Wegzeichen tritt in ganz unterschiedlicher Art und Weise auf und ist manchmal nur einfarbig, das Symbol bleibt jedoch stets unverkennbar. Es gibt z. B. in der Landschaft stehende Holzpfähle mit aufgeschraubten Plaketten, in den Bäumen hängende Holzplaketten, an Laternenmasten angebrachte Aufkleber oder auf Baumstämme gesprühte Markierungen. Auch an Straßenkreuzungen aufgestellte Wegweiser mit Richtungs- und Kilometerangaben sind keine Seltenheit. An einigen Kirchen stehen außerdem große Steinmonumente mit Hinweisen auf die verbleibende Wegstrecke bis Nidaros.

Manchmal erleichtern Holztreppen den Anstieg, 27. Etappe

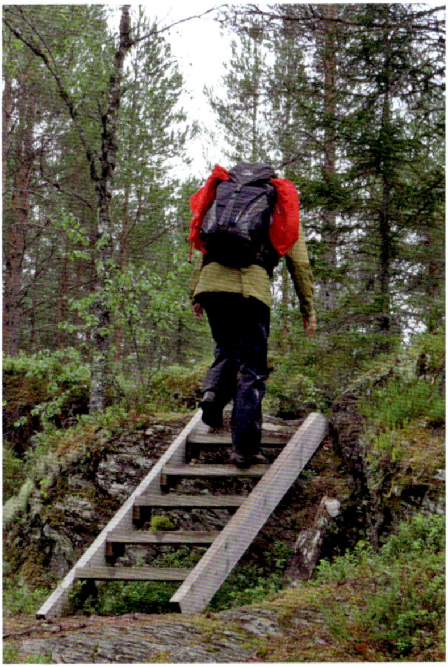

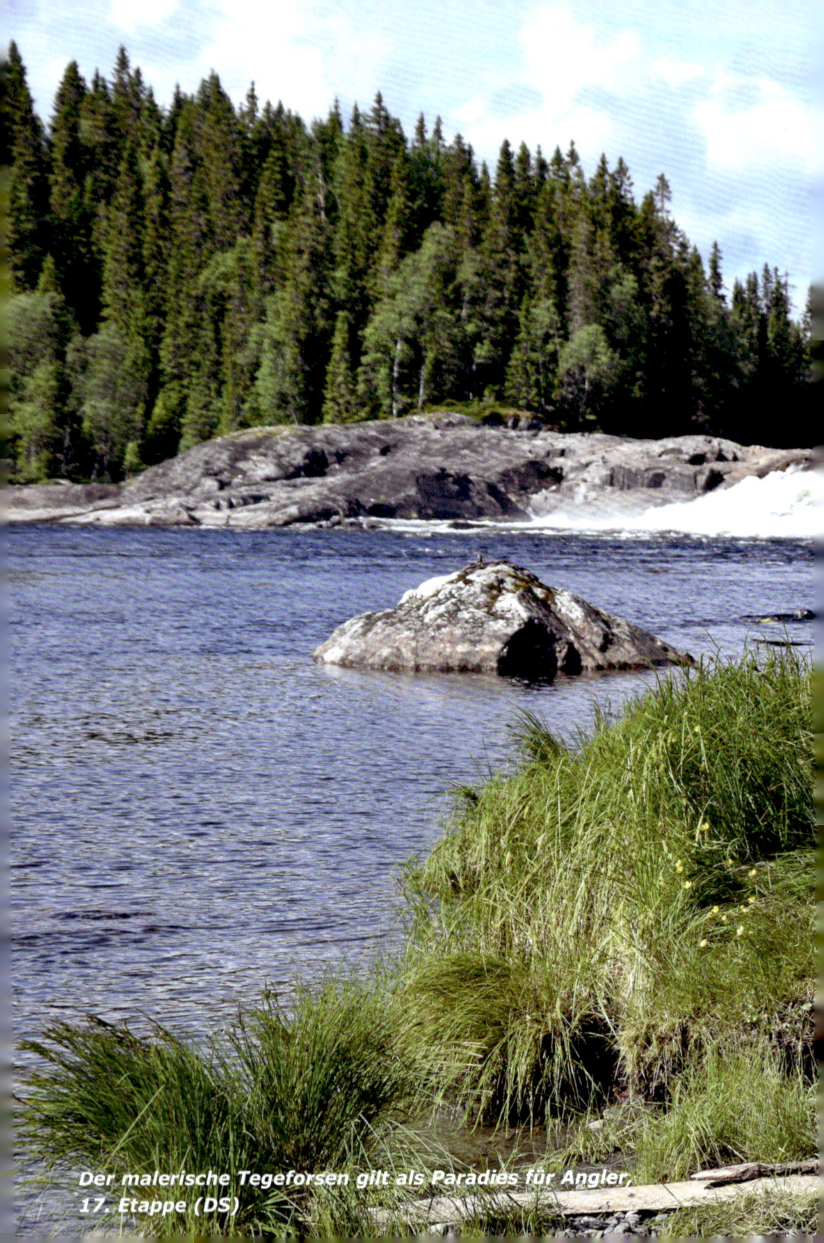

Der malerische Tegeforsen gilt als Paradies für Angler, 17. Etappe (DS)

Etappenbeschreibungen

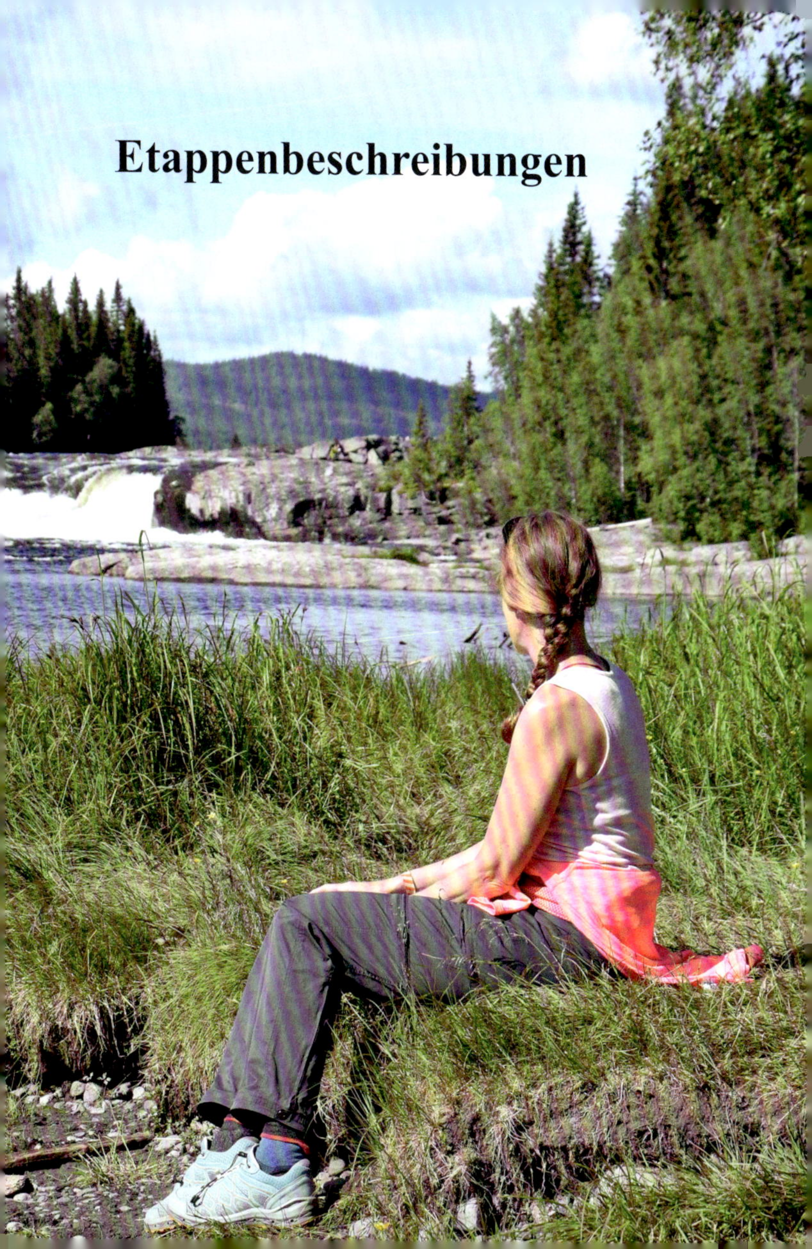

1. Etappe: (Sundsvall –) Selånger – Pilgerherberge Solgården (Matfors)

24,8 km, 6 Std. 30 Min., ↑ 434 m, ↓ 492 m, ⇧ 0-120 m

0,0 km	⇧ 8 m	Selånger (Bushaltestelle Selångergården)
1,0 km	⇧ 22 m	Kirchenruine und Pilgerzentrum in Selånger
5,6 km	⇧ 35 m	Abzweig Richtung Påläng
8,5 km	⇧ 65 m	Kreuzung in Söderåsen
9,7 km	⇧ 95 m	Rastplatz bei Sigrid und Tommy in Gisselåsen
11,3 km	⇧ 114 m	Rastplatz Svartbäcken
15,0 km	⇧ 52 m	Vattjom (Tankstelle)
17,9 km	⇧ 40 m	Matfors (Ortszentrum) BANK
24,5 km	⇧ 47 m	Abzweig zur Pilgerherberge Solgården
24,8 km	⇧ 62 m	Pilgerherberge Solgården

Die geschichtsträchtige Kirchenruine in Selånger sowie das moderne, großzügig angelegte Pilgerzentrum bieten eine fantastische Einstimmung auf den St. Olavsleden. Der Streckenabschnitt ist einfach zu finden und gut zu gehen, er verläuft fast ausschließlich auf kleinen Asphaltstraßen und Schotterwegen durch landwirtschaftlich geprägtes Terrain. Tagesziel ist das Versorgungszentrum Matfors am fischreichen Fluss Ljungan.

☺ Wenn Sie die ca. 46 km lange Strecke bis Stöde lieber in drei Tagesetappen aufteilen möchten, bieten sich Zwischenübernachtungen in Matfors (nach 18 km) und Gålviken (nach weiteren 20,5 km, ☞ 2. Etappe) an.

Ob mit dem Zug, dem Flugzeug oder dem eigenen Auto – den offiziellen Startpunkt des Pilgerweges in Selånger erreichen Sie über **Sundsvall**, wo Sie gute Einkaufs- und Übernachtungsmöglichkeiten vorfinden.

Sundsvall

BANK

Sundsvalls Turistbyrå, Stora Torget, 852 30 Sundsvall, ☏ +46/60/658 58 00, www.visitsundsvall.se, turistbyran@sundsvall.se, 01.06.-31.08. Mo-Fr 10:00-18:00, Sa 10:00-16:00; 01.09.-31.05. Mo-Fr 11:00-17:00, Sa 11:00-15:00

First Hotel Strand, Strandgatan 10, 851 06 Sundsvall, +46/60/64 19 50, strand@firsthotel.se, www.firsthotels.com, EZ/F ab SEK 663, DZ/F ab SEK 863

Sundsvall City Hotel & Hostel, Sjögatan 11, 852 34 Sundsvall, +46/60/12 60 90, reservation@sundsvallcityhotel.se, www.sundsvallcityhotel.se, EZ ab SEK 590, DZ ab SEK 790, Selbstversorgung

Typisches Gebäude in Sundsvall aus der Zeit nach dem großen Stadtbrand

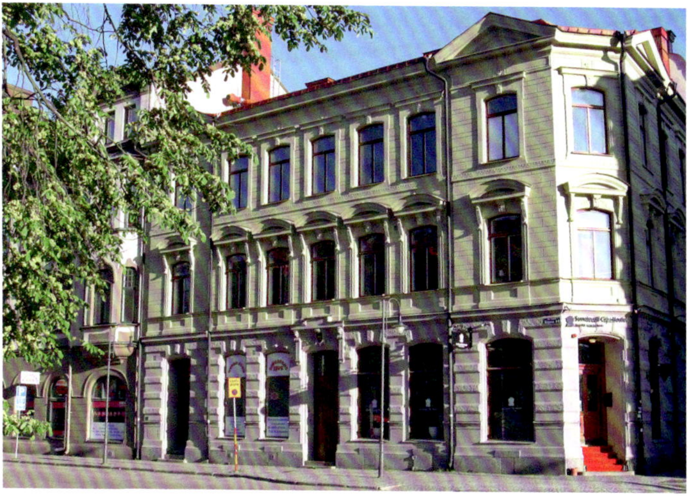

Im Mittelalter lag die schwedische Küste noch einige Kilometer weiter landeinwärts. Eine stetige Landhebung hatte zur Folge, dass sich die Küstenlinie – und mit ihr der Hafen und die dazugehörige Ortschaft – immer weiter gen Osten verschob. Die damals junge Siedlung **Sundsvall** erhielt 1621 Stadtrechte und erlebte 200 Jahre später aufgrund der boomenden Holzindustrie ihre größte Blütezeit. Nirgendwo auf der Welt gab es zu dieser Zeit eine solche Dichte an Sägewerken wie hier. Der große Stadtbrand von 1888 vernichtete die alte Bausubstanz im Stadtzentrum fast vollständig. Im Zuge des Wiederaufbaus wurden zahlreiche repräsentative Steingebäude errichtet, die noch heute vom damaligen Reichtum Sundsvalls und vom Enthusiasmus seiner Bewohner zeugen.

☺ Da fast alle Pilger mit dem Zug oder Flugzeug in Sundsvall ankommen, ist die Route bereits ab hier markiert. Wenn Sie die ersten 7,5 km bis zum offiziellen Startpunkt in Selånger zu Fuß zurücklegen möchten, folgen Sie ab dem Bahnhof der entsprechenden Beschilderung. Der Weg führt fast ausnahmslos an einer befahrenen Straße entlang und hat keine besonderen Reize.

Offiziell beginnt der Pilgerweg nach Trondheim an der Kirchenruine in **Selånger**, denn hier ging der heilige Olav 1030 n. Chr. an Land und machte sich mit seinem Gefolge auf den Weg nach Norwegen. Vom Busterminal **Navel** in Sundsvall fährt die Buslinie Nr. 1 alle 30 Minuten Richtung Bergsåker. Die Fahrtzeit bis zur Haltestelle „Selångergården" beträgt ca. 15 Minuten und der Fahrpreis SEK 25.

Selånger

Selånger pilgrimcenter, Helene Westerlind, Kungsnäs 158, 855 91 Sundsvall, +46/60/64 50 60, +46/70/311 73 91, helene.westerlind@svenskakyrkan.se, Mo-Fr 9:00-18:00, Sa 11:00-18:00, So 12:00-18:00

Lilla Äppelgården, Familie Lauro, Kungsnäs 115, 855 90 Sundsvall, +46/73/073 20 29, info@lillaappelgarden.se, www.lillaappelgarden.se, 4 Betten in Gemeinschaftszimmern, Gemeinschaftsbad, Waschmaschine, keine Küche, Ü SEK 350, F SEK 70, AE SEK 120, LP SEK 80

Der Legende nach soll Olav Haraldsson mit seinem Gefolge im Juli 1030 in **Selånger** an Land gegangen sein und dort ein großes Kreuz mit der Inschrift „Ein Land für ein Volk in Jesu Namen" errichtet haben. Die Landschaft sah damals noch vollkommen anders aus und war durch einen bedeutenden Hafen geprägt, der inzwischen völlig versandet ist. Olav machte sich von hier aus auf den Weg in seine norwegische Heimat, um den christlichen Glauben dort zu stärken und das Land unter seiner Herrschaft zu einen. Während des Mittelalters galt die aus dem 13. Jahrhundert stammende, romanische Kirche in Selånger als wichtigster Ausgangspunkt für Pilgerwanderungen nach Nidaros. Das dem heiligen Olav geweihte Gotteshaus bestand zunächst nur aus einem rechteckigen Langhaus mit einem schmalen

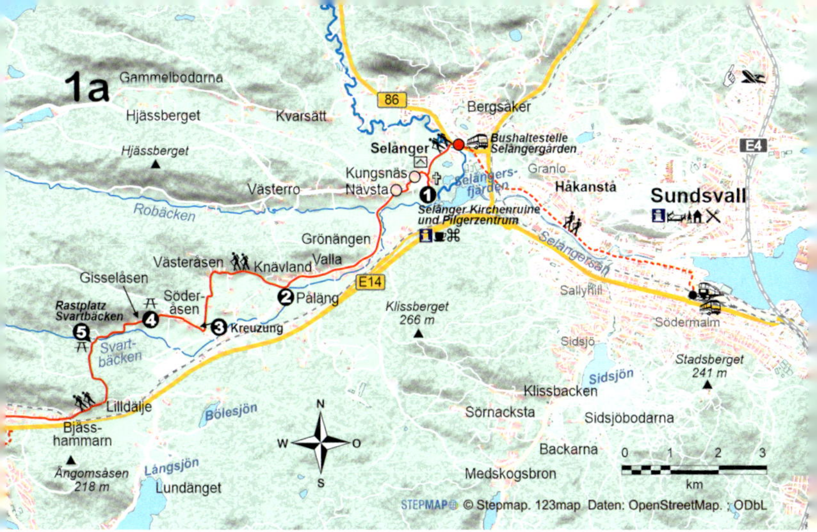

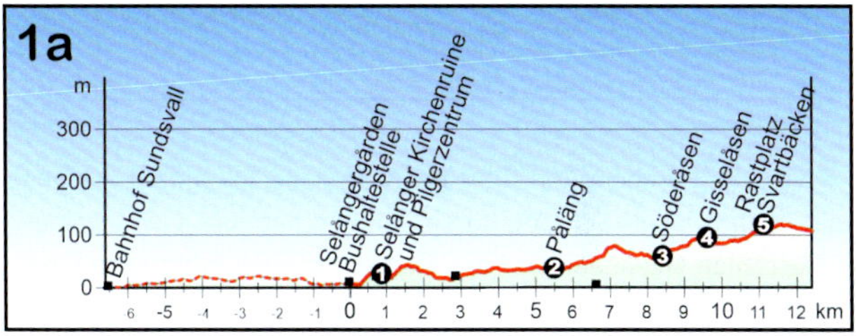

Chor. Später kamen der Turm, die Sakristei sowie der südliche Vorraum hinzu. An der Kirchenwand war das damals wichtigste regionale Gesetzbuch Hälsingelagen aus dem frühen 14. Jahrhundert angekettet. Nach der Einweihung der neuen Kirche 1781 verfiel der romanische Bau zunehmend und stürzte im Juli 1841 endgültig in sich zusammen. In den Jahren 1928-29 wurde die Ruine restauriert und in den heutigen Zustand versetzt.

Von der Haltestelle folgen Sie den Hinweisschildern Richtung Kirche und gehen links die Asphaltstraße hinauf. Nach 1 km liegt rechts auf dem Hügel die neue Kirche von 1781. Auf der linken Seite informiert eine große Tafel ❶ über den St. Olavsleden, hier können Sie zum ersten Mal Ihren ⊙ Pilgerpass stempeln. Die ⌘ Kirchenruine befindet sich wenige Meter unterhalb und das 2018 eröffnete Pilgerzentrum etwas weiter links. Dort können Sie einen Pilgerpass erwerben, Informationen über den Weg einholen und in dem schönen Café einkehren.

Nach Redaktionsschluss wurde bekannt, dass die Streckenführung hinter Vattjom zum Sommer 2020 geändert wird. Die Auswirkungen auf die Länge der Strecke sind minimal. Bitte informieren Sie sich dazu auf www.stolavsleden.com und achten Sie vor Ort besonders aufmerksam auf die Wegmarkierungen.

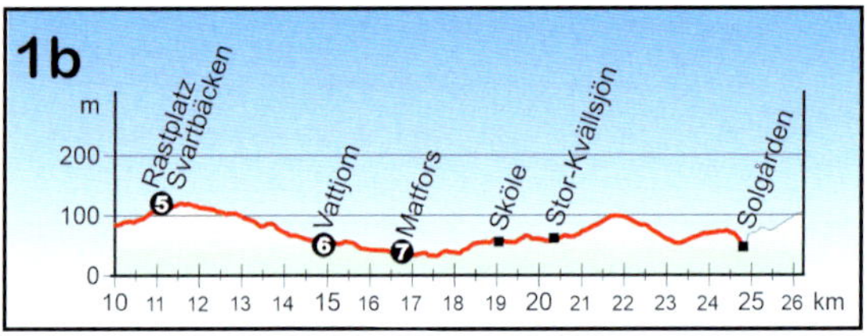

Von der Kirchenruine führt der Weg zunächst hinauf zur neuen Kirche und dann in einer Schleife durch den beschaulichen Weiler Kungsnäs mit historischen Gebäuden und der ältesten original erhaltenen Dorfstraße der Region. Im Mittelalter lag hier das Zentrum der Provinz Medelpad mit dem Königshof Kungsgården, in dem sowohl die kirchliche als auch die königliche Administration untergebracht war. Am Ende des Dorfes erreichen Sie die mäßig befahrene Landstraße und folgen ihr ca. 4 km südwestwärts (rechts) bis **Påläng** ❷.

Dort biegen Sie rechts ab und wandern auf einem Schotterweg knapp 2 km hinauf bis Västeråsen. Nach einer Linkskurve geht es hinab Richtung Söderåsen und an der nächsten T-Kreuzung ❸ nach rechts. Gut 1 km später kommen Sie nach **Gisselåsen**, wo Tommy und Sigrid an ihrem Haus kurz hinter dem Ortseingangsschild einen Rastplatz ❹ für Pilger mit Pilgerstempel und Gästebuch eingerichtet haben. Die Garage dient als Unterstand und es steht frisches Wasser bereit. Wenn das engagierte Ehepaar daheim ist, lädt es die Wanderer gern zu Kaffee, Tee und Gebäck ein.

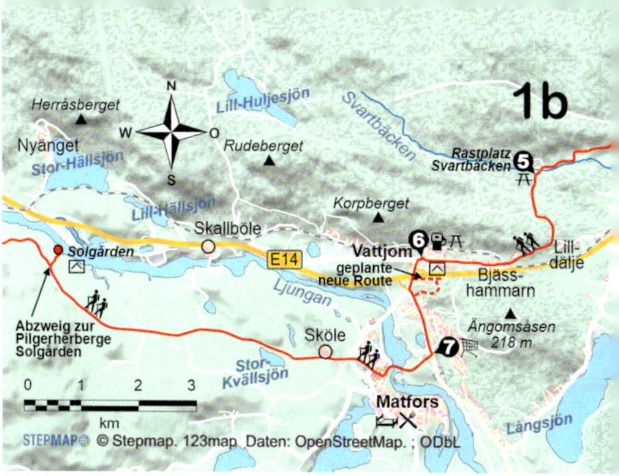

Nach ca. 1,5 km biegt der Weg am Ende des Dorfes links auf einen Pfad in den Wald ab. Gleich hinter einer kleinen Brücke liegt auf einer Lichtung der schöne Rastplatz **Svartbäcken ❺** mit Bänken, Feuerstelle und Unterstand. Kurz danach geht es an einer T-Kreuzung nach links auf einen Wiesenweg, der nach 1,4 km in einen Schotterweg mündet. Hier halten Sie sich rechts und wandern dann geradeaus weiter, überqueren die Bahngleise und biegen anschließend rechts auf eine kleine Asphaltstraße ab, die nach 800 m in eine größere Straße mündet. Dieser folgen Sie weitere 800 m westwärts (rechts) bis zur Tankstelle in **Vattjom ❻** mit Kiosk und Rastmöglichkeit. Auf der anderen Straßenseite liegt in einer Nebenstraße die Herberge Villa Vattjom.

Villa Vattjom, Fredrik Welander, Botgörarvägen 3, 864 33 Matfors,
+46/70/323 56 03, Wella67@hotmail.com,
wella.internet24.se/bot/villavattjom/, 6 Betten in 3 Zimmern, Küche und Bad,
EZ/F SEK 300, DZ/F SEK 500, Selbstversorgung möglich

Kurz hinter der Tankstelle zweigt der Pilgerweg nach links ab und führt unter der Schnellstraße E14 hindurch. Nach der Unterführung halten Sie sich halb links Richtung Matfors.

Der 1,5 km lange Abstecher hinauf zum ⌘ Freilichtmuseum **Tuna Hembygdsgård** sowie zur ersten Olavsquelle mit ⊙ Pilgerstempel soll zum Sommer 2020 in den offiziellen Wegverlauf integriert werden.

An dem fischreichen Weiher Ängomstjärn entlang geht es bis zum Ortseingang von **Matfors**, wo sich linker Hand ein kleiner Supermarkt ❼ befindet (täglich 9:00-19:00). Direkt hinter dem Laden halten Sie sich rechts und nehmen die Brücke über den Fluss Ljungan.

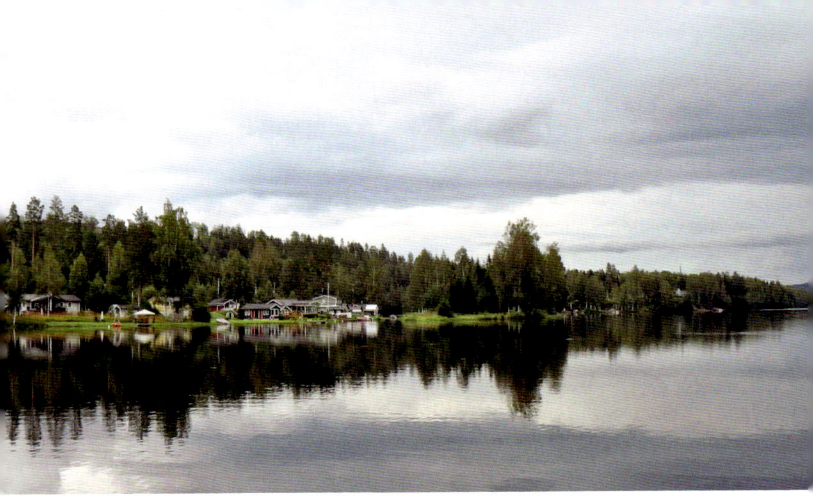

Die Pilgerherberge Solgården liegt idyllisch direkt am See Ljungan

Matfors

Hostel Kajland, Industrivägen 8, 864 31 Matfors (600 m vom Weg), +46/70/209 65 51, kajutter@gmail.com, 3 Zimmer mit 8 Betten, EZ SEK 300, DZ SEK 500, F SEK 60, AE SEK 120, LP SEK 40, Selbstversorgung möglich

♦ **Gästhuset Matfors**, Linsänkevägen 7, 864 33 Matfors (400 m vom Weg), www.booking.com, EZ/F und DZ/F ab SEK 575 (€ 56), Selbstversorgung möglich

Anschließend wandern Sie links den Hügel hinauf, passieren eine Pizzeria sowie ein Restaurant und halten sich am nächsten Abzweig rechts. Hier liegt das Ortszentrum mit einer Apotheke und einem ICA-Supermarkt (Mo-Fr 7:00-21:00, Sa/So 9:00-21:00).

Die aus Matfors herausführende Straße am südlichen Ufer des Ljungan wird bis zum Ende der 2. Etappe Ihr ständiger Begleiter sein. Sie verläuft über sanfte Hügel und kleine Täler, passiert hinter Sköle einen idyllischen Weiher und geht nach gut 2 km in eine Schotterpiste über. Von hier sind es noch 4,5 km bis zum Abzweig zur Pilgerherberge **Solgården**, die 300 m vom Weg entfernt in wunderschöner Umgebung direkt am Seeufer liegt.

Solgården, Maj-Britt Olofsson, Sköle 190, 864 91 Matfors, +46/73/800 70 33, majbrittolofsson@hotmail.com, 6 Betten in 2 Zimmern, Küche und Bad, Ü SEK 300, Selbstversorgung

2. Etappe: Pilgerherberge Solgården (Matfors) – Stöde

21 km, 5 Std. 30 Min., ↑ 260 m, ↓ 282 m, ⇧ 47-103 m

0,0 km	⇧ 62 m	Pilgerherberge Solgården
5,0 km	⇧ 60 m	Badeplatz Rävelnsbovallen
8,5 km	⇧ 51 m	Badeplatz bei Gullesviken
12,0 km	⇧ 58 m	Sakviken Bygdehus Loböle
13,9 km	⇧ 84 m	Abzweig zur Pilgerherberge Gålviken
14,5 km	⇧ 88 m	Quelle am Wegesrand
16,7 km	⇧ 66 m	Herberge Sweden4u
20,4 km	⇧ 58 m	Stöde (Kirche)
21,0 km	⇧ 58 m	Stöde Camping

Die 2. Etappe verläuft immer geradeaus an der südlichen Seite des Ljungan entlang und kann zwischendurch etwas eintönig sein. Für Abwechslung sorgen schöne Badeplätze, das kleine Kulturhaus in Loböle mit Pilgerstempel, eine sprudelnde Quelle sowie die geschichtsträchtige Kirche von Stöde, die majestätisch auf einem Hügel oberhalb des Flusses thront.

Wenn Sie in der Herberge **Solgården** übernachtet haben, wandern Sie zunächst 300 m hinauf bis zum Pilgerweg, dem Sie westwärts am Ljungan entlang bis zum See Stödesjön folgen. Auf einer Schotterpiste geht es durch hügeliges Terrain sanft auf und ab. Mischwälder säumen auf beiden Seiten den Weg, unterbrochen nur durch einige abgeholzte Flächen.

Nach 4,5 km kommen Sie bei der Feriensiedlung **Rävelnsbovallen** direkt an den See. Am Ufer stehen zunächst private Sommerhäuser und verhindern den Zugang zum Wasser. Erst am Ende des Weilers weist ein blaues Schild auf einen öffentlichen Badeplatz ❶ hin. Hier befindet sich ein schöner Sandstrand mit Wasserrutsche sowie ein Rastplatz mit Tischen und Bänken, einem Unterstand und einem Pilgerbuch zum Eintragen.

Der fast 400 km lange Fluss **Ljungan** entspringt im Hochland beim Bergmassiv Helagsfjället und mündet etwas südlich von Sundsvall ins Meer. Während der Blütezeit der Holzindustrie wurden die Baumstämme auf dem Wasserweg bis zur Küste transportiert. Der St. Olavsleden folgt dem Ljungan mehrere Tage lang stromaufwärts.

Die Schotterpiste führt immer weiter geradeaus durch Waldabschnitte und kleine Siedlungen. Ab und zu schimmert der See durch die Bäume und bei Wind kann man das Rauschen der Blätter und Wellen hören. Nach knapp 3 km weist ein Hinweisschild links auf die ⌂ Pilgerherberge **Gullesviken** hin.

⌂ **Gullesviken**, Camilla Arnfridsson Sundberg, Loböle 110, 864 95 Stöde, ☎ +46/70/262 39 14, ✉ carnfridsson@icloud.com, 5 Betten, Küche und Bad, Waschmaschine auf Anfrage, Ü SEK 350, F SEK 60, AE SEK 130

Anwesen von Gålviken mit Pilgerhütte

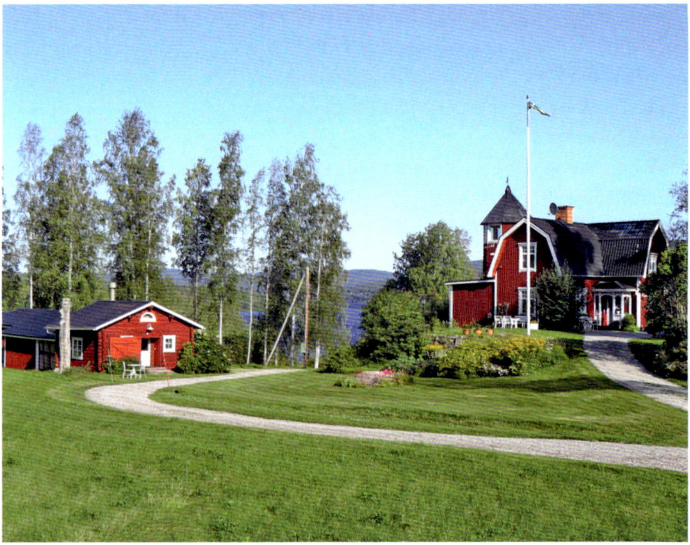

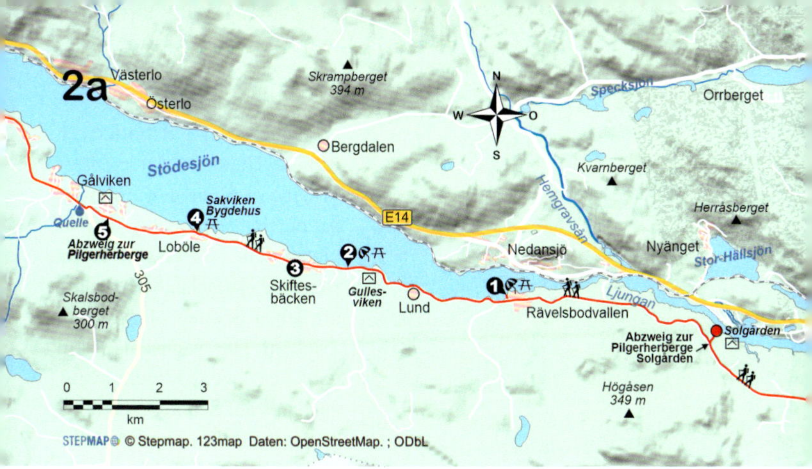

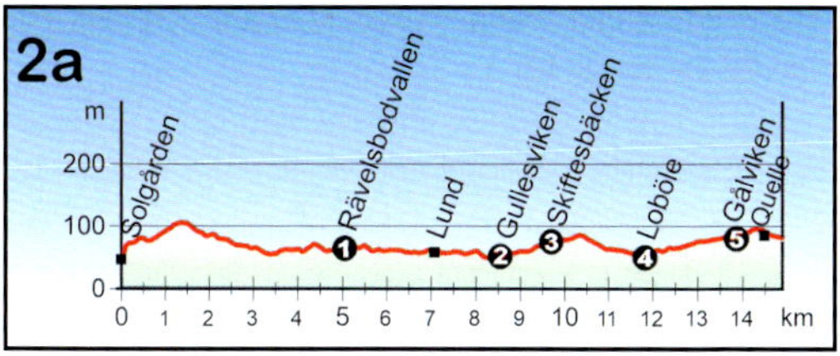

500 m danach liegt am Ufer ein weiterer ⛼ idyllischer Rastplatz ❷. Von den Felsen im Wasser bietet sich ein schöner Blick über den Stödesjön und das gegenüberliegende Ufer.

Im weiteren Verlauf passieren Sie einzelne Häuser der lang gezogenen Siedlungen Skiftesbäcken ❸ und **Loböle**. Herrliche Blicke auf den See Stödesjön und Passagen durch dichten Wald wechseln einander ab. Nach 3,5 km erreichen Sie am Ende von Loböle das kleine Kulturhaus **Sakvikens Bygdehus** ❹ mit ⊙ Pilgerstempel und ⛼ Bank. Von hier sind es noch 2 km bis zum Abzweig zur ⌂ Pilgerherberge **Gålviken** ❺, die 400 m vom Weg entfernt sehr idyllisch direkt am See liegt und preiswerte Übernachtungen anbietet.

⌂ **Gålviken**, Kjell Åke Grubb, Gålviken 142, 864 95 Stöde (400 m vom Weg), ☎ +46/70/378 98 24, ✉ erstorp142@gmail.com, Hütte für 2 Personen, Kochplatten und Bad, Ü SEK 150, F SEK 50, AE SEK 100

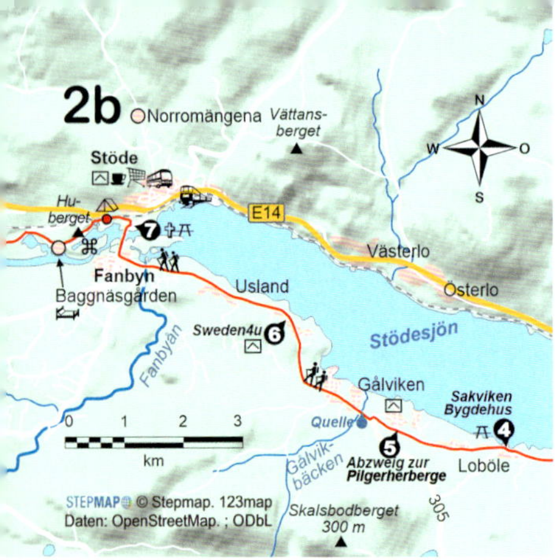

Wenn der Schotterweg wenige Hundert Meter später in eine T-Kreuzung mündet, halten Sie sich rechts. Direkt hinter dem Abzweig befindet sich eine erfrischende Quelle mit einer kleinen Tasse zum Trinken. Die nächsten 3 km geht es weiter geradeaus, zunächst auf Schotter, dann auf Asphalt. Beim Dorf **Usland** führt der Weg aus dem Wald hinaus und bietet schöne Aussichten auf den See. Hier befindet sich auch eine Herberge ❻.

Sweden4u, Kerstin Brandell-Svensson, Uslandsvägen 110, 864 95 Stöde, +46/70/569 34 81, kerstin@sweden4u.nu, www.sweden4u.nu, Hütte mit 6 Betten in 2 Zimmern, Küche, Bad, Waschmaschine, Ü SEK 350, ganze Hütte SEK 750, HP auf Anfrage, Selbstversorgung

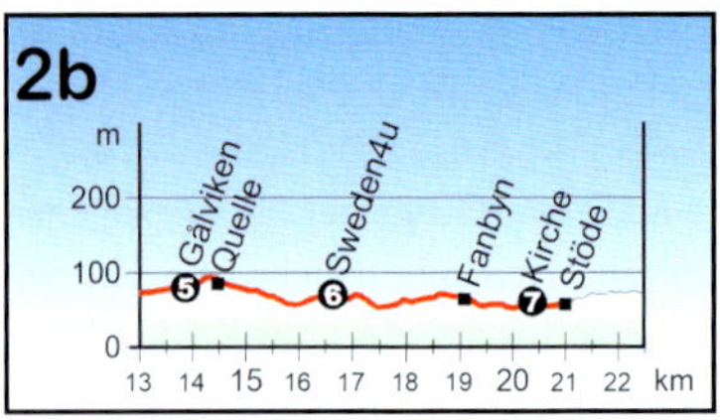

Nun sind es noch 2,5 km bis zur Ortschaft **Stöde** mit ca. 700 Einwohnern. Sie passieren die Pilgerherberge von Berit Eriksson, halten sich kurz danach rechts und überqueren den Fluss Ljungan. Von der Brücke haben Sie einen schönen Blick auf die **Kirche von Stöde** und die Bronzefigur „Der Flößer" von Per Nilsson-Öst, die seit 1982 auf einem alten Brückenpfeiler im Wasser thront.

Am anderen Ufer können Sie wenige Meter zur Kirche ❼ hinauflaufen, um auf den schön gelegenen Bänken zu rasten oder Wasser nachzufüllen. Mit etwas Glück ist das Gotteshaus geöffnet, sodass Sie auch einen Stempel für Ihren Pilgerpass bekommen. Oberhalb der Kirche liegt ein ICA-Supermarkt (Mo-Fr 8:00-22:00, Sa/So 9:00-22:00).

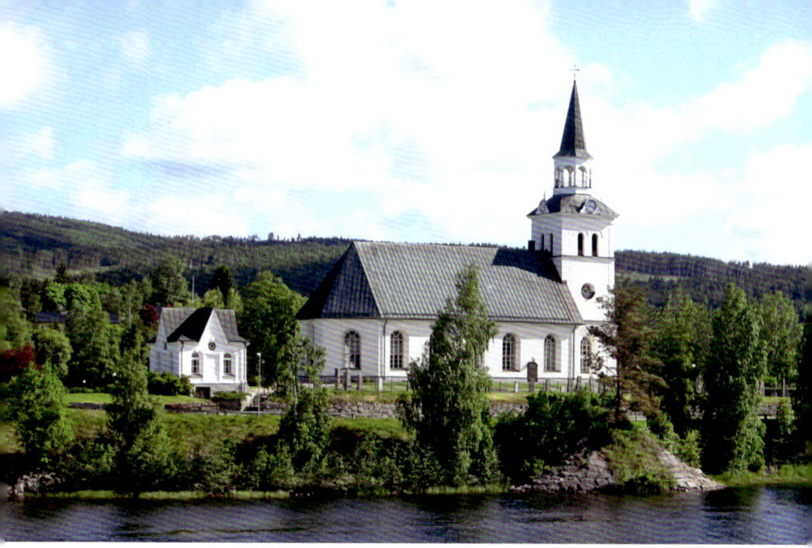

Die Kirche von Stöde thront oberhalb des Ljungan

✞ Bereits im 13. Jahrhundert wurde an dieser Stelle eine kleine Steinkirche mit Langhaus und Chor errichtet. Verschiedene Reparaturen konnten ihre Baufälligkeit nicht aufhalten, sodass sie 1757 abgerissen und durch eine neue, größere Kirche ersetzt wurde. Durch den Neubau des Turms und der Sakristei erhielt der Bau 1881 sein heutiges Aussehen. Zu den Kirchenschätzen gehören ein Taufbecken aus gotländischem Kalkstein (um 1200), ein Triumphkreuz aus dem 13. Jahrhundert sowie eine Skulptur des heiligen Olav, die zwischen 1225 und 1250 entstand und sowohl norwegische als auch englische Einflüsse aufweist. 1937 heiratete die berühmte schwedische Schauspielerin und dreifache Oscar-Preisträgerin **Ingrid Bergman** hier ihren ersten Mann, den aus Stöde stammenden Zahnarzt Petter Aron Lindström. Kurz nach der Hochzeit ging das junge Paar nach Hollywood, wo Ingrid Bergman große Erfolge feierte.

Der Pilgerweg setzt sich gegenüber der Kirche Richtung Westen fort und führt unmittelbar am Wasser entlang. Am Ufer befindet sich ein weiterer schöner ⛼ Rastplatz. Hinter dem Tennisplatz liegt das **Stödehus**, ein kleines Freibad (Eintritt SEK 45) mit ☕ Cafeteria. Gleich danach schließt sich das Areal des ⛺ Campingplatzes **Stöde Camping** an.

Stöde

Pilgerherberge Berit Eriksson, Uslandsvägen 12, 864 41 Stöde, +46/70/385 16 65, rut.berit.eriksson@gmail.com, 3 Betten in 2 Zimmern, kleine Küche, Bad, Waschmaschine, Ü SEK 200, Selbstversorgung

Stöde Camping, Kälsta 107, 860 13 Stöde, +46/76/881 82 83, stodecampingstode@hotmail.com, www.stodecamping.com, Hütten mit Kochnische für 2 oder 4 P., Sanitäranlagen im Servicegebäude, Hütte (2 P.) ab SEK 400, Selbstversorgung

3. Etappe: Stöde – Torpshammar

17,9 km, 5 Std., 253 m, 238 m, 49-88 m

0,0 km	58 m	Stöde Camping
4,4 km	60 m	Abzweig hinter Nederede
6,7 km	73 m	alte Schule von Ede
10,9 km	60 m	Langhaus in Viskan ⌘
14,9 km	68 m	Abenteuerburg Boda Borg
17,0 km	77 m	Kirche von Torpshammar
17,9 km	75 m	Torpshammar (Coop)

Die abwechslungsreiche Strecke bietet immer wieder tolle Ausblicke auf die fruchtbare Landschaft und den Fluss Ljungan. Der Weg verläuft überwiegend auf Schotterwegen und kleinen Straßen, ist einfach zu gehen und gut markiert. Höhepunkte sind das etwas gespenstisch anmutende Langhaus in Viskan und der wunderschöne Badeplatz kurz darauf. Ganz in der Nähe von Torpshammar liegt der geografische Mittelpunkt Schwedens.

Vom Campingplatz in **Stöde** führt ein schöner Weg in den Wald.

Kurz darauf können Sie rechts dem Hinweisschild Richtung **Huberget** folgen und einen Abstecher zum 400 m entfernten ⌘ Freilichtmuseum auf dem Huberg machen, das 19 interessante alte Häuser, über 1.000 Exponate und eine tolle Aussicht über das Tal bietet.

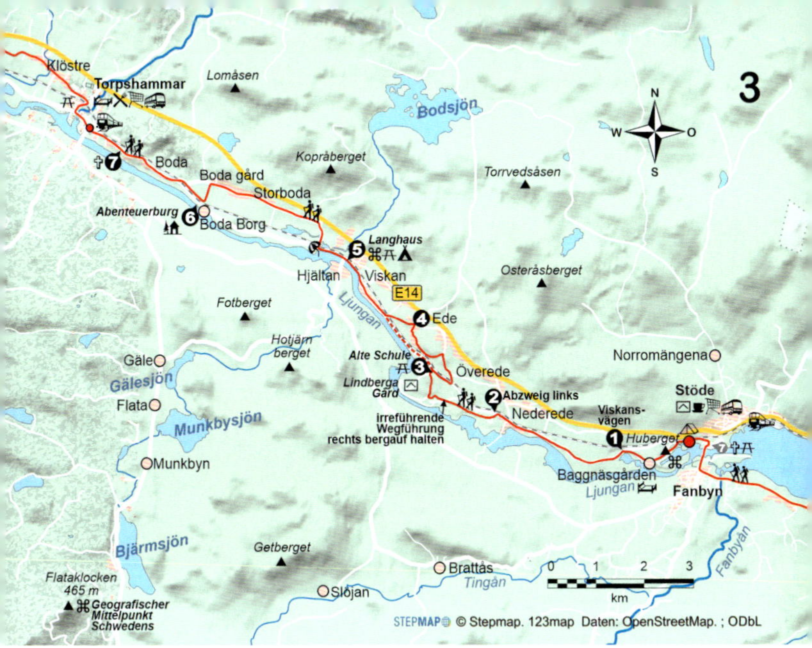

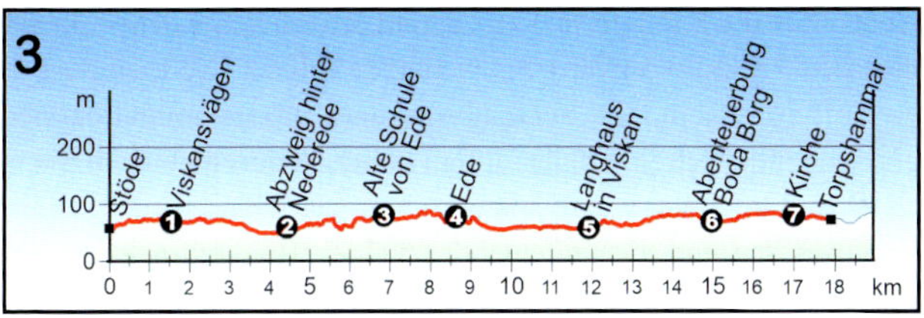

Der Pilgerweg setzt sich geradeaus bis zur Unterkunft **Baggnäsgården** fort, deren Tradition bis ins frühe 18. Jahrhundert zurückreicht. Schon damals diente der reiche Gutshof auch als Gasthaus und zum Wechseln der Pferde.

Baggnäsgården, Lena Widenfalk, Kälsta 117, 864 96 Stöde, +46/76/810 14 47, lenawidenfalk@hotmail.com, www.baggnasgarden.se, Appartement mit 4 Betten, Küche, Bad, Ü SEK 350, F SEK 70, AE SEK 130, Selbstversorgung möglich

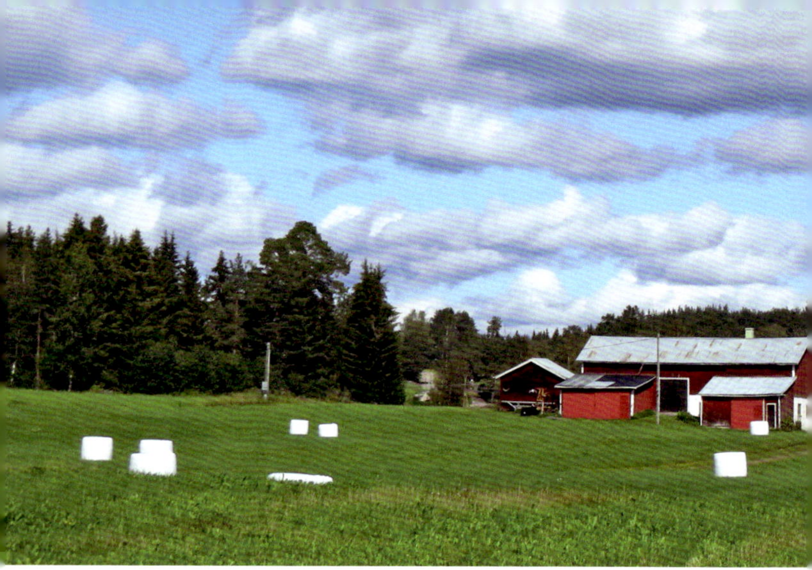

Typisches Gehöft bei Ede

600 m später halten Sie sich geradeaus und ignorieren den Abzweig rechts über die Bahngleise. Kurz darauf erreichen Sie den Viskansvägen ❶, dem Sie 2,5 km westwärts bis Nederede folgen. Die kleine Asphaltstraße verläuft auf einem Grat oberhalb des Sees Stödesjön und passiert Wälder und wogende Getreidefelder. 500 m hinter **Nederede** biegen Sie nach links ab ❷ und kommen wenig später zu ein paar Häusern mit schönem Blick über den See und die umliegenden Felder. Hier führt der St. Olavsleden nach rechts in den Wald hinein. Falls die Mücken nicht zu lästig sind, lädt eine kleine ⚻ Bank zum Rasten ein.

An der nächsten T-Kreuzung geht es nach links und anschließend zweimal rechts bis zu einer Schotterpiste. ✋ Hier ist die Markierung irreführend. Sie wandern nicht nach links bergab, sondern schräg bergauf in den Wald. 200 m später öffnet sich die Landschaft und gibt den Blick auf einen schönen Hof frei. Linker Hand steht am Holzschuppen eine ⚻ Bank. Kurz darauf nehmen Sie den Wiesenweg bergauf, biegen anschließend gleich rechts ab und halten sich 300 m später an der T-Kreuzung wieder rechts. Hier weist ein Hinweisschild auf die Unterkunft ⌂ Lindberga Gård hin, die ca. 1 km vom Weg entfernt liegt.

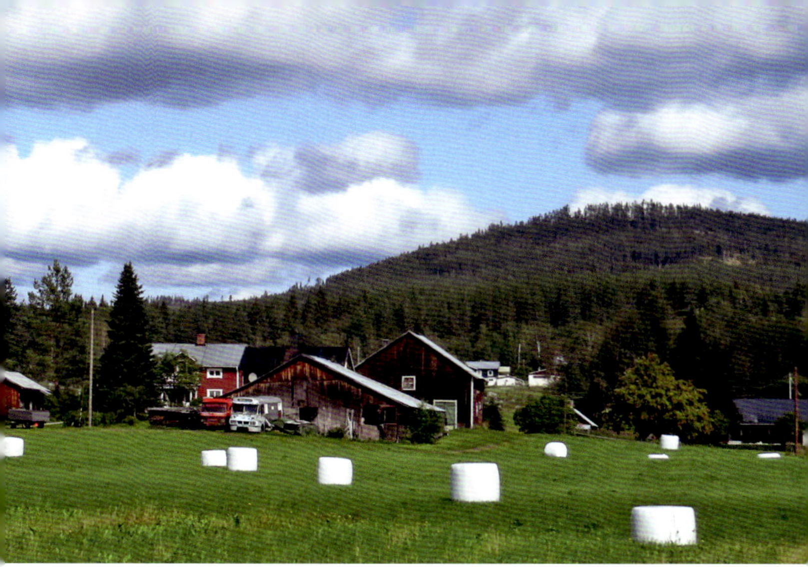

Lindberga Gård, Annalena Ödmark, Viskansvägen 113, 860 13 Stöde (ca. 1 km vom Weg), +46/73/182 00 37, frokenodmark@hotmail.com, www.lindbergagard.se, 2 Hütten mit 12 Betten, Küche, Dusche und Toilette im Haupthaus, Hütte für 4 P. SEK 500, Hütte für 8 P. SEK 800, Selbstversorgung

An der nächsten T-Kreuzung geht es noch einmal rechts zur alten Schule von **Ede** ❸. An dem schönen roten Gebäude gibt es einen Picknickplatz.

Lassen Sie sich hier nicht von der Markierung irritieren! Die offizielle Route führt tatsächlich 400 m zurück in die „falsche" Richtung, dann links über die Bahngleise und den Hügel hinauf. Nach 600 m biegen Sie links auf einen Schotterweg ab und wandern 1 km oberhalb des Flusses Ljungan und der Eisenbahntrasse entlang bis nach Ede ❹. Im Dorf halten Sie sich an der T-Kreuzung links, nehmen einen Schotterweg hinab zur Bahntrasse, überqueren die Schienen und gelangen zurück zur Asphaltstraße, die direkt am Wasser durch die lange Straßensiedlung **Viskan** führt.

Wenn Sie sich die gerade beschriebene Schleife sparen möchten, können Sie von der alten Schule in Ede auch der Fahrstraße nordwestwärts bis Viskan folgen.

Ganz am Ende der Ortschaft liegt das berühmte **Langhaus ❺**, das u. a. 2015 als Filmkulisse für den schwedischen Film „Das Wunder von Viskan" diente.

⌘ Beim **Langhaus** (schwedisch *Långhus*) handelt es sich um ein 70 m langes Holzgebäude mit abgeblätterter Farbe, das langsam verfällt und Assoziationen an eine amerikanische Geisterstadt weckt. Ende des 19. Jahrhunderts standen an dieser Stelle noch drei einzelne Gebäude, die erst später zusammenwuchsen und ein wichtiges Dienstleistungszentrum mit Hotel, Laden, Postamt und Bank beherbergten. Inzwischen steht das Långhus leer und wird als Film-Location genutzt.

Auf der anderen Straßenseite befindet sich ein Rastplatz, der sich auch zum Zelten eignet. 500 m später passieren Sie einen schönen Badeplatz mit Bootsanleger, Bänken und Grillmöglichkeit. Sofort danach halten Sie sich rechts, überqueren erneut die Bahngleise und nehmen die Straße 400 m bergauf in Richtung E14. Linker Hand liegt ein schöner Teich und eine Infotafel begrüßt Sie in der Kommune Ånge.

Der Flussverlauf des Ljungan war von alters her ein wichtiger Handels- und Transportweg in der Kommune Ånge. Die zunehmende Bedeutung der Forstwirtschaft und des Holzhandels führten zum Bau des **Ede-Stöde-Kanals** mit zwei Schleusen. Ab 1870 herrschte auf dem Ljungan fünf Jahre lang reger Schiffsverkehr. Mit der Eröffnung der Eisenbahnstrecke nahm die kurze Blütezeit des Seeweges ein abruptes Ende, weil die Güter fortan über die Schiene schneller und günstiger transportiert werden konnten.

Der Lärm der E14 wird zunehmend hörbar, doch kurz vor der Schnellstraße biegt der Pilgerweg links ab und folgt dem Schild Richtung Storboda. Der Asphalt geht in Schotter über und Sie blicken hinab auf wogende Getreidefelder und die Eisenbahntrasse im Tal. Nach knapp 2 km erreichen Sie das Dorf **Storboda** und halten sich 750 m später links, um den Hügel hinabzulaufen und in der Nähe der multimedialen Abenteuerburg und Unterkunft **Boda Borg ❻** wieder zu den Bahnschienen zu gelangen.

Boda Borg, Bodaborg 100, 840 13 Torpshammar, ☏ +46/691/122 00, torpshammar@bodaborg.se, www.bodaborg.se/anlaggningar/torpshammar/, 82 Betten in 18 Zimmern, Gemeinschaftsküche und Gemeinschaftsbad, Ü SEK 220, Ü/VP SEK 490, Selbstversorgung möglich

Ein Feldweg verläuft zunächst 500 m an den Gleisen entlang, mündet dann in einen Schotterweg und führt über eine Brücke auf die andere Seite der Schienen. Von hier nehmen Sie die Asphaltstraße Richtung **Torpshammar** und kommen nach 1,3 km zur ✞ Kirche ❼ mit Frischwasserversorgung..

✞ Bei der **Kirche von Torpshammar** handelt es sich um einen relativ neuen Bau aus den Jahren 1937-38. Die wichtigste Sehenswürdigkeit ist der 125 m lange, gusseiserne Friedhofszaun des Kunstschmieds Birger Westin aus dem Jahr 1963. Eine stets präsente Wellenlinie symbolisiert den Fluss Ljungan sowie das Leben und die Ewigkeit. Die Linie wird immer wieder durch christliche Symbole unterbrochen, die für den Kontakt zwischen Gott und dem Menschen stehen. Die Bilder auf der östlichen Seite sind biblischen Ursprungs und zeigen Christus in unserem täglichen Leben, die Bilder auf der westlichen Seite beschreiben die Geschichte und das Leben der Bewohner Torpshammars.

1 km später ist das kleine Ortszentrum mit einem ✕ Schnellimbiss und einem Coop-Supermarkt (Mo-Fr 9:00-19:00, Sa/So 9:00-17:00) erreicht. Ein Schild weist darauf hin, dass sich ganz in der Nähe von Torpshammar der ⌘ geografische Mittelpunkt Schwedens befindet. Er wurde 1947 bestimmt und liegt auf dem 465 m hohen Berg Flataklocken mit weitem Blick über das Land.

Die Unterkunft Torpshammar Herrgård liegt 100 m vor dem Ortszentrum auf der linken Seite. Wenn Sie auf dem Campingplatz Mid Adventure übernachten möchten, folgen Sie nicht der markierten Route, sondern der Hauptstraße ca. 2 km westwärts am Ljungan entlang. Vom Campingplatz können Sie dann am nächsten Tag problemlos zum Pilgerweg hinauflaufen.

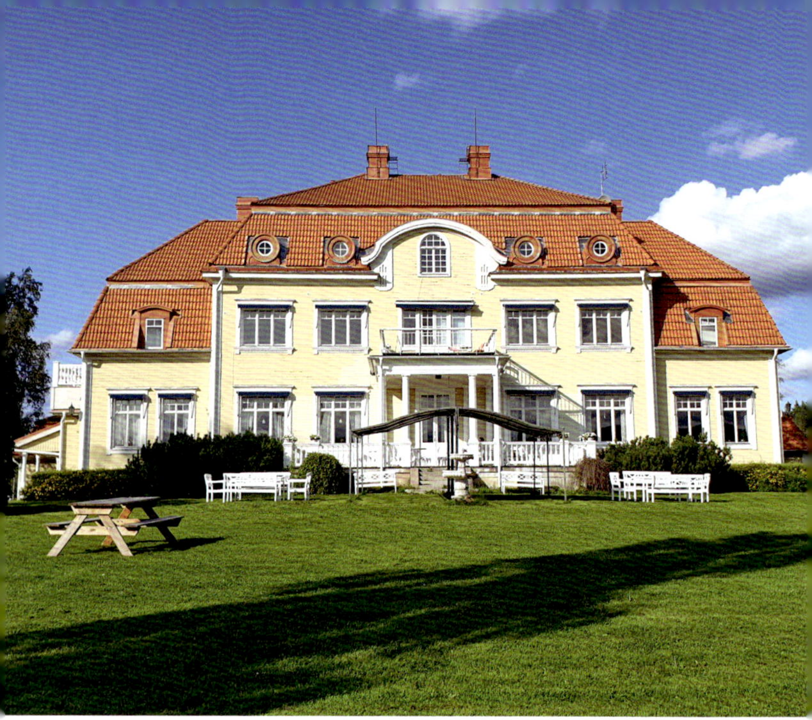

Der Torpshammar Herrgård bietet Zimmer in stilvollem Ambiente (MH)

Torpshammar

- **Torpshammar Herrgård**, Torpshammarsvägen 10, 840 13 Torpshammar, ☏ +46/691/205 80, ✉ info@torpshammar.com, 💻 www.torpshammar.com, DZ ab SEK 1.095, Frühstück oder Selbstversorgung
- ♦ **B&B Torpshammar**, Marcus Berggren, Järnbruksgatan 3, 840 13 Torpshammar (100 m vom Weg), 📱 +46/70/602 01 93, ✉ sweakusten@hotmail.com, 8 Betten in Gemeinschaftszimmern, Küche und Bad, Waschmaschine, Ü SEK 350, Selbstversorgung
- **Camp Mid Adventure**, Rombäck 850, 840 13 Torpshammar (ca. 600 m vom Weg), ☏ +46/691/305 85, ✉ info@midadventure.com, 💻 www.midadventure.se, Hütte mit Kochnische, Sanitäranlagen im Servicegebäude, Hütte (4 P.) SEK 600, Selbstversorgung

4. Etappe: Torpshammar – Ö

22,2 km, 5 Std. 30 Min., ↑ 310 m, ↓ 263 m, ⇧ 62-122 m

0,0 km	⇧ 75 m	Torpshammar (Coop)
5,1 km	⇧ 79 m	Abzweig in Getterån
8,9 km	⇧ 106 m	Herberge Norrgården
10,3 km	⇧ 72 m	Torps Kyrka
12,2 km	⇧ 68 m	Vikbron
13,6 km	⇧ 91 m	Byforsbron
18,0 km	⇧ 82 m	Brücke Ljungaverk
22,2 km	⇧ 122 m	Ö

Die abwechslungsreiche Etappe hat zwei verschiedene Gesichter: Zum einen verläuft sie auf kleinen Straßen durch idyllische Siedlungen, fruchtbare Felder und bewaldete Hügel, zum anderen auf schmalen Pfaden direkt am rauschenden Fluss Ljungan entlang. Bemerkenswert ist die hohe Dichte an Rastplätzen, die Sie auf dem St. Olavsleden sonst nirgendwo vorfinden. Zu den schönsten Sehenswürdigkeiten auf diesem Wegabschnitt gehören die Torps Kyrka sowie Schwedens längste Holzbrücke Vikbron.

400 m hinter dem Coop biegt der Pilgerweg nach rechts auf eine Asphaltstraße ab und führt über die Bahngleise bergauf. Am Abzweig befindet sich bereits der erste Rastplatz des Tages. 350 m später halten Sie sich links und folgen dem Wegweiser Richtung **Klöstre**. Während des Mittelalters soll sich dort ein Kloster oder eine Herberge für Pilger befunden haben.

Der Klöstrevegen geht bald in Schotter über und passiert eine kleine Siedlung. An der nächsten Gabelung wandern Sie halb links weiter und folgen der Straße 2 km bis zur E14. Der Pilgerweg setzt sich unterhalb der Schnellstraße auf einer Schotterpiste fort und erreicht 500 m später eine Gabelung, an der Sie sich halb rechts halten. Auf einer Brücke überqueren Sie den kleinen Fluss Getterån und kommen kurz darauf zur Ortschaft **Getterån**.

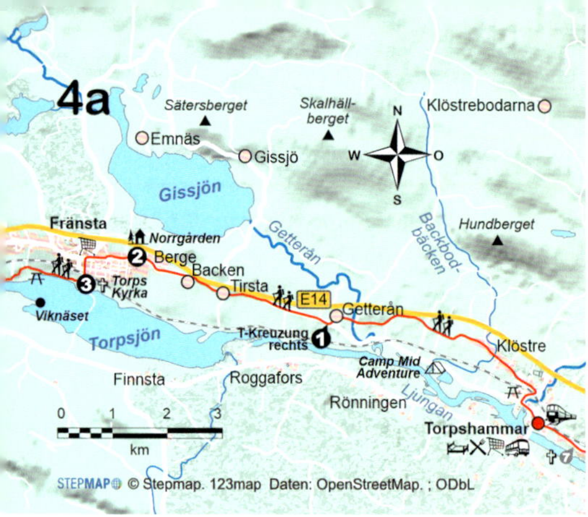

An der T-Kreuzung ❶ biegen Sie rechts ab und gelangen nach 1,5 km erneut zur E14. Nun müssen Sie ein kurzes Stück auf einem Pfad zurücklegen, der links von der Schnellstraße am Straßengraben entlangführt und die Verbindung zum nächsten Schotterweg herstellt. Diesem folgen Sie 1 km westwärts, bis er in die Asphaltstraße **Ljungandalsvägen** mündet.

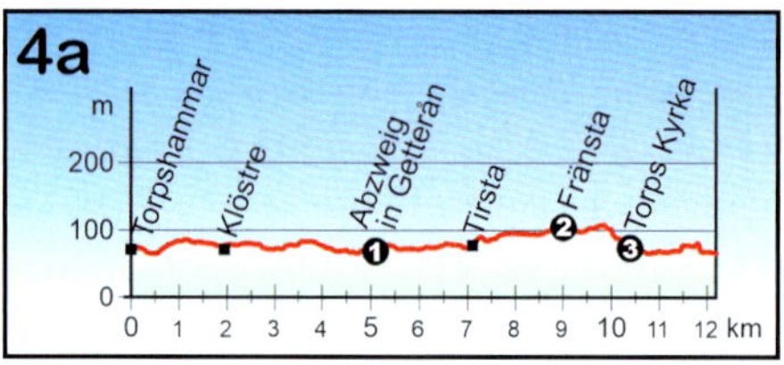

Der Pilgerweg verläuft zwischen Stöde und Borgsjö mehrmals für ein kleines Stück auf dem insgesamt 47 km langen **Ljungandalsvägen**. Dieser Weg war bis zum Bau der E14 die Hauptstraße der Region und wird heute touristisch vermarktet. Höhepunkt ist der jährlich Mitte Juni stattfindende Flohmarkt, bei dem die Anwohner an der gesamten Strecke vor ihren Häusern kleine, private Verkaufsstände aufbauen.

Weiter geht es durch eine schöne Landschaft mit kleinen Weilern, Feldern und bewaldeten Hügeln bis zum Ortseingangsschild von **Fränsta**. 500 m später erreichen Sie die Unterkunft **Norrgården ❷**.

Norrgården, Fränstavägen 209, 840 12 Fränsta, +46/76/861 13 54, lexjuri@hotmail.com, 2 Zimmer mit 4 Betten, Küche, Bad, Ü SEK 250, Selbstversorgung

Nun ist es nicht mehr weit bis zum ICA-Supermarkt im Ortszentrum (Mo-Fr 8:00-21:00, Sa/So 9:00-21:00) mit einer schönen Terrasse und Tischen. An derselben Straße liegt 500 m weiter auch ein Coop (Mo-Fr 8:00-21:00, Sa/So 9:00-21:00). Gegenüber von diesem Supermarkt biegt der Pilgerweg nach links ab und führt hinab zur ✞ **Torps Kyrka** ❸ mit Bänken und Wasserversorgung.

✞ Die weiße Steinkirche **Torps Kyrka** liegt malerisch direkt am Ljungan und wurde 1782-85 errichtet. Ihr Name leitet sich von dem alten schwedischen Wort *„torp“* ab, das mit dem deutschen „Dorf“ verwandt ist und im späteren Sprachgebrauch oft als Bezeichnung für kleine Höfe verwendet wurde. Sie ersetzte einen zu klein gewordenen Vorgängerbau aus dem 13. Jahrhundert. Der ursprüngliche Kirchturm wurde 1882 bei einem Blitzeinschlag zerstört. Zu den Kunstschätzen der Kirche gehören ein Taufbecken aus Sandstein aus dem späten 12. Jahrhundert sowie eine Olavsskulptur aus dem 13. Jahrhundert.

Die Torps Kyrka stammt aus dem späten 18. Jahrhundert

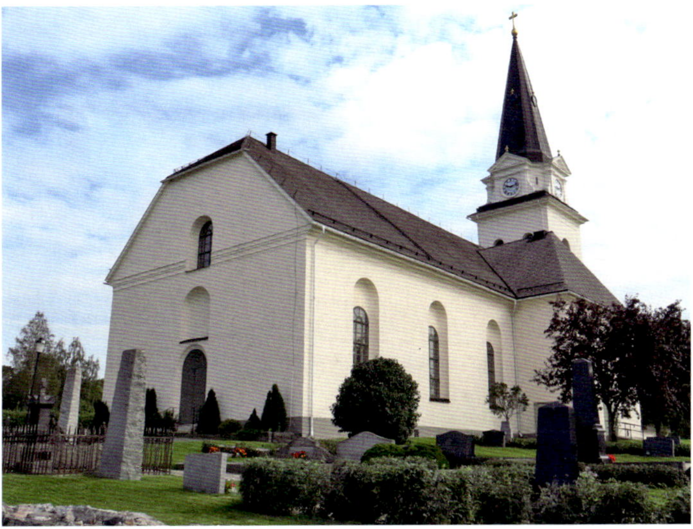

An der Kirche halten Sie sich rechts und passieren das Bürogebäude des Pastorats, an dem Sie Ihren ⊙ Pilgerpass stempeln können. Nun kommen Sie zum sogenannten Liebespfad oder Kirchensteig. Ein wunderschöner, streckenweise leicht feuchter Wiesenweg verläuft 600 m direkt am Fluss Ljungan entlang bis zu einem Ѫ Rastplatz mit Unterstand und tollem Blick auf das Wasser. An der nächsten T-Kreuzung biegen Sie links ab und nehmen gleich darauf einen kleinen Pfad nach rechts, der steil bergauf und sofort wieder bergab führt. Nach dieser kleinen Schleife gelangen Sie auf einen Schotterweg und laufen nach Westen (rechts) weiter. Nun ist es nicht mehr weit bis zur berühmten Brücke ⌘ **Vikbron** ❹ mit Ѫ Rastplätzen und Informationstafel.

⌘ Mit 133 m Länge gilt die **Vikbron** als längste Holzbrücke Schwedens. Sie wurde 1888 von den Bewohnern der Dörfer Viken und Finnsta errichtet, um die überteuerten Brückenzölle auf der bereits vorhandenen Brücke bei Byforsen 500 m stromaufwärts zu umgehen. Die kunstvolle Konstruktion basiert auf einem Fundament, das ebenfalls ganz aus Holz gebaut wurde. Auf der anderen Seite der Brücke befindet sich bei Viknäset eines der größten eisenzeitlichen Grabfelder Nordschwedens.

Die Vikbron gilt als längste Holzbrücke Schwedens (MH)

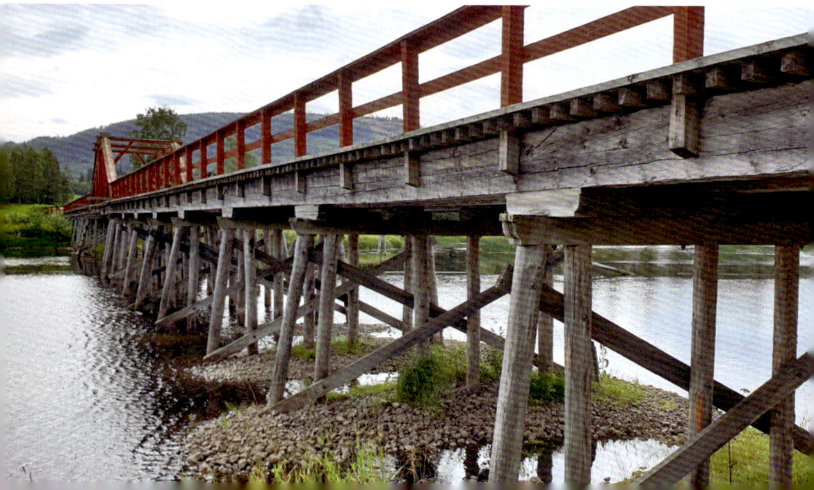

400 m hinter der Brücke schwenkt der Weg nach links auf einen Pfad, passiert eine Toilette ohne Wasserspülung und gelangt zu einem weiteren schönen ⛼ Rastplatz direkt am Wasser mit Unterstand und Badestrand.

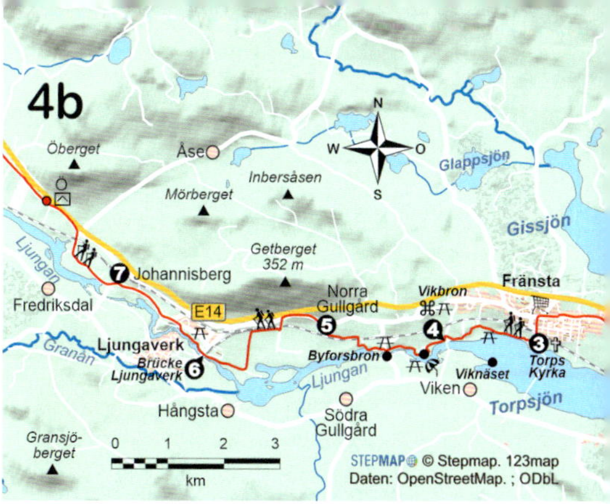

Nun ändert der Ljungan seinen Charakter und entwickelt sich von einem friedlichen, breiten Gewässer zu einem rauschenden Fluss. Der Pfad verläuft auf einer Anhöhe oberhalb des Flussbetts bis zur hohen Brücke **Byforsbron**, an der sich wieder ein ⛼ Rastplatz befindet. Von hier führt eine Schotterpiste 400 m bergauf. Anschließend verlassen Sie das Wasser, biegen nach rechts auf einen zugewachsenen Pfad ab und steigen am Rand eines Getreidefelds bis zu den Bahngleisen hinauf. Diesen folgen Sie 300 m nach links, überqueren dann die Schienen und wandern auf einem Schotterweg zum Hof **Gullgård** ❺ hinauf.

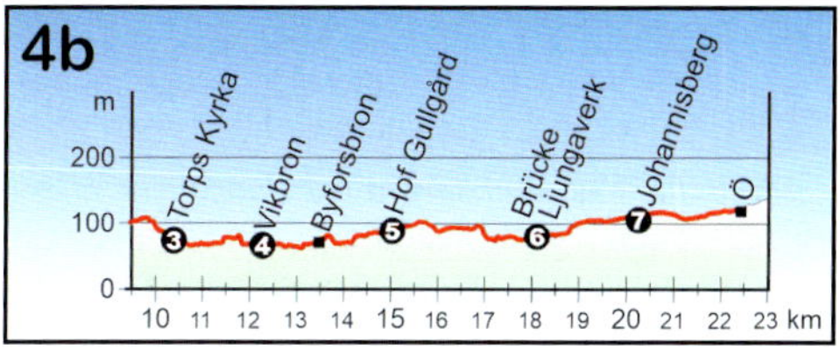

Den nächsten Kilometer laufen Sie auf einer kleinen Asphaltstraße, die parallel zur E14 gen Westen führt. Dann zweigt ein Schotterweg nach links ab und unterquert die Gleise. Gleich danach halten Sie sich rechts und passieren eine Bank mit schöner Aussicht auf Felder und bewaldete Hügel. 300 m später führt ein Wiesenweg hinab zu einem kleinen Anwesen. Hier biegen Sie zweimal rechts ab und erreichen kurz vor **Ljungaverk** erneut den rauschenden Fluss. An der nächsten Brücke ❻ heißt es aufgepasst: Der Fußweg verläuft weiter geradeaus auf einem schmalen Pfad, während Rad- und Reitweg nach rechts abbiegen. Felsen säumen den Weg und 700 m weiter liegt am Ufer ein ⛼ Rast- und Grillplatz.

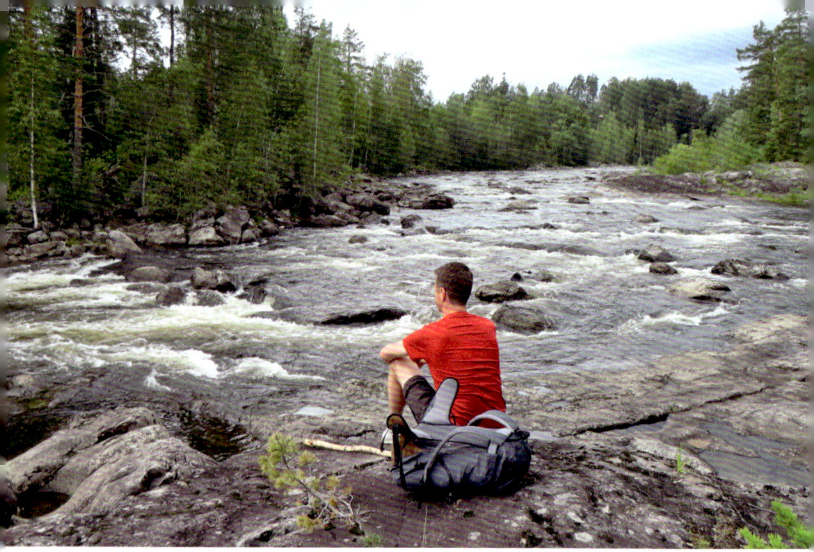

Idyllische Rast am Ljungan bei Ljungaverk

Direkt dahinter nehmen Sie die Asphaltstraße Ljunganvägen Richtung Nordwesten (links) und wandern durch die Streusiedlung **Johannisberg** ❼. Hier befand sich früher eine Hinrichtungsstätte, auf der 1809 zum letzten Mal eine wegen Mordes verurteilte Frau enthauptet wurde. Nach ca. 2,5 km queren Sie die Bahngleise, kommen 500 m danach zur E14 und gehen etwas unterhalb der Schnellstraße weiter bis zum Dorf mit dem kurzen Namen **Ö**. Hier gibt es eine ⌂ Übernachtungsmöglichkeit und bei Haus Nr. 202 lädt ein Schild die Pilger ein, 💧 Trinkwasser aufzufüllen. Ein Blickfang ist das unter Denkmalschutz stehende ⌘ Anwesen auf der linken Straßenseite mit einer prachtvollen Villa aus dem Jahr 1889.

Ö

⌂ **Detlef Koch**, Ö 255, 841 97 Erikslund, ☎ +46/70/641 18 05 (deutschsprachig), ✉ detlefkoch69@yahoo.de, Hütte und Zimmer für 7 P., Küche, Gemeinschaftsbad, Waschmaschine, Ü inkl. Bettwäsche SEK 250, Selbstversorgung

☺ Viele Pilger laufen noch 5,5 km weiter und beenden die Tagesetappe erst beim 🛏 Motel **Träporten** in Borgsjö.

5. Etappe: Ö – Lombäcken

21,8 km, 5 Std. 30 Min., ↑ 398 m, ↓ 319 m, ⇧ 110-256 m

0,0 km	⇧ 122 m	Ö
2,4 km	⇧ 136 m	Sillre Kapell
5,5 km	⇧ 118 m	Träporten
6,9 km	⇧ 125 m	Borgsjö Hembygdsgård
8,3 km	⇧ 178 m	Olavsquelle
10,2 km	⇧ 148 m	Bank oberhalb von Tälje
13,1 km	⇧ 200 m	Bank auf dem Berg Täljehällorna im Wald
16,8 km	⇧ 242 m	Quelle
21,6 km	⇧ 199 m	Rastplatz Lombäcken
21,8 km	⇧ 200 m	Stuga i Lombäcken

Auf dem ersten Drittel der Etappe liegen mit einer Naturkundeausstellung, der Kirche von Borgsjö, dem Freilichtmuseum Borgsjö und der berühmtesten Olavsquelle des gesamten Pilgerweges eine Fülle von Sehenswürdigkeiten. Anschließend verläuft ein großer Teil des einfach zu gehenden Weges auf Schotterpisten und Pfaden durch den Wald. Mehrere Rastplätze laden dazu ein, den Frieden und die beinahe unberührte Natur zu genießen.

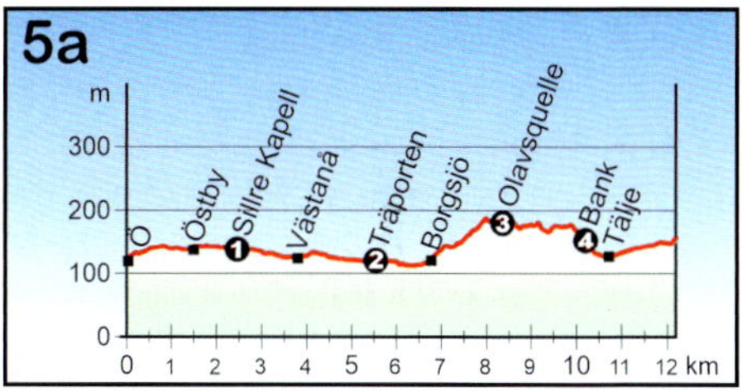

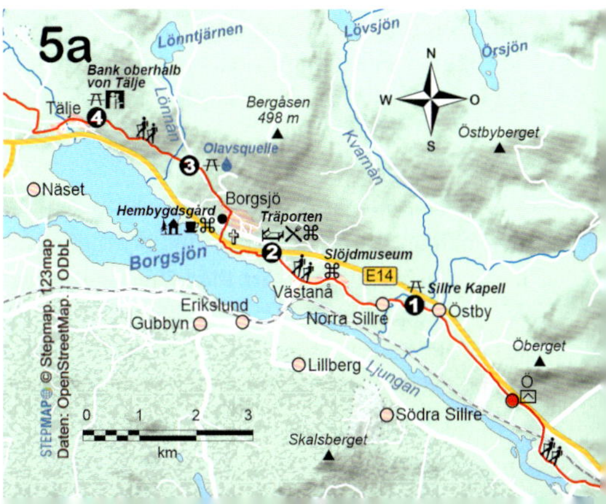

Sie wandern die wenig befahrene Straße entlang, passieren die kleine Ortschaft Östby und gelangen nach 2,5 km zur ehemaligen Kapelle Sillre Kapell ❶ mit überdachtem ⛩ Rastplatz und ⊙ Pilgerstempel. 1 km hinter dem Ortseingang von Västanå können Sie einen kurzen ↳ Abstecher zum ⌘ Slöjdmuseum machen.

⌘ Das kleine Museum präsentiert kunstvolle Modelle von Tieren und Gebrauchsgegenständen, die Gösta Sundin mithilfe von Messer und Sandpapier geschaffen hat. Sie begeistern nicht nur als Kunstwerke, sondern geben auch einen Eindruck vom Leben in der alten Bauerngesellschaft.

🚪 im Juli täglich 11:00-18:00, sonst nach Vereinbarung

Am nächsten Abzweig halten Sie sich rechts und kommen nach 700 m zur E14 und zum 🛏 ⛺ Motel **Träporten** ❷ mit ✕ Restaurant, Tankstelle und ⌘ Naturkundeausstellung.

🛏 ⛺ ✕ **Träporten i Borgsjö**, Borgsjöbyn 139, 841 97 Erikslund, ☏ +46/690/200 22, ✉ info@traporten.se, 💻 www.traporten.se, Hütten auf dem Campingplatz oder Zimmer im Motel mit Gemeinschaftsbad, DZ/F SEK 600, Bett in Hütte SEK 150, ganze Hütte ab SEK 550, Selbstversorgung möglich

⌘ Die naturkundliche Ausstellung im **Naturum Ånge** informiert mithilfe von Exponaten und einem Film über das Pflanzen- und Tierleben in der Region. Blickfang ist ein ausgestopfter Braunbär.

⌘ ℹ **Naturum Ånge och turistbyrå**, Borgsjöbyn 137, 841 97 Erikslund, ☏ +46/690/205 50, ✉ naturum@ange.se, 🚪 Juli und Aug täglich 10:00-17:00

Ab Träporten folgt der Pilgerweg einem Naturlehrpfad, der zunächst sehr nah an der E14 verläuft und dann etwas weiter unterhalb der Straße durch den Wald führt. Der Pfad kann feucht und zugewachsen sein.

↳ Bei sehr nassem Wetter können Sie auf den Naturlehrpfad verzichten und stattdessen an der E14 entlang bis zur Kirche laufen.

Nach 1,3 km überqueren Sie die Schnellstraße und laufen auf einem Schotterweg geradeaus in den Wald hinein. Auf der rechten Seite liegt der Friedhof und nach 250 m bietet sich ein kurzer ↬ Abstecher zur ✞ **Kirche von Borgsjö** an.

✞ Der mittelalterliche Vorgängerbau wurde 1766 abgerissen und unter Verwendung des alten Baumaterials durch einen Kirchenneubau im Rokokostil ersetzt.

Baumeister war der bedeutende schwedische Architekt Daniel Hagman. 1783 ergänzte Paal Persson den frei stehenden Kirchturm mit seiner markanten zwiebelförmigen Kuppel, die ihm die Bezeichnung „König unter den Kirchtürmen des Nordens“ einbrachte. Da auch die Innenausstattung aus der zweiten Hälfte des 18. Jahrhunderts originalgetreu erhalten ist, gilt die **Kirche von Borgsjö** als eines der schönsten und vollkommensten Beispiele für die Rokokoarchitektur in Schweden. Zum Inventar gehören u. a. zwei Skulpturen des heiligen Olav aus dem 16. Jahrhundert.

Gegenüber vom Friedhof befindet sich das kleine ⌘ Freilichtmuseum **Borgsjö Hembygdsgård** mit historischen Gebäuden, ☕ Sommercafé und 🏠 Jugendherberge.

🏠 **Borgsjö Hembygdsgård**, Borgsjöbyn 187, 841 97 Erikslund, ☏ +46/690/200 75, 📱 +46/70/207 42 75, ✉ borgsjohembygd@gmail.com, 9 Zimmer mit 23 Betten, Gemeinschaftsbad, Waschmaschine, Gemeinschaftsküche, Ü SEK 200, F SEK 75, Selbstversorgung

⌘ Das älteste Gebäude des Freilichtmuseums ist das **Tingshus**, das von 1769 bis 1868 als Ort für die lokale Rechtsprechung diente. Das berühmte Gasthaus **Kroggården** stand ursprünglich in Jämtkrogen, etwa 15 km westlich von Borgsjö. Dort an der Provinzgrenze zu Jämtland gab es schon seit 1651 einen Beherbergungsbetrieb. Das heutige Gebäude stammt aus dem Jahr 1837 und wurde zu Beginn der 1930er-Jahre ins Freilichtmuseum überführt.

250 m später zweigt der Pilgerweg nach links auf eine Schotterpiste ab und führt in den Wald hinein. Etwa 1 km später halten Sie sich wieder links und erreichen auf einem Waldweg die berühmteste 💧 **Olavsquelle** Schwedens ❸ mit ⛼ Rastplatz, Toilette und ⊙ Pilgerstempel.

Der Sage nach soll an dieser Stelle im Jahr 1030 eine Quelle hervorgesprudelt sein, als der heilige Olav seinen Stab in den Boden rammte. Um auch die Pferde tränken zu können, setzte Olav sich anschließend auf einen Stein und schuf allein durch sein Körpergewicht eine Mulde für das Wasser. Der Olavsstein liegt heute wieder an seinem alten Platz, befand sich aber viele Hundert Jahre in der Nähe eines Hofes. Dort wurden die frisch geschmiedeten Hufeisen in das Wasser in der Mulde des Olavssteins getaucht, um das Eisen zu härten.

Gedenkstein an der Olavsquelle von Borgsjö

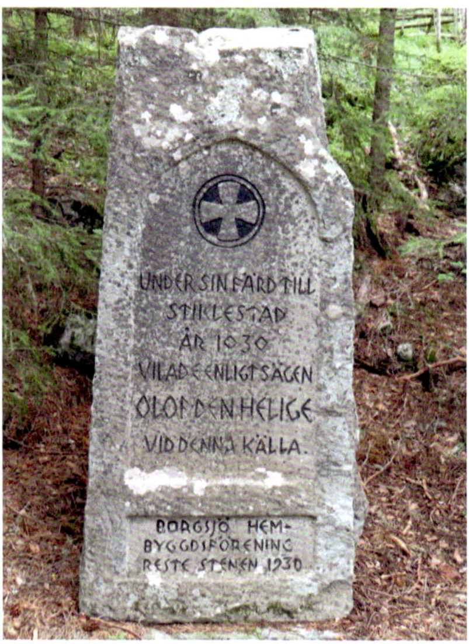

500 m hinter der Quelle überqueren Sie auf einer Brücke den Bach Lönnå und laufen durch einen schönen Wald mit Fichten und Birken. Nach etwa 1,5 km kommen Sie zu einem kleinen Anwesen und wandern links den Berg hinab. Die E14 wird hörbar und der Blick öffnet sich auf den See Borgsjön und die Schnellstraße. Hier lädt eine ⛼ Pilgerbank ❹ zum Rasten ein, bevor der Weg zum nächsten Anwesen hinabführt und sich dann geradeaus auf einem Wiesenweg fortsetzt. Sie befinden sich nun im idyllischen Weiler **Tälje**.

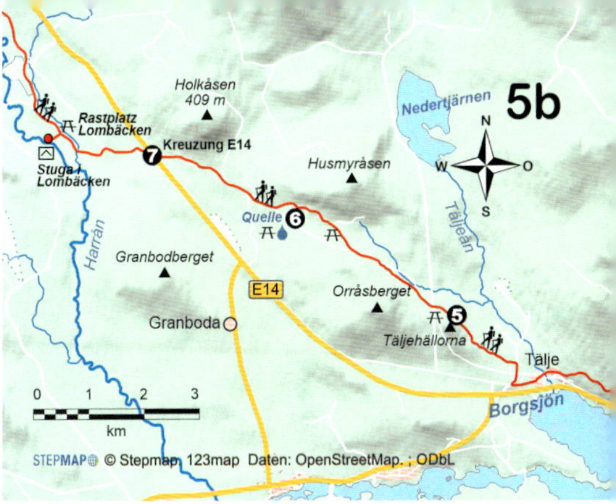

200 m hinter einer kleinen Brücke biegen Sie an der T-Kreuzung rechts auf eine breite Schotterpiste ab und gehen für einige Hundert Meter parallel zur E14 weiter.

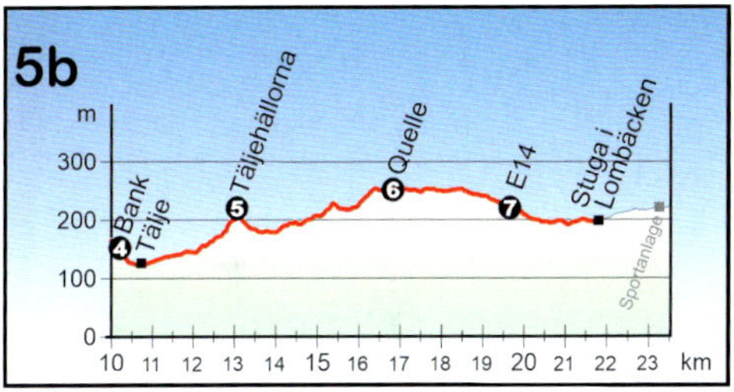

Dann zweigt der St. Olavsleden nach rechts auf einen weiteren Schotterweg ab. Diesem folgen Sie 350 m und steigen anschließend links auf einem Pfad hinauf in den Wald. Dichte Nadelwälder und Abschnitte mit Zwergbirken, Sträuchern und nackten Felsen wechseln einander ab. Der Pfad ist trocken, führt aber immer wieder über Wurzeln und Steine.

Nach gut 1,5 km steht auf der Kuppe des Berges Täljehällorna eine Bank ❺. Nun wandern Sie 500 m abwärts, überqueren eine Kreuzung und laufen geradeaus auf einem breiten Schotterweg weiter, der wieder in den Wald hineinführt. 1 km später erreichen Sie eine kleine, als „Källa" bezeichnete Wasserstelle und knapp 500 m danach lädt ein ⛼ Tisch mit Bank zu einem Picknick ein. Hinter der nächsten Kreuzung geht der Schotterweg in einen breiten Waldweg über, steigt zunächst leicht an und führt dann zu einer Lichtung hinab.

↳ Hier können Sie einen schönen Abstecher ❻ zu einer 100 m entfernten 💧 Quelle mit Weiher, ⛼ Rastplatz und Unterstand machen.

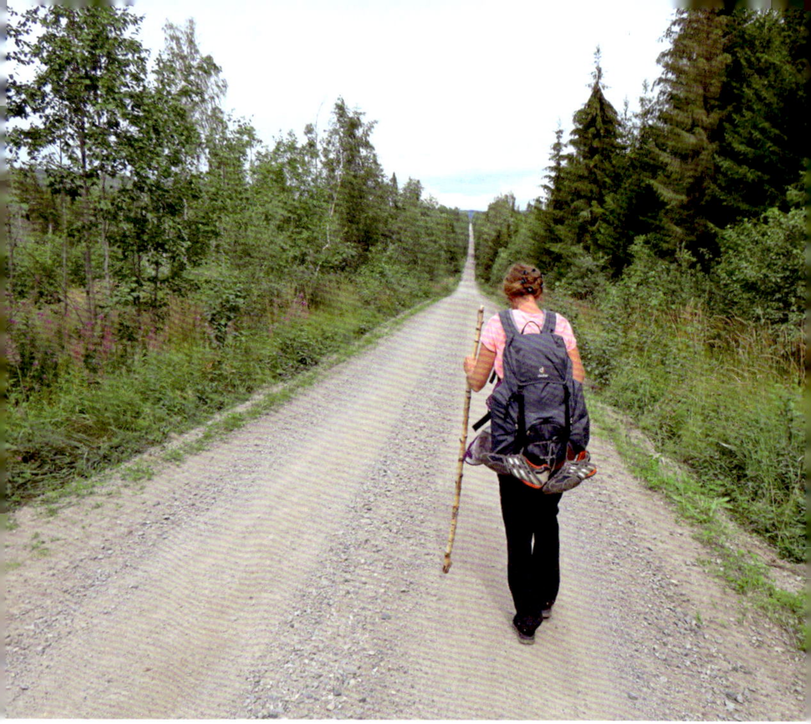

Auf dem Weg nach Lombäcken (MH)

Nach einem kurzen Schotterstück bringt Sie ein feuchter, teilweise zugewachsener Waldweg in 2,3 km bis zur E14 ❼. Auf der anderen Straßenseite beginnt ein schöner Wegabschnitt, der durch eine offene Landschaft mit hübschen Gehöften führt und nach 2 km einen Rastplatz mit Überdachung, Mülleimer und ⊙ Pilgerstempel erreicht. 200 m unterhalb des Weges liegt die einfache Unterkunft **Lombäcken** mit zwei kleinen Hütten.

Stuga i Lombäcken, Kärstin Leander, 841 92 Lombäcken, +46/70/324 59 88, karstin.leander@telia.com, 2 gemütliche Hütten mit 6 Betten, Ofen, kein Strom und fließend Wasser, Plumpsklo, Bademöglichkeit im Bach, keine Kochmöglichkeit, Ü SEK 240, Ü/HP SEK 530

6. Etappe: Lombäcken – Bräcke

25,7 km, 7 Std., ↑ 465 m, ↓ 341 m, ⇧ 199-393 m

0,0 km	⇧ 200 m	Stuga i Lombäcken
0,2 km	⇧ 199 m	Rastplatz Lombäcken
5,5 km	⇧ 314 m	Provinzgrenze zu Jämtland
7,0 km	⇧ 391 m	Slammeråsen
11,7 km	⇧ 358 m	Rastplatz Harrsjöstuga
14,4 km	⇧ 368 m	Hällsluten am See Hemsjön
18,5 km	⇧ 362 m	T-Kreuzung im Wald
24,2 km	⇧ 320 m	Kirche von Bräcke
25,7 km	⇧ 295 m	Bräcke (Jämtkrogen Hotel & Restaurant) BANK

Der Weg verläuft weitgehend auf Schotterpisten und zieht sich bei manchen Waldpassagen in die Länge, ist aber einfach zu gehen und gut zu bewältigen. Natur pur mit zahlreichen Schmetterlingen können Sie auf einem kleinen Pfad hinter hinter der Provinzgrenze zu Jämtland erleben. An idyllischen kleinen Ortschaften und den schönen Seen Harrsjön und Hemsjön entlang wandern Sie bis nach Bräcke, einem kleinen Versorgungszentrum mit einer schönen Holzkirche im neoklassizistischen Stil.

☺ Wenn Sie die 51 km von Lombäcken nach Gällö lieber in drei Tagen gehen möchten, bieten sich Zwischenübernachtungen in Hällsluten (nach 14 km) und Mordviken (nach weiteren 17 km, ☞ 7. Etappe) an.

Von der einfachen Unterkunft **Stuga i Lombäcken** steigen Sie 200 m hinauf bis zur Schotterpiste und folgen dieser nach links. Hinter den letzten Häusern führt der Weg in den Wald und verläuft nach 750 m an einer Gabelung halb rechts weiter. Sie passieren eine Sportanlage mit Toiletten ohne Wasserspülung und biegen 100 m später halb links auf einen Waldweg ab, der nach gut 2 km an einer Schranke endet. Fußgänger nehmen hier den Wiesenweg weiter geradeaus bis **Jämtkrogen**, während Radfahrer sich rechts halten müssen. Vor einem kleinen Haus zweigt der Pilgerweg nach rechts in den Wald ab und führt auf einem feuchten Pfad um das Privatgrundstück herum.

In **Jämtkrogen** befand sich ab 1651 das berühmte Gasthaus Kroggården. Im 18. und 19. Jahrhundert übernachteten hier die Bauern und Handelsreisende auf ihrem Weg zu den verschiedenen Märkten. Diese fanden überwiegend im Winter statt, weil das Reisen mit dem Schlitten über Schnee und gefrorene Seen deutlich einfacher war als mit dem voll beladenen Fuhrwerk über holprige und sumpfige Fahrwege. Das Haupthaus des Gasthofes wurde 1955 ins Freilichtmuseum nach Borgsjö überführt. Nur die sogenannte „Königsstube“ blieb an ihrem ursprünglichen Platz stehen. In der einfachen Herberge übernachtete einst der schwedisch-norwegische König Karl XV. (1826-1872).

Sie erreichen einen Wiesenweg, halten sich rechts und gehen auf einem weiteren nassen Pfad wenige Hundert Meter hinauf bis zur E14. Der Pilgerweg folgt der Schnellstraße 300 m Richtung Nordwesten bis zur **Provinzgrenze ❶ von Jämtland.** Hier steht auf der rechten Straßenseite ein ⌘ schmuckvoller Grenzstein aus dem Jahr 1849 mit einer Infotafel und einem roten ⊙ Stempelkasten.

Der schmuckvolle Grenzstein von Jämtland

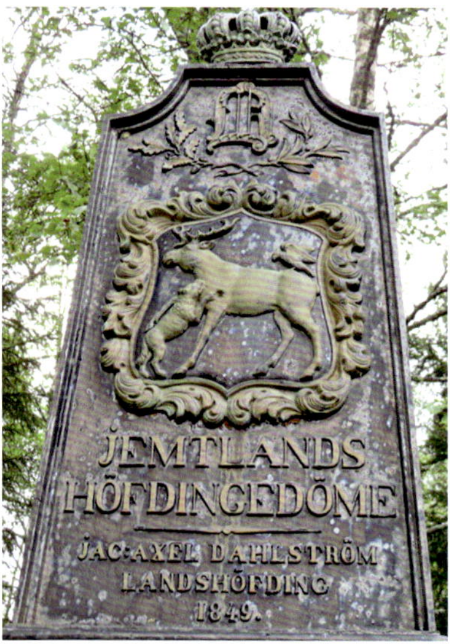

⌘ Als Fundament für den **Grenzstein** von Jämtland dient der sagenumwobene „Altarstein“. Der Überlieferung nach predigte der von Bremen entsandte Missionsbischof Simon um 1060 auf diesem Stein stehend, nur mit Tierhäuten bekleidet. Dies brachte ihm den Spitznamen „Stenfinn“ ein. Auf seiner weiteren Reise wurde Simon an der Grenze zur damaligen Provinz Hälsingland durch aufrührerische Heiden ermordet.

100 m weiter verlassen Sie die E14 und biegen rechts auf einen Wiesenweg ab, der sich bald zu einem Pfad verschmälert und dem Verlauf des alten Handelsweges aus dem 17. Jahrhundert folgt. Eine Infotafel weist darauf hin, dass in diesem Gebiet außergewöhnlich viele Schmetterlingsarten beheimatet sind. Der feuchte Wiesenpfad steigt bergan, verläuft oberhalb der E14 am Hang entlang und erreicht nach 1,4 km **Slammeråsen ❷** mit ⛼ Bank und Informationsschild. An dieser Stelle befand sich von der Mitte des 17. Jahrhunderts bis zum Ende des 19. Jahrhunderts ein winziges Dorf, dessen Name sich von den knarrenden Geräuschen der vorbeirumpelnden Fuhrwerke ableitete. Ganz in der Nähe liegt auch eine kleine 💧 Quelle.

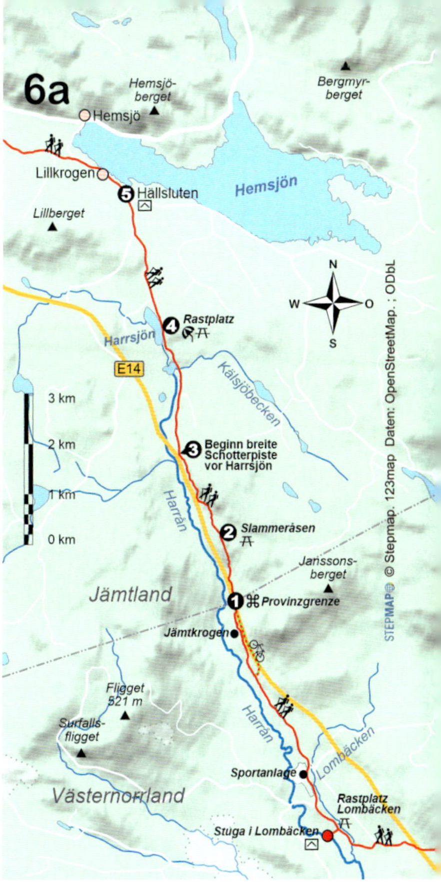

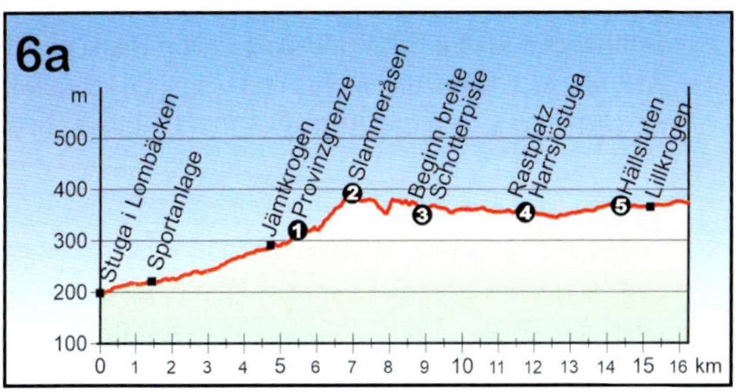

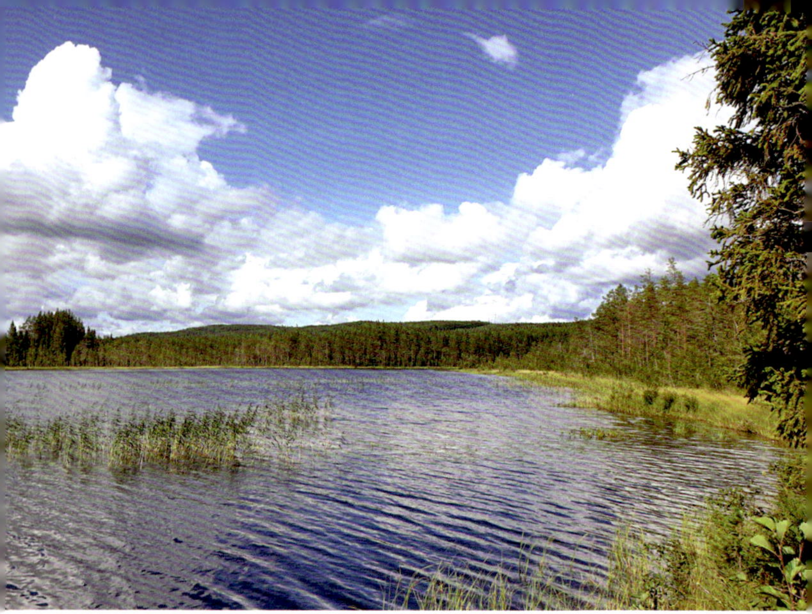

Blick über den Harrsjön vom Unterstand aus (MH)

Im weiteren Verlauf führt der Pfad in den Wald hinein und steigt langsam ins Tal hinab. Der Untergrund wechselt von Gras zu Waldboden, bleibt aber stellenweise sumpfig. Nach knapp 2 km kommen Sie nahe der E14 zu einer breiten Schotterpiste ❸, halten sich rechts und laufen 2,8 km bis zum Unterstand am See **Harrsjön ❹**. Hier können Sie bei schlechtem Wetter Unterschlupf finden und Ihren ⊙ Pilgerpass stempeln. Ein Grillplatz mit Bänken und ein Badestrand laden zu einer Rast mit herrlichem Seeblick oder zu einem erfrischenden Bad ein.

Anschließend setzen Sie Ihren Weg knapp 2 km geradeaus fort, halten sich dann an der T-Kreuzung rechts und gelangen schließlich zu den beiden Weilern **Hällsluten ❺** und **Lillkrogen**, die idyllisch am See Hemsjön liegen.

Hällsluten, Leif Mohlin, Hällsluten 147, 840 60 Bräcke, ☏ +46/70/375 48 48, leifmohlin68@hotmail.com, Hütte für 3 P. mit Küche und Bad, Ü SEK 200, Selbstversorgung

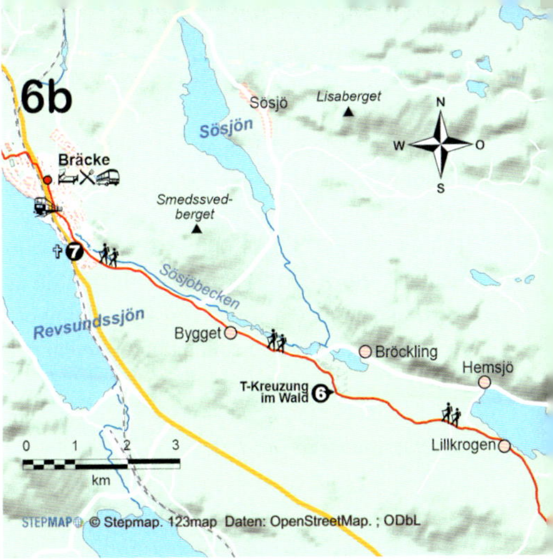

Ausgrabungen haben gezeigt, dass diese Gegend schon während der Steinzeit besiedelt war. Früher führte auch der wichtigste Handelsweg von und nach Bräcke durch **Lillkrogen**, wo sich deshalb eine Herberge mit Gaststätte befand. Als die Handelsroute 1658 Richtung Jämtkrogen verlegt wurde, verlor Lillkrogen für die reisenden Bauern und Händler an Bedeutung.

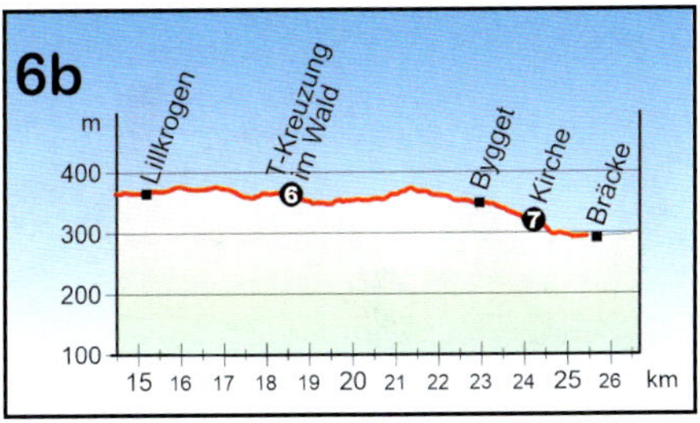

500 m hinter der kleinen Ortschaft biegt der Pilgerweg an einer Gabelung halb links ab und führt unter Strommasten hindurch in einen lichtdurchfluteten Wald hinein. Es geht immer geradeaus weiter, bis die Schotterpiste nach gut 3 km an einer T-Kreuzung ❻ endet. Hier wandern Sie nach rechts und halten sich 900 m später links. Nun öffnet sich die Landschaft und gibt den Blick auf sanfte Hügel frei. Der Weg führt abwärts, passiert die Siedlung **Bygget** und zweigt dann nach links auf eine weitere Schotterpiste ab.

Jetzt sind es noch 2 km bis zum Ortseingangsschild von **Bräcke**. Der Schotter geht in Asphalt über und 500 m später thront auf einer Anhöhe oberhalb des Sees Revsundssjön majestätisch die ✞ Holzkirche ❼ von 1859 im neoklassizistischen Stil. Hier können Sie auf ⩩ Bänken ausruhen, 💧 Wasser auffüllen und Ihren ⊙ Pilgerpass stempeln.

Die Straße führt bergab ins Ortszentrum und macht eine Linkskurve Richtung E14. Sie folgen jedoch nicht dem Straßenverlauf, sondern gehen auf dem Kungsvägen geradeaus weiter bis zu den beiden Supermärkten ICA (Mo-Fr 9:00-21:00, Sa/So 10:00-21:00) und Coop (Mo-Fr 8:00-21:00, Sa/So 10:00-21:00). Hier finden Sie auch eine Apotheke, einen Bankautomaten sowie den Bahnhof. Der Pilgerweg verläuft nun an der Hantverksgatan entlang und erreicht nach 600 m das Jämtkrogen Hotel.

Neoklassizistische Holzkirche von Bräcke

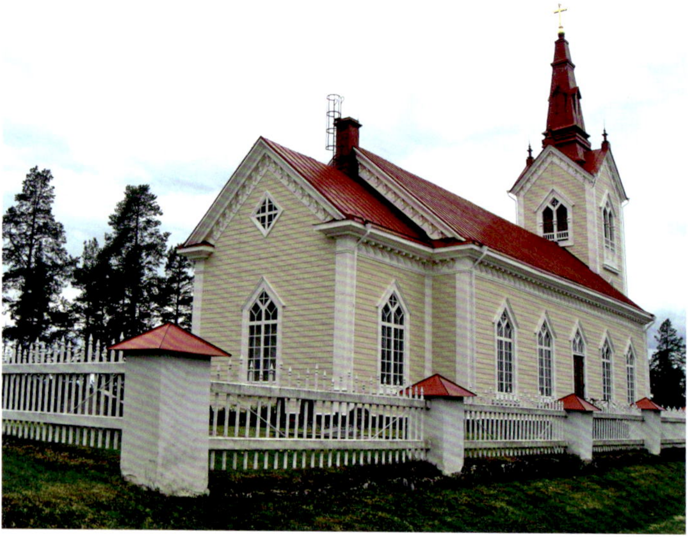

Bräcke

Jämtkrogen Hotel & Restaurant, Riksvägen 11, 843 31 Bräcke, +46/693/105 05, info@jamtkrogen.se, www.jamtkrogen.se, DZ/F ab SEK 800, Selbstversorgung möglich

7. Etappe: Bräcke – Gällö

➲ 25,6 km, ⌛ 6 Std. 45 Min., ↑ 283 m, ↓ 392 m, ⇧ 273-341 m

0,0 km	⇧ 295 m	Bräcke (Jämtkrogen Hotel & Restaurant)
2,7 km	⇧ 288 m	Bucht Drevviken
5,7 km	⇧ 315 m	Herberge Mordviken
8,1 km	⇧ 295 m	Fußgängerbrücke Gimån
11,1 km	⇧ 293 m	Stavre (Villa) ⌘
15,3 km	⇧ 292 m	Rastplatz am Skurufjärden
17,4 km	⇧ 322 m	Mellgård
21,7 km	⇧ 333 m	Aussichtspunkt im Wald
25,6 km	⇧ 275 m	Campingplatz Camp Viking (ca. 500 m: Gällö, Ortszentrum ⌘)

Ständiger Begleiter dieses Abschnitts ist der Revsundssjön, an dessen Ostseite der Pilgerweg entlangführt. Neben schönen Ausblicken über den See und idyllischen Badeplätzen gehören das Badehaus in Stavre aus dem 19. Jahrhundert sowie zwei Vorratsspeicher bei Grimnäs aus dem 17. Jahrhundert zu den Highlights des Tages. Die Wegstrecke verläuft überwiegend auf Schotter und Asphalt, zwischen Grimnäs und Gällö sind aber auch einige zugewachsene Passagen zu bewältigen.

Vom **Jämtkrogen Hotel** biegen Sie für ein kurzes Stück nach rechts auf die E14 ab, halten sich im Kreisel links, überqueren auf einer Brücke die Eisenbahnschienen und laufen anschließend auf einem Wiesenweg geradeaus in den Wald hinein. Nach 300 m heißt es

☝ aufgepasst: Die Radstrecke verläuft rechts auf einem Schotterweg weiter, während der Fußweg erst einige Meter später versteckt hinter einem braunen Schuppen nach rechts auf einen Pfad abzweigt. Sie wandern nun immer geradeaus, ignorieren die querenden Wege und gelangen nach gut 1,5 km zu der kleinen Bucht **Drevviken** ❶ mit Badestrand.

200 m später halten Sie sich an der Kreuzung links, gehen auf einer breiten Schotterpiste weiter und überqueren die Gleise. Der Pilgerweg führt an einzelnen Häusern vorbei in den Wald hinein und steigt bergauf bis zur Schnellstraße E14. Dieser folgen Sie 600 m nordwärts (links), bevor Sie nach links auf einen Schotterweg Richtung Mordviken und Ån abbiegen. In **Mordviken** befindet sich auf dem Hof Eriksberg eine ⌂ Herberge mit 💧 Olavsquelle ❷, die auch nicht übernachtende Pilger besuchen können.

⌂ **Gården Eriksberg**, Tord Lundqvist, Mordviken 225, 840 60 Bräcke, 📱 +46/70/320 79 90, ✉ igloobyggare@msn.com, 7 Zimmer mit 15 Betten, Gemeinschaftsbad, Sauna, Gemeinschaftsküche, Ü SEK 350, Ü/VP SEK 650, Selbstversorgung möglich

Der Sage nach erhielt die Bucht **Mordviken** ihren Namen kurz nach der Christianisierung. Der damalige Priester beschimpfte die Einwohner als zu wenig gottesfürchtig und wurde von ihnen zur Strafe auf einem Felsen mitten im See ausgesetzt. Er konnte sich zwar schwimmend an Land retten, wurde aber von den Dorfbewohnern aufgegriffen und getötet. Seitdem heißt diese Stelle „Mörderbucht“.

Eine hölzerne Fußgängerbrücke führt über den Gimån

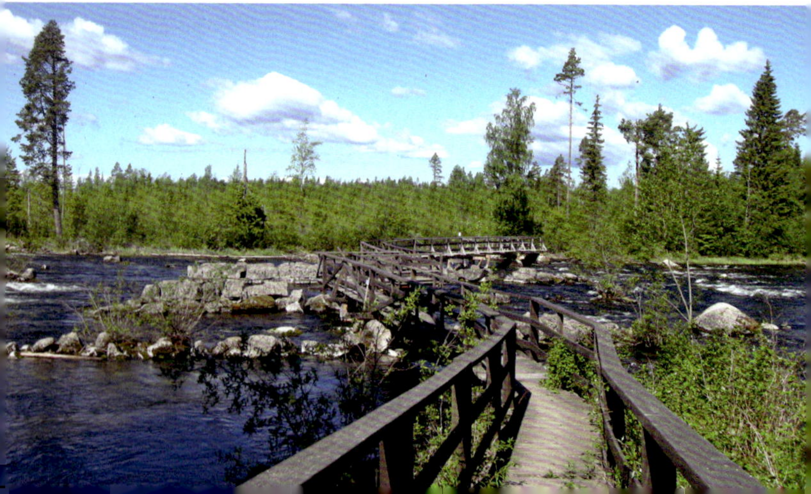

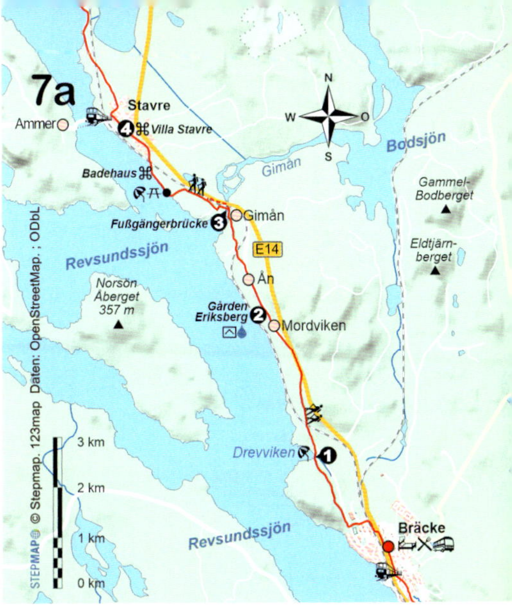

Es geht ca. 1 km mit schönem Blick über den Revsundssjön weiter geradeaus, dann wendet sich der Weg nach links, überquert 350 m später die Eisenbahngleise und biegt direkt anschließend rechts auf einen Schotterweg ab. Sie passieren den idyllischen Weiler **Gimån** und erreichen den gleichnamigen Fluss, über den eine schöne, 96 m lange Fußgängerbrücke ❸ aus Holz führt. ☝ 2019 war ein Teil der Brücke eingestürzt. Wenn Sie die Fußgängerbrücke nicht nutzen können, dann laufen Sie unter der Eisenbahnbrücke hindurch bis zur Autobrücke und überqueren auf der E14 den Fluss. Nach 300 m auf der Schnellstraße halten Sie sich links, überqueren die Bahnschienen und wenden sich gleich dahinter nach rechts. Nun befinden Sie sich wieder auf der markierten Route.

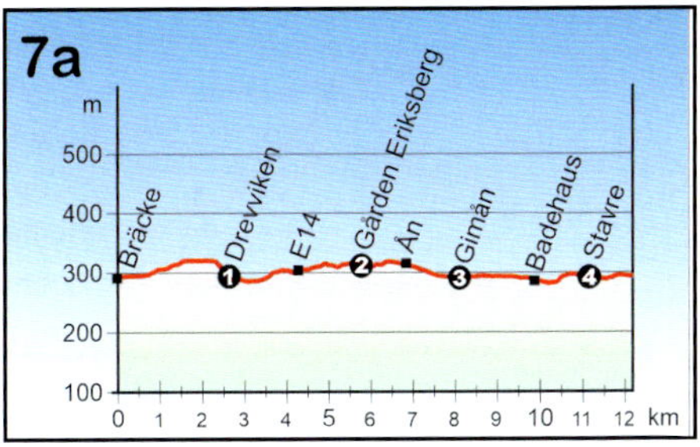

Nach ca. 1 km gelangen Sie zum Ufer des Revsundssjön mit einem schönen ⛼ Rastplatz und Bademöglichkeit. Wenige Hundert Meter weiter können Sie durch die Bäume das historische ⌘ Badehaus von Stavre erblicken, das seit 1885 auf Holzpfählen im See thront. Hier steht eine weitere Bank. Der Pilgerweg überquert noch einmal die Gleise und führt auf

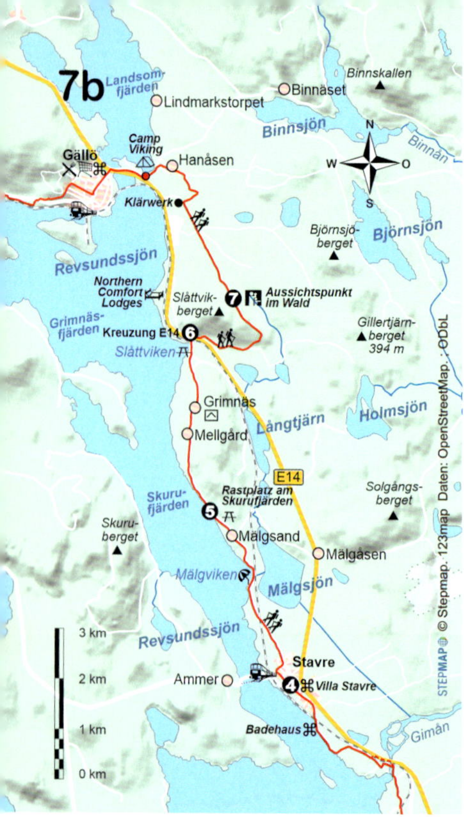

Asphalt und Schotter durch die lang gezogene Siedlung **Stavre** hindurch, die bereits 1410 urkundlich erwähnt wird und im ausgehenden 19. Jahrhundert ein wichtiger Verkehrsknotenpunkt für die Holzindustrie war. Schöne holzverkleidete Häuser und eine prachtvolle Villa ❹ zeugen vom einstigen Wohlstand.

An der nächsten T-Kreuzung biegt der St. Olavsleden rechts ab, linker Hand liegen der Bahnhof und die Bootsanlegestelle. Hier ist eines der ältesten ⌘ Dampfschiffe Schwedens vertäut, die 1873 gebaute „Alma“. Im Sommer werden mit dem voll funktionstüchtigen Dampfer Touren über den Revsundssjön angeboten.

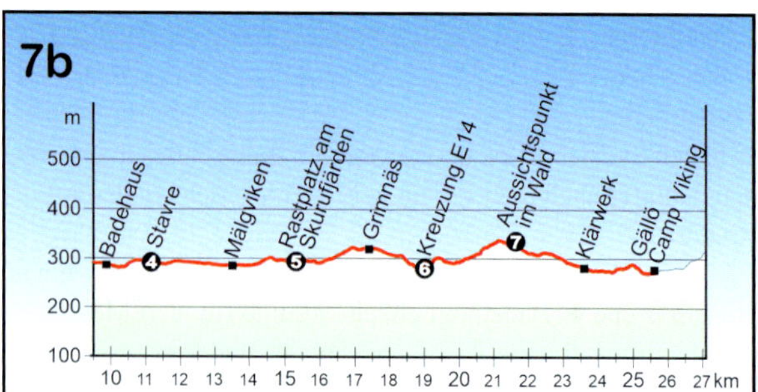

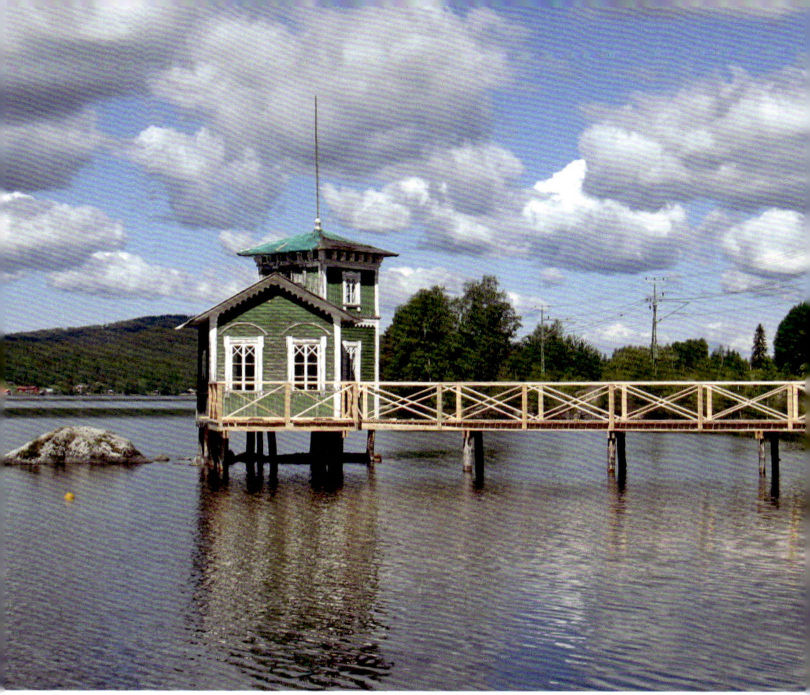

Historisches Badehaus in Stavre

Den Wegweisern folgend halten Sie sich nach 200 m noch einmal links und wandern dann ca. 3,5 km immer an der Asphaltstraße entlang Richtung Norden bis zu einem ⛼ Rastplatz ❺ mit Toilette. Unterwegs kommen Sie bei der Bucht **Mälgviken** an einem schönen Badestrand vorbei. Auch die nächsten 3,7 km am Skurufjärden entlang und durch die Siedlungen Mälgsand und **Grimnäs** verlaufen durchweg auf Asphalt. In Grimnäs stehen einige schöne Holzhäuser sowie zwei gut erhaltene Vorratsspeicher aus dem frühen 17. Jahrhundert direkt am Weg. Hier gibt es auch eine Pilgerherberge.

Mellgård, Solgerd Lublin, Grimnäsvägen 101, 843 94 Gällö, +46/70/202 78 08, Solgerd.lublin@gmail.com, 2 Zimmer mit 4 Betten, Gemeinschaftsbad, Waschmaschine, Gemeinschaftsküche, Ü/F SEK 200, Selbstversorgung möglich

Hinter der Ortschaft gelangen Sie bei **Slåttviken** noch einmal direkt ans Wasser und zu einem Picknickplatz mit Unterstand. Kurz danach überqueren Sie die Bahngleise sowie die E14 und biegen rechts auf eine Schotterpiste ❻ in den Wald ab. Nach gut 1 km macht der Weg eine deutliche Linkskure und kommt 1,5 km später zu einem Aussichtspunkt ❼. Auf einem streckenweise stark zugewachsenen Pfad geht es von hier gut 2 km schnurgerade weiter, dann in der Nähe des Klärwerks nach rechts und wenige Hundert Meter später links auf einen mit Holzbohlen ausgelegten Pfad. Der St. Olavsleden führt in einem Bogen hinab zur E14, die Sie bei einer Tankstelle und dem Campingplatz **Camp Viking** erreichen.

Gällö

Northern Comfort Lodges, Geerd de Koning, Ystasjön 188, 843 94 Gällö (1 km vom Weg), +46/70/294 45 66, northerncomfortlodges@gmail.com, 2 Hütten mit 10 Betten, Gemeinschaftsküche, Gemeinschaftsbad, Ü SEK 275, F SEK 125, keine Halbpension, Selbstversorgung

Camp Viking, Hannåsen 107, 840 50 Gällö, +46/72/700 40 03, info@campviking.se, www.campviking.se, Hütten mit Kochnische, sanitäre Anlagen im separaten Servicegebäude, Hütte für 2 P. ab SEK 390, Hütte für 4 P. ab SEK 490, Selbstversorgung

8. Etappe: Gällö – Pilgrimstad

19 km, 5 Std. 30 Min., ↑ 344 m, ↓ 328 m, ⇧ 252-337 m

0,0 km	⇧ 275 m	Campingplatz Camp Viking
0,5 km	⇧ 280 m	Gällö (Ortszentrum)
2,5 km	⇧ 326 m	Pilgerkreuz bei Gällö
5,8 km	⇧ 282 m	Bademöglichkeit am Karlstjärnen
8,0 km	⇧ 286 m	Kirche von Revsund
10,4 km	⇧ 313 m	Abzweig hinter Förberg
13,9 km	⇧ 282 m	Hålbergsgrotta
16,3 km	⇧ 288 m	T-Kreuzung bei Anviken
19,0 km	⇧ 290 m	Pilgrimstad (Haus der Pilger/Pilgernes Hus)

Während der Weg zu Beginn und gegen Ende kilometerlang auf Schotterwegen in der Nähe des Revsundssjön verläuft, bildet ein 5 km langer, schöner Waldpfad den Mittel- und Höhepunkt des Abschnitts. Mit der Kirche von Revsund, der 11 m langen Höhle Hålbergsgrotta und dem „Haus der Pilger" in Pilgrimstad stehen außerdem drei interessante Sehenswürdigkeiten auf dem Programm. In Gällö müssen Sie sich mit Proviant für die kommenden Tage versorgen, denn die nächste Einkaufsmöglichkeit gibt es erst nach 42 km in Brunflo.

Von ⛺ **Camp Viking** können Sie ein Stück der Schnellstraße folgen oder alternativ durch das Areal des Campingplatzes laufen und auf einer schönen Holzbrücke den Gällösund überqueren. Am anderen Ufer biegen Sie nach links auf den Revsundsvägen ab und erreichen 500 m später das Ortszentrum von **Gällö** mit einem 🛒 ICA-Supermarkt (🚪 täglich 9:00-19:00). Hier sollten Sie sich mit Proviant für die nächsten 2-3 Tage versorgen. Auf der anderen Straßenseite liegt ein kleines ⌘ Heimatmuseum mit einem alten Klassenzimmer, einer Schneiderei und einer Bäckerei. Das Backhaus mit Holzofen ist noch voll funktionsfähig und wird auf Anfrage vermietet. Hier können Sie Ihren ⊙ Pilgerpass stempeln und auf der Wiese an ⩩ Tischen und Bänken rasten. Im Juli hat auch das ☕ Sommercafé geöffnet (🚪 täglich 11:00-15:00).

Zu Beginn des 11. Jahrhunderts lebte der wohlhabende, aber kriegerisch veranlagte Wikinger Arnljot auf einer Landzunge in der Nähe des heutigen Ortes **Gällö**. Er geriet mit der Obrigkeit in Konflikt, wurde für vogelfrei erklärt und musste fliehen. Als Arnljot hörte, dass König Olav Haraldsson mit seinem Heer durch Jämtland Richtung Norwegen zog, schloss er sich ihm an und ließ sich taufen. In der Schlacht von Stiklestad verlor Arnljot gemeinsam mit Olav sein Leben und wird seitdem in Jämtland als Held verehrt.

Direkt hinter dem ICA-Supermarkt biegen Sie nach rechts auf den Ringsvägen ab, laufen bis zu einer T-Kreuzung hinauf, halten sich links und wandern 350 m später geradeaus in den Wald. Kurz darauf erreichen Sie ein großes ⌘ Kreuz ❶ mit einer ⩩ Bank und schönem Blick auf den

See. Der Weg führt nun hinab zur Asphaltstraße und biegt auf der anderen Straßenseite in einen parallel zu den Eisenbahngleisen verlaufenden Pfad ab. Nach 800 m gelangen Sie zurück auf die Straße und folgen ihr 600 m, dann nehmen Sie einen Schotterweg nach links. Gleich hinter den Bahngleisen geht es rechts in den Wald hinein. 1,3 km später halten Sie sich an der T-Kreuzung rechts und passieren gleich darauf den kleinen Weiher **Karlstjärnen ❷** mit Bademöglichkeit.

Der Pilgerweg führt nun zur Landstraße hinauf, folgt ihr 300 m und biegt dann nach links auf einen Schotterweg ab, der in einem Bogen wieder zur Straße zurückkehrt. 150 m später gehen Sie rechts auf einen Schotterweg, queren nach 800 m die Asphaltstraße und laufen geradeaus weiter bis zur ✞ **Kirche von Revsund ❸**. Hier können Sie Ihren ⊙ Pilgerpass stempeln und auf einer Bank ausruhen. Laut Schild sind es jetzt noch 408 km bis Trondheim.

Auf dem Weg nach Förberg

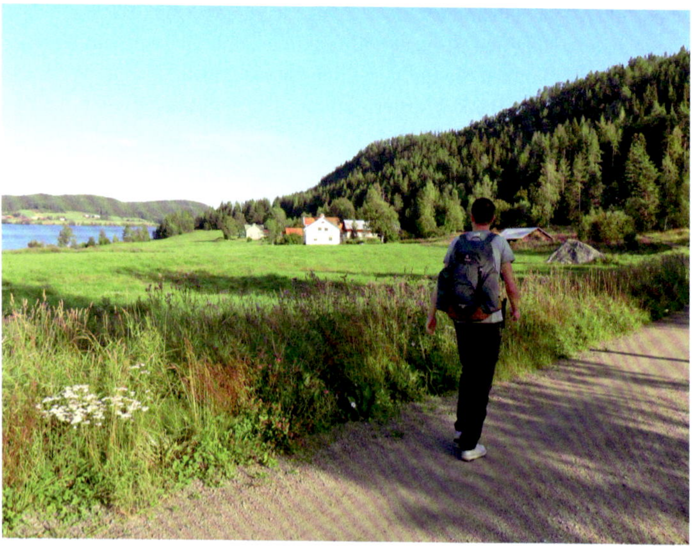

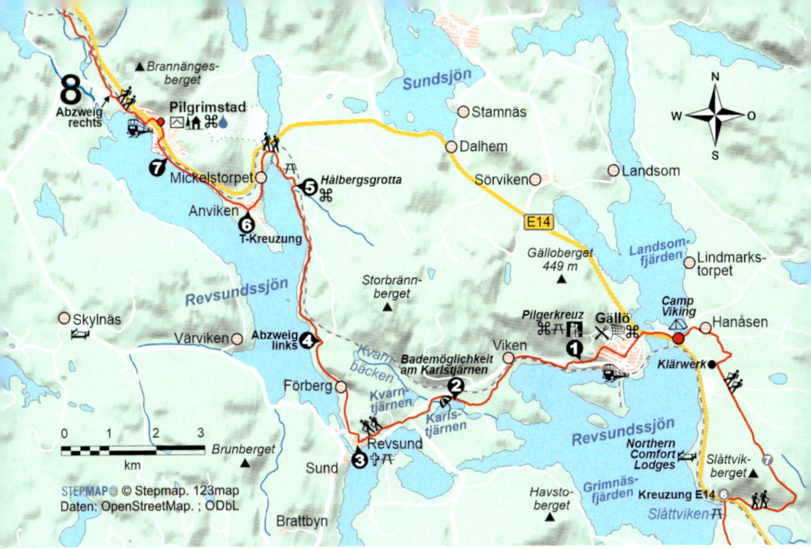

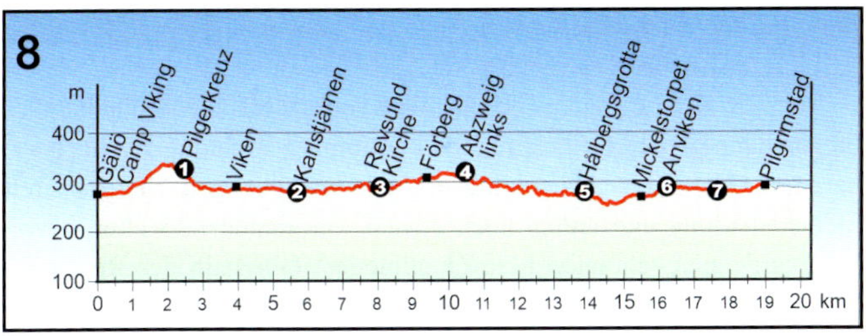

✞ Die **Kirche von Revsund** liegt nicht nur idyllisch direkt am See, sondern auch an einem historisch bedeutsamen Platz. Hier verlief im Mittelalter der wichtigste Verbindungs- und Handelsweg zwischen Schweden und Norwegen. Der Bau des heutigen Kirchengebäudes begann bereits in den 1840er-Jahren, kam jedoch lange zum Stillstand und konnte erst 1876 vollendet werden. Im selben Jahr wurde die geschichtsträchtige Vorgängerkirche aus dem 12. Jahrhundert abgerissen. Erhalten blieben jedoch zwei Skulpturen von der Jungfrau Maria und dem heiligen Olav aus dem späten 14. Jahrhundert, ein Triumphkreuz aus dem 15. Jahrhundert sowie die Kanzel von 1651.

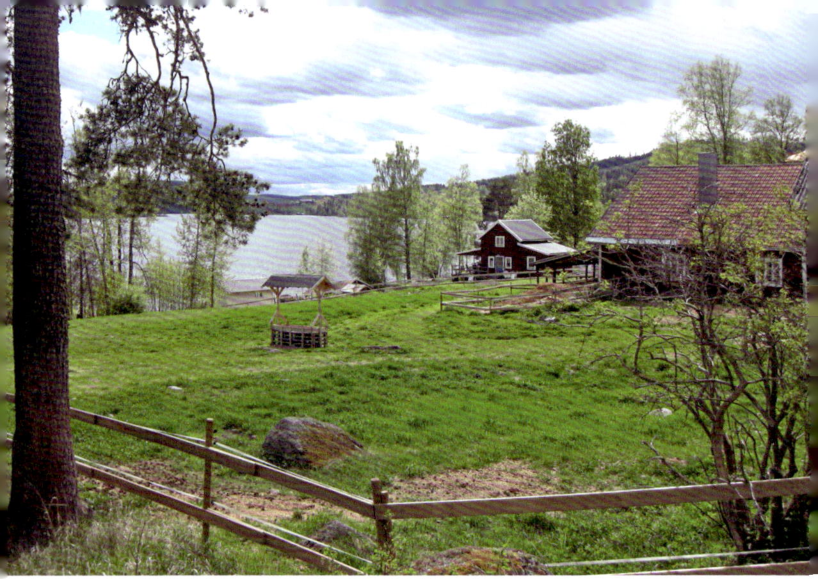

Blick auf den Revsundssjön

Von der Kirche folgen Sie den Wegweisern bis zur Asphaltstraße und biegen dann gleich rechts auf eine Schotterpiste Richtung **Förberg** ab, das bereits 1371 in einer Schenkungsurkunde erwähnt wird. Sie passieren die kleine Siedlung und laufen noch etwa 1 km geradeaus weiter, bevor Sie links auf einen schmalen Pfad ❹ abbiegen. Oberhalb des Revsundssjön geht es auf schönem, trockenem Waldboden über Wurzeln und Steine bergauf und bergab. Durch die Bäume schimmert immer wieder der glitzernde See. Nach 3,3 km kommen Sie an einer kleinen Hütte vorbei und folgen kurz darauf dem Wegweiser zur ⌘ **Hålbergsgrotta** ❺ rechts den Berg hinauf.

⌘ Die Höhle **Hålbergsgrotta** ist 11 m lang und wurde in den 1420er-Jahren von dem Geächteten Salve Sverkersson bewohnt. Er hatte in einem Streit um Jagd und Fischerei seinen Rivalen Jan Björnsson aus Förberg getötet. Später wurde Salve vom König Erich von Pommern begnadigt. 1974 fand man in der Höhle ein belgisches Trinkgefäß aus der Zeit um 1580. Der steinerne Becher ist mit einem altdeutschen Text und tanzenden Figuren reich verziert.

Der St. Olavsleden führt nun aus dem Wald hinaus auf eine abgeholzte Fläche. Hier steht eine ⛼ Pilgerbank mit Ausblick über den See. 600 m später überqueren Sie auf einer kleinen Brücke einen Bach, halten sich rechts, laufen einen Bohlenweg entlang und ein Stück durch die Wiese. Nach 500 m erreichen Sie einen Schotterweg, dem Sie durch **Mickelstorp** folgen. Unterwegs befindet sich in einem privaten Garten eine kleine ⛼ Bank, die Pilger gerne für eine Rast nutzen dürfen. An der nächsten T-Kreuzung ❻ wenden Sie sich nach rechts und wandern knapp 2 km geradeaus, durch den idyllischen Weiler **Anviken** hindurch und am Revsundssjön entlang. Die Wurzeln des Dorfes reichen bis ins Mittelalter zurück und es sind einige kulturhistorisch interessante Gebäude erhalten.

Hinter dem letzten Haus geht die Schotterpiste in einen Feldweg über ❼, der zu einem kleinen Industriegebiet führt. Hier liegt u. a. die 1996 gegründete Brauerei Jämtlands bryggeri, die ein spezielles Pilgerbier im Sortiment hat. 400 m später halten Sie sich rechts, überqueren die Eisenbahnschienen sowie die Landstraße und biegen dann links auf den Pilgrimsvägen ab. Nach 300 m erreichen Sie das ⌘ „Haus der Pilger“ (**Pilgernes Hus**) mit ⛼ Rastplatz, einer der bedeutendsten 💧 Olavsquellen entlang des gesamten Weges, Meditationshütte und ☉ Pilgerstempel.

Das „Haus der Pilger“ in Pilgrimstad

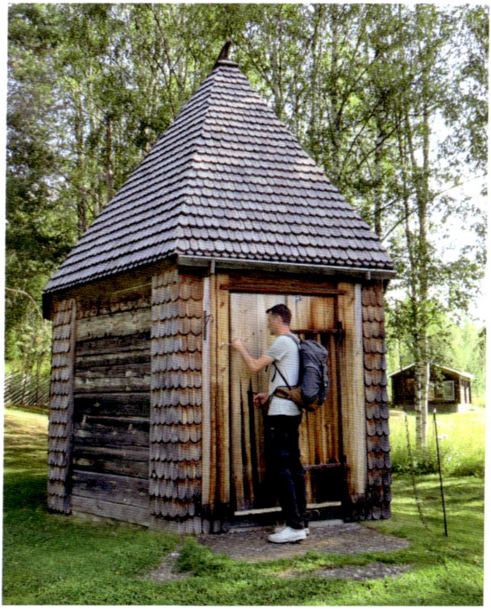

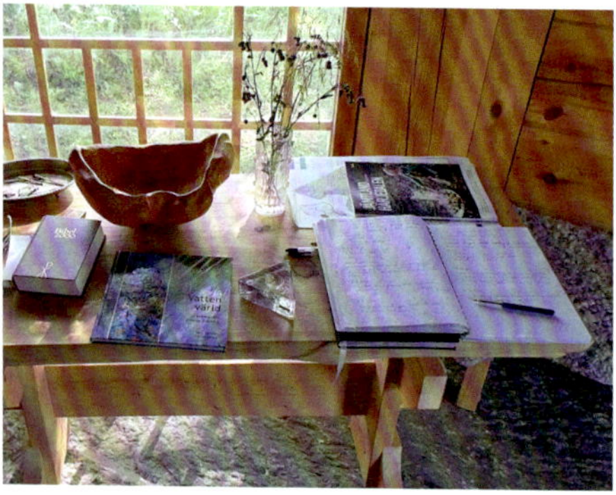

Meditationstisch im „Haus der Pilger" (MH)

Bereits im 11. Jahrhundert befanden sich an dieser Stelle ein wichtiger Rastplatz für Pilger sowie ein Knotenpunkt, an dem verschiedene Pilgerwege aufeinandertrafen. Die berühmte Quelle soll sowohl vom heiligen Olav als auch von der heiligen Birgitta besucht worden sein. Ihrem Wasser werden heilbringende Kräfte nachgesagt und es gibt zahlreiche Überlieferungen von Wundern. Im 17. Jahrhundert stand hier eine Kapelle, der Pilgrimstad seinen Namen – „Stätte der Pilger" – verdankt.

Der Weg zur Jugendherberge, zu Rita Martinssons Herberge und zum Bahnhof von **Pilgrimstad** ist am Anfang der 10. Etappe beschrieben.

Pilgrimstad

Vandrarhem Pilgrimstad, Valéria Szucs, Östersundsvägen 27, 840 58 Pilgrimstad, +46/70/558 48 59, valika1@hotmail.com, www.vandrarhempilgrimstad.se, Mehrbettzimmer mit einfachem Standard, Gemeinschaftsbad, Küche, Sauna, Waschmaschine, EZ SEK 300, DZ SEK 500, F SEK 50, AE SEK 100, Selbstversorgung möglich

Rita Martinsson, Kvarnvägen 26, 840 58 Pilgrimstad, +46/70/650 27 97, rita@husritarna.se, 9 Betten in 2 Hütten mit Kochmöglichkeit, Dusche, Toilette und Waschmaschine im Haupthaus, Ü SEK 250, Ü/VP SEK 550, Selbstversorgung möglich

Framgården, Eva Jönsson, Skylnäs 245, 834 97 Brunflo (an der Radstrecke gelegen, Abhol- und Bringservice für Wanderer z. B. ab Pilgrimstad), +46/70/602 50 40, eva@framgarden.se, www.framgarden.se, 4 Doppelzimmer, Gemeinschaftsbad, Küche, Waschmaschine, Ü/F SEK 400, AE SEK 150, Selbstversorgung möglich

9. Etappe: Pilgrimstad – Sörbygården (Brunflo)

25 km, 6 Std. 30 Min., ↑ 363 m, ↓ 325 m, ⇧ 279-404 m

0,0 km	⇧ 290 m	Pilgrimstad (Haus der Pilger/Pilgernes Hus)
3,6 km	⇧ 310 m	Königsdenkmal in Svedje ⌘
9,9 km	⇧ 314 m	unbeschrankter Bahnübergang
13,0 km	⇧ 317 m	Pilgerbank in Balsta
15,5 km	⇧ 353 m	Pilgerbank in Slåtte ⊙
21,1 km	⇧ 378 m	Abzweig Steinbruchmuseum Gusta Stenmuseum ⌘
23,1 km	⇧ 362 m	Kirche von Brunflo ⊙ (1 km: Brunflo, Ortszentrum BANK)
24,4 km	⇧ 339 m	Freilichtmuseum Lill Grytan ⌘ ⊙
25,0 km	⇧ 335 m	Sörbygården

Die lange, aber einfach zu gehende Etappe führt an schönen Seen und idyllischen Dörfern entlang. Auf Schotterpisten und kleinen Straßen erreichen Sie die historisch bedeutende Kirche von Brunflo mit ihrem markanten Wehrturm. Im weiteren Verlauf können Sie eine alte Olavsquelle besuchen und im Sommercafé des Freilichtmuseums Lill Grytan einkehren. Falls Sie Proviant einkaufen möchten, müssen Sie einen Abstecher ins 1 km entfernte Ortszentrum von Brunflo in Kauf nehmen.

Vom „Haus der Pilger" verläuft der Weg noch ein Stück geradeaus weiter, zweigt dann links auf den Stationsvägen ab, überquert die Landstraße (die Jugendherberge liegt rechter Hand an der Landstraße) und führt hinab zum Bahnhof von **Pilgrimstad**. Vor dem Bahnhof wenden Sie sich nach rechts, um gleich anschließend nach links auf eine Asphaltstraße abzubiegen und die Bahngleise zu überqueren. (Die Herberge von Rita Martinsson liegt ca. 400 m hinter dem Bahnhof direkt am Pilgerweg.) 500 m später halten Sie sich rechts und folgen einer Schotterpiste durch Wald und offene Landschaften und an einzelnen Häusern vorbei. Nach 2 km zweigt der Pilgerweg rechts ab, führt unter der Bahntrasse hindurch und erreicht den kleinen Weiler Svedje ❶. Ein ⌘ Gedenkstein erinnert daran, dass König Karl XIV. Johan hier am 26. August 1835 sein Mittagsmahl einnahm.

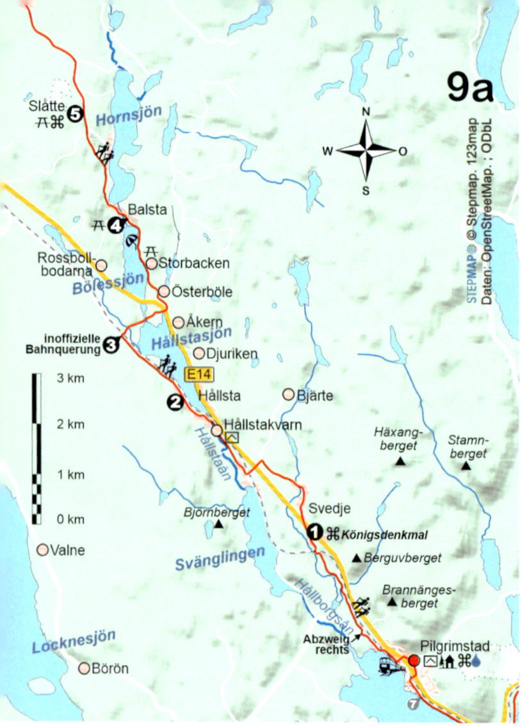

300 m später gelangen Sie zur E14 und setzen Ihre Wanderung auf der anderen Straßenseite durch das idyllische Svedje fort. An der nächsten Gabelung halten Sie sich halb links und passieren ein kleines Sommercafé (täglich 12:00-15:00).

Am Ortsende verläuft der St. Olavsleden am Waldrand entlang und führt anschließend in einer Linkskurve zur E14 hinab. Sie überqueren die Schnellstraße sowie die Eisenbahnschienen, biegen an der T-Kreuzung rechts ab und wandern durch die ruhigen Siedlungen Knöva und Hållsta. Kleine Weiher mit Seerosen säumen den Weg, der ein Stück lang direkt unterhalb der Bahngleise verläuft und schöne Ausblicke über den See Hållstasjön ❷ bietet.

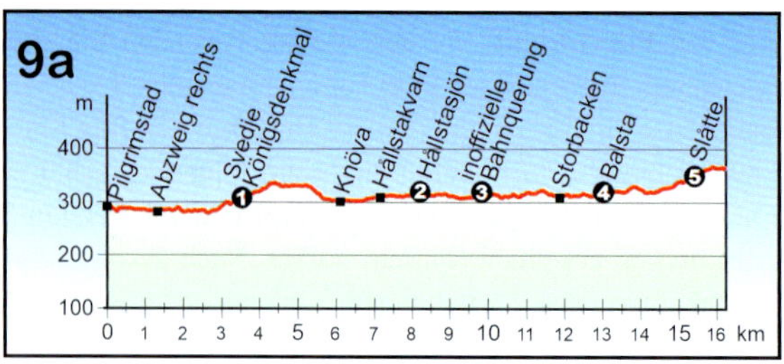

⌂ **Hållstakvarn**, Annika Jonsson, Hållsta 311, 834 97 Brunflo, ☎ +46/70/525 44 67, ✉ ruthannika@gmail.com, 2 Hütten mit 6 Betten und Küche, Dusche, Toilette und Waschmaschine im Haupthaus, Ü SEK 100, Ü/VP SEK 500, Selbstversorgung möglich

Nun geht es in den Wald hinein und nach 1,4 km heißt es ✋ aufgepasst: Die markierte Route biegt scharf nach rechts ab ❸ und überquert ohne offiziellen Bahnübergang die Eisenbahnschienen. Geben Sie gut acht, denn der Streckenabschnitt ist unübersichtlich und die Züge fahren an dieser Stelle sehr schnell. Ein 200 m langer Wiesenpfad stellt die Verbindung zum nächsten Schotterweg her, dem Sie bis zu einer kleinen Holzbrücke folgen. Hier laufen Sie weiter geradeaus über den Bach und gelangen nach 500 m zur E14.

Auf der anderen Seite der Schnellstraße setzen Sie Ihre Wanderung zunächst auf einem Wiesenweg und dann auf einer Schotterpiste fort. Dem Wegweiser in Richtung der Kirche von Brunflo folgend gehen Sie geradeaus weiter und kommen bald an den kleinen See Bölessjön. Bei Storbacken steht etwas oberhalb des Weges eine ⩚ Pilgerbank mit einer Infotafel. Ca. 1 km danach können Sie an einem ruhigen ⛱ Badestrand die Füße kühlen oder ein erfrischendes Bad nehmen. Nun ist es nicht mehr weit bis zum kleinen Weiler **Balsta** ❹ mit einer weiteren ⩚ Pilgerbank.

Es wird erzählt, dass die Menschen in **Balsta** früher keine Gottesfurcht zeigten und sich über ihre Nachbarn lustig machten, die am Heiligabend zur Kirche fuhren. Als Strafe für diese Gotteslästerung versank ihr Hof mit dem gesamten Vieh im Erdboden. Eine weitere Sage berichtet vom Bauern Eskil, der im Mittelalter den Hof Hundtuvan bewirtschaftete und so reich war, dass er seine Pferde mit Hufen aus reinem Silber beschlagen ließ.

Mit schönem Blick auf das südliche Ende des Sees Hornsjön geht es weiter Richtung Norden. Nach 1,8 km befindet sich rechts an einer Hauswand ein 💧 Wasseranschluss mit Schlauch, an dem Sie Ihre Trinkflaschen auffüllen können. 700 m später erreichen Sie das Dorf **Slåtte** ❺ mit einem alten ⌘ Meilenstein links vom Weg und einer ⩚ Pilgerbank mit ⊙ Pilgerstempel und Infotafel an einer alten Scheune.

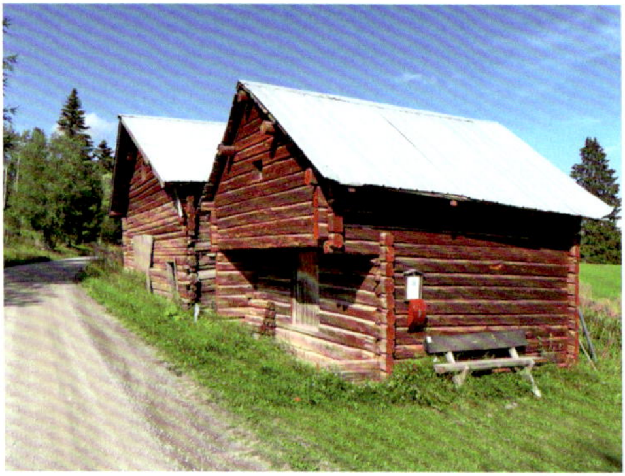

Pilgerbank und Stempelkasten in Slåtte

Slåtte ist ein uraltes Dorf, das im Laufe der Jahrhunderte aus verschiedenen Gründen mehrfach aufgegeben und dann wieder neu besiedelt wurde. Der Meilenstein stammt vermutlich vom Ende des 19. Jahrhunderts und zeigt die damalige Entfernung bis nach Trondheim an. Er galt lange als verschollen und wurde erst 2013 bei der Sanierung des Slåtte-Hofes zufällig wiederentdeckt.

Am Waldrand entlang geht es nun 2,5 km immer geradeaus bis zum Ortseingang von **Bodal**. Hier wechselt der Belag von Schotter zu Asphalt. Die Straße führt oberhalb vom Versorgungszentrum Brunflo entlang durch die drei Ortschaften Bodal, Hälle und Lunne, die nahtlos ineinander übergehen.

1960 wurde in **Lunne** ein steinernes Schwungrad gefunden, das der Pilger Ingevald im 13. Jahrhundert auf seinem Weg nach Trondheim verloren hatte. Die auf Latein verfasste Runeninschrift lautet übersetzt: „Friede sei dem, der es trägt – Glück sei dem, der es hat!" Der Ortsname Lunne deutet darauf hin, dass sich hier früher ein Rastplatz für Pilger befand, an dem möglicherweise auch eine Kapelle stand.

Hinter **Lunne** folgen Sie dem gelben Straßenschild Richtung Gusta nach links und laufen mit schönem Blick auf den Storsjön den Hügel hinab. Nach 250 m können Sie einen lohnenswerten Abstecher ❻ zum 150 m entfernten ⌘ Steinbruchmuseum machen.

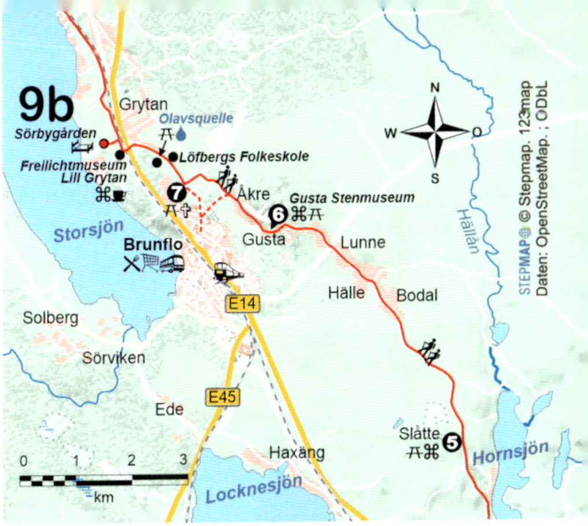

➪ Folgen Sie dazu der roten Markierung, bis Sie einen ⩚ Rastplatz mit Grillmöglichkeit sowie verschiedene Informationstafeln erreichen. Hier steht auch ein historischer Waggon, der zum Transport für Steine genutzt wurde und von den Arbeitern per Hand über Schienen gezogen werden musste.

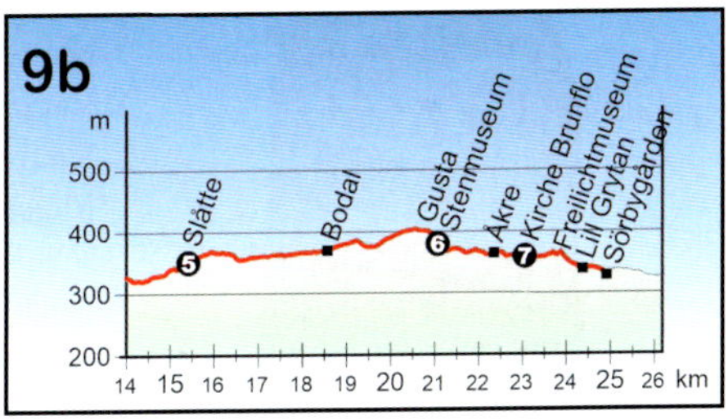

⌘ Im 2002 eröffneten **Gusta Stenmuseum** (Eintritt frei) wird auf Tafeln die Geschichte der bedeutenden historischen Industrieanlage erzählt. Sie nahm 1902 ihren Anfang, als der Investor Ellström aus Östersund den örtlichen Kalkberg erwarb und ein Jahr später einen kleinen Steinbruch eröffnete. Dieser entwickelte sich in den 1920er-Jahren mit über 200 Angestellten zum größten Steinbruch Skandinaviens. Abgebaut wurde ein als „Gustamarmor“ bekannter, sehr hochwertiger Kalkstein.

Nun wandern Sie auf der Schotterstraße durch **Gusta** hindurch bis nach Åkre, wo Sie sich an der T-Kreuzung links halten. Weiter geht es auf Asphalt Richtung Kirche.

✋ ➪ Wenn Sie in **Brunflo** Proviant einkaufen möchten, müssen Sie auf dem Åkrevägen einen Abstecher ins Ortszentrum machen und dazu dem blauen Schild „Brunflo 1 km“ nach links folgen.

Der Pilgerweg führt hingegen weiter geradeaus und schon bald taucht linker Hand die Silhouette eines wuchtigen Wehrturms auf. An der nächsten Kreuzung wenden Sie sich nach links und kommen nach 300 m zur **Kirche von Brunflo** ❼ mit ⩚ Bänken und ⊙ Pilgerstempel.

Mächtiger Wehrturm neben der Kirche von Brunflo

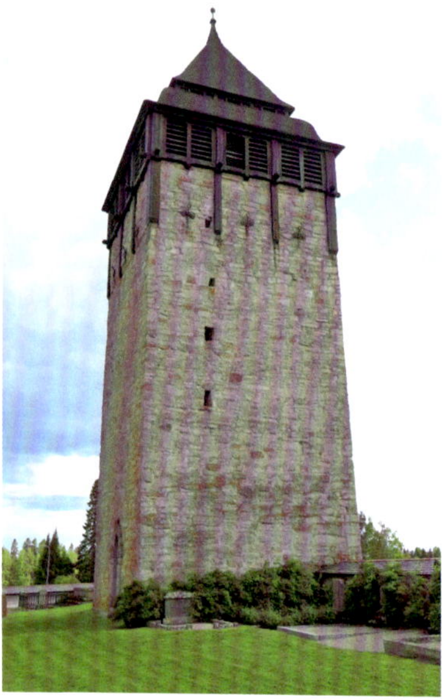

✞ Die älteste **Kirche in Brunflo** wurde im 12. Jahrhundert errichtet und dem heiligen Olav geweiht. Mit ihrem kreuzförmigen Grundriss galt sie in der Region als einzigartig, musste 1775 aber trotzdem einem Neubau weichen. Erhalten geblieben ist ein wertvolles Taufbecken aus Sandstein, das ein gotländischer Meister im 13. Jahrhundert schuf. Neben der Kirche steht der mächtige, 30 m hohe Wehrturm. In frühchristlicher Zeit diente er dem Erzbischof von Uppsala als Aufbewahrungsort für wichtige Papiere und wertvolle Gegenstände. Während der unruhigen Zeiten im 17. Jahrhundert wurde er zu Verteidigungszwecken genutzt und entsprechend umgerüstet.

Jetzt folgen Sie der Straße Richtung Grytan, lassen den ♦ Friedhof links liegen und passieren die alte Schule **Löfbergs Folkeskole** von 1865.

⇘ Kurz dahinter können Sie einen schönen Abstecher zu einer historischen ♦ Olavsquelle machen, die vermutlich dem Ort Brunflo seinen Namen – „Brunnen an der Mauer“ – gab. Holzstufen führen 150 m zur Quelle und zu einem ⩚ Rastplatz mit Unterstand und Grillmöglichkeit hinab.

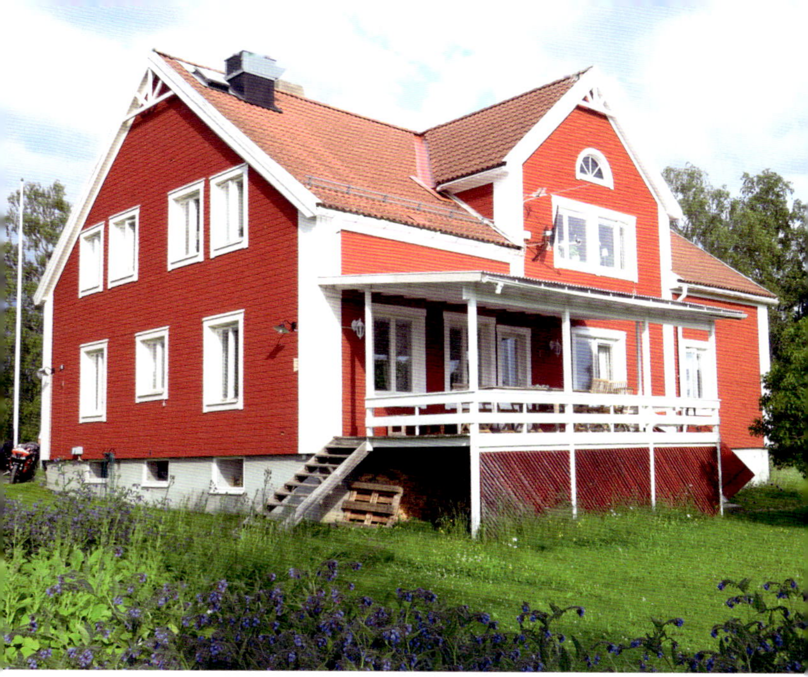

Die Unterkunft Sörbygården bietet angenehmen Komfort

Der Pilgerweg verläuft noch 500 m an der Straße entlang und biegt dann nach links auf einen Rad- und Fußweg ab, der die E14 und die Eisenbahnschienen überquert. Sie wandern nun direkt auf das kleine ⌘ Freilichtmuseum **Lill Grytan** zu und sehen das prachtvolle Tingshus von 1829 auf der Anhöhe liegen. Hier können Sie Ihren ⊙ Pilgerpass stempeln und im ☕ Sommercafé einkehren. Auf einem parallel zur Bahn verlaufenden Schotterweg geht es in nordwestlicher Richtung weiter, bis Sie nach kurzer Zeit den Abzweig zur 400 m entfernten 🛏 Unterkunft **Sörbygården** erreichen.

Brunflo

🛏 ✕ 🛒 BANK ⚕ ✝ 🚆 🚌

✋ Das Ortszentrum liegt etwa 1 km vom Pilgerweg entfernt.

🛏 **Sörbygården Bed and Breakfast**, Grytan 112, 834 98 Brunflo, 📱 +46/70/239 16 61, ✉ info@sorbygarden.se, 💻 www.sorbygarden.se, 10 Zimmer, Küche, Gemeinschaftsbad, Ü/F SEK 550, Abendessen auf Anfrage, Selbstversorgung möglich

10. Etappe: Sörbygården (Brunflo) – Östersund

13,8 km, 3 Std. 45 Min., ↑ 104 m, ↓ 142 m, ⇧ 279-337 m

0,0 km	⇧ 335 m	Sörbygården
4,2 km	⇧ 299 m	Informationstafel Ope
7,6 km	⇧ 279 m	Rastplatz Storsjön
9,2 km	⇧ 305 m	Informationstafel Odensala
11,1 km	⇧ 310 m	Parkplatz und Rastplatz
13,8 km	⇧ 299 m	Östersund (Bahnhof Östersund Västra) BANK

Die kurze Etappe verläuft auf Schotterwegen zwischen dem See Storsjön und den Eisenbahnschienen entlang und ist einfach zu finden. Bequem und ohne nennenswerte Steigungen erreichen Sie nach ca. 14 km Östersund. Die einzige Stadt Jämtlands hat neben allen wichtigen Versorgungseinrichtungen auch interessante Sehenswürdigkeiten zu bieten und eignet sich gut für einen Ruhetag.

Abendstimmung am Storsjön bei Sörbygården

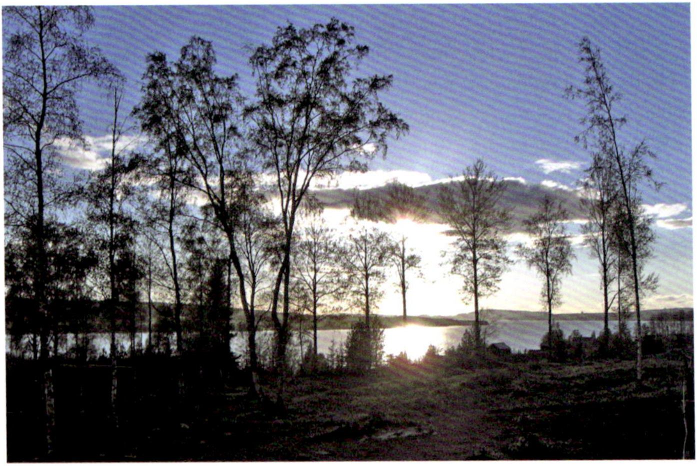

Falls Sie auf dem schönen Hof Sörbygården übernachtet haben, wandern Sie 400 m zurück zum Pilgerweg. Er verläuft zunächst auf einem schmalen, verwachsenen Schotterweg unterhalb der Eisenbahnschienen, geht bei den ersten Häusern in Asphalt über und mündet dann in eine kleine Straße, der Sie nach rechts folgen. Nach einem kleinen Anstieg ist die Eisenbahntrasse erreicht, an der Sie auf einer breiten Schotterpiste Richtung Nordwesten entlangwandern. Ein kurzer Pfad durch Wald stellt die Verbindung zur nächsten Schotterstraße her. Mit Blick auf den See Storsjön laufen Sie an den Anwesen der verstreuten Siedlung Optand vorbei. Zahlreiche wilde Blumen säumen den Wegesrand. Bei den Häusern Nr. 804 und 805 geht es erneut auf einem kurzen Pfad bis zur nächsten Schotterpiste.

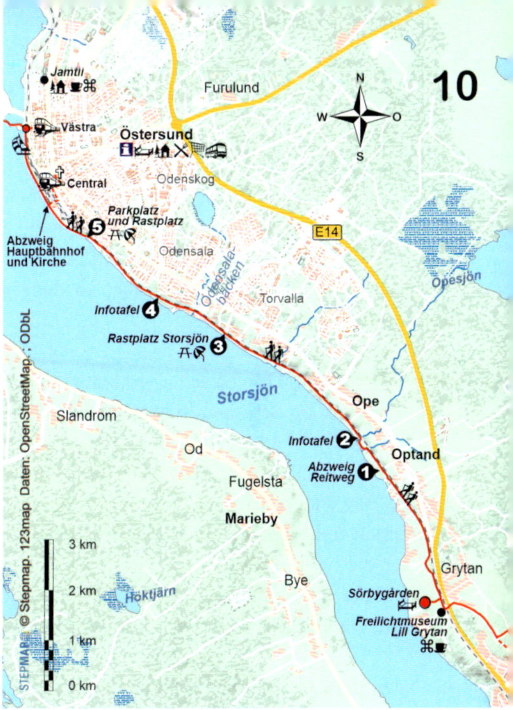

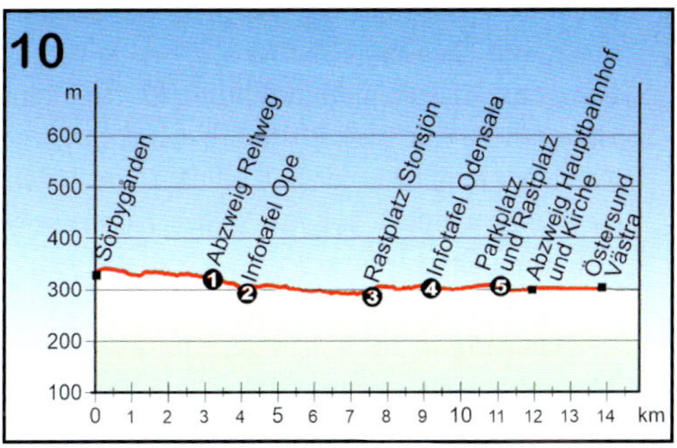

Kurz danach heißt es ✋ aufgepasst ❶: Ein – nur für Reiter geltender! – Wegweiser zeigt nach rechts und fordert zur Überquerung der Schienen auf. Die Wanderer setzen ihren Weg jedoch geradeaus fort, bis das Rauschen eines Baches hörbar wird und die Schotterpiste nach 500 m endet. Hier steigen Sie auf einem Pfad halb links in den Wald. Schon bald führen Holzstufen hinab zum Bach, an dem sich eine Informationstafel zum Weiler **Ope** ❷ befindet.

Der Ortsname **Ope** ist seit 1346 belegt und leitet sich von dem altisländischen Wort op ab, das „schreien“ oder „lärmen“ bedeutet. Ein 1685 entdecktes Grabfeld deutet darauf hin, dass in der Gegend bereits zur Wikingerzeit ein Hof lag. Der Fluss Opeå hatte eine besondere Bedeutung für die Bewohner, denn im 17. und 18. Jahrhundert standen hier 23 Wassermühlen und Sägewerke. In Ope befindet sich auch die Birgittaquelle, aus der die heilige Birgitta auf ihrem Weg nach Nidaros getrunken haben soll und die für die Pilger im Mittelalter eine wichtige Rolle spielte. Leider liegt die Quelle auf Privatgrund und ist deshalb nicht zugänglich.

Nach der Querung des Bachlaufs erreichen Sie bald eine Asphaltstraße, die auf den nächsten 3 km an schönen Anwesen mit fantastischem Seeblick vorbeiführt. Zum dritten Mal stellt ein kurzer Pfad die Verbindung zum nächsten Schotterweg her. Wenig später befindet sich rechter Hand eine Eisenbahnunterführung ❸. Hier können Sie – vor dem braunen Haus Nr. 80 mit Basketballkorb – links zu einem ⛩ Rastplatz direkt am See hinuntergehen, der mit Bänken, Feuerstelle und Badestrand zum Verweilen einlädt. 1,4 km später passieren Sie die Infotafel zum Ort **Odensala** ❹.

Odensala ist nach dem germanischen Gott Odin benannt und war im Mittelalter eine bedeutende Siedlung. Damals stand hier ein großes Kreuz, an dem die Pilger auf ihrem Weg nach Nidaros rasteten. Neun Grabhügel mit einem Durchmesser von bis zu 21 m und einer Höhe von bis zu 2 m zeugen davon, dass diese Gegend bereits während der jüngeren Eisenzeit besiedelt war. Auf der anderen Seite der Eisenbahntrasse liegt ein kleines Naturschutzgebiet, in dem mehrere Orchideenarten gedeihen.

Nun hört die Bebauung auf und schöne Laubbäume säumen den Weg, der nach knapp 2 km an einem Autoparkplatz endet. Hier befindet sich direkt am See ein weiterer idyllischer Picknickplatz ❺ mit Bademöglichkeit.

Gleich darauf mündet der Pilgerweg in die breite Fahrstraße Storsjöträket und führt links hinab direkt ans Wasser. Am Ufer entlang nähern Sie sich **Östersund** und passieren ein Industriegebiet. Anschließend bieten sich zwei Alternativen: Sie können entweder rechts hinauf zur modernen roten Backsteinkirche laufen oder Ihren Weg geradeaus am Storsjön fortsetzen. An Brachland und modernen Wohneinheiten vorbei erreichen Sie dann den Sportboothafen, von dem es laut Schild noch 358,5 Kilometer bis Trondheim sind. Hier befinden sich zahlreiche Bänke, eine öffentliche Toilette und ein Restaurant. Anschließend geht es weiter am Bahnhof vorbei bis zum Badhuspark im Herzen der Stadt.

Wenn Sie sich am Bahnhof Östersund Västra rechts halten und den Berg hinauflaufen, können Sie einen kurzen Abstecher ins Stadtzentrum unternehmen. Nach etwa 300 m ist der Hauptplatz Stortorget mit Cafés, Restaurants und einer Bankfiliale erreicht. Ein Stück weiter die Straße hinauf liegt an der Querstraße Kyrkgata ein ICA-Supermarkt (täglich bis 22:00). Hier sollten Sie sich mit Proviant für die kommenden zwei Tage versorgen. Die Jugendherberge Jamtli Vandrarhem befindet sich ca. 1 km nördlich vom Stortorget, die Jugendherberge STF Östersund Ledkrysset ca. 600 m westlich.

Östersund

Turistbyrån Östersund, Rådhusgatan 44, 831 34 Östersund, +46/63/701 17 00, www.visitostersund.se, info@visitostersund.se, Mo-Fr 10:00-15:00

Jamtli Vandrarhem, Museiplan 2, 831 31 Östersund (1,3 km vom Weg), +46/63/15 03 00, vandrarhemmet@jamtli.com, www.jamtli.com, 36 Betten, Küche, Gemeinschaftsbad, Waschmaschine, Ü Mehrbettzimmer SEK 270, EZ SEK 370, F SEK 60, Selbstversorgung

♦ **STF Östersund Ledkrysset Vandrarhem**, Biblioteksgatan 25, 831 41 Östersund (950 m vom Weg), +46/63/10 33 10, info@ostersundledkrysset.se, www.ostersundledkrysset.se, 24 Zimmer mit 57 Betten, Küche, Ü Schlafsaal SEK 240, EZ mit Bad SEK 500, DZ mit Bad SEK 620, Frühstücksbuffet SEK 90, Selbstversorgung, Rabatt für Mitglieder im DJH (Deutsches Jugendherbergswerk)

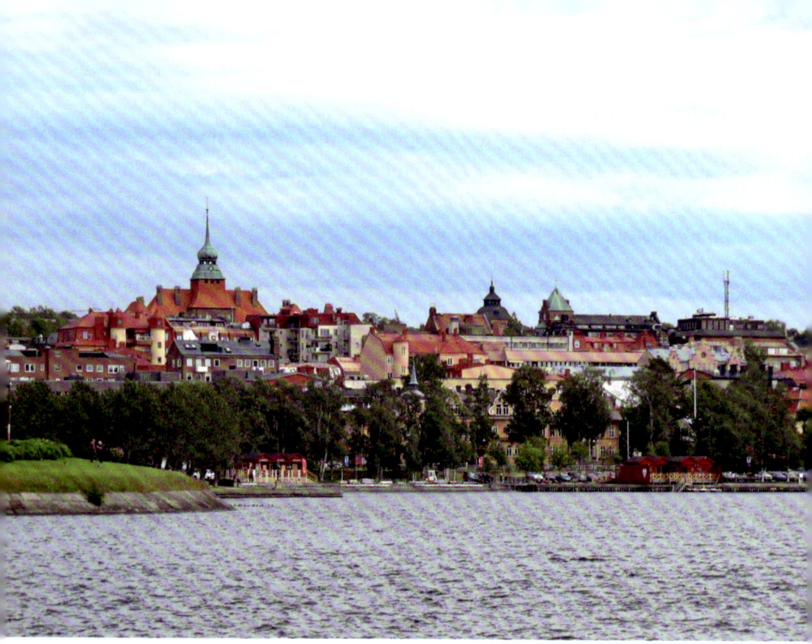

Silhouette von Östersund mit dem markanten Rathausturm

Mit knapp 50.000 Einwohnern ist **Östersund** die einzige Stadt in der Provinz Jämtland. Sie wurde 1786 von König Gustav III. mit dem Ziel gegründet, den lukrativen Grenzhandel der ortsansässigen Bauern nach Norwegen zu stoppen und dafür zu sorgen, dass die dringend benötigten Waren stattdessen zur schwedischen Küste gelangten. Auch aus militärischer Sicht brachte eine befestigte Stadt in dem rein ländlich geprägten Jämtland Vorteile. Der Ort entwickelte sich zunächst langsam und erlebte erst Mitte des 19. Jahrhunderts durch den zunehmenden Holzhandel sowie den 1879 erfolgten Anschluss an das Eisenbahnnetz einen deutlichen Aufschwung. Als Alternative zur Auswanderung nach Amerika kamen damals viele Schweden nach Östersund und versuchten ihr Glück in der Holzindustrie. Insbesondere in der Hauptstraße Storgatan zeugen zahlreiche Holzhäuser aus den 1880er-Jahren mit schönen Fassaden von dieser Zeit. Sehenswert sind außerdem das nationalromantisch geprägte Rathaus mit seinem imposanten Turm aus den Jahren 1909-1912 sowie die 1940 eingeweihte Kirche mit einem 170 m² großen Altarbild.

Ein besonderes Highlight ist das ⌘ **Freilichtmuseum Jamtli** (im Sommer täglich 11:00-17:00, Eintritt SEK 290), in dem es neben zahlreichen historischen Gebäuden auch alte schwedische Tierrassen zu sehen gibt.

Das Museum bietet zahlreiche Aktivitäten an.

11. Etappe: Östersund – Rödön

19,8 km, 5 Std. 30 Min., ↑ 328 m, ↓ 277 m, ⇧ 292-413 m

0,0 km	⇧ 299 m	Östersund (Bahnhof Östersund Västra) ⌘ ✝
2,6 km	⇧ 330 m	Dreifaltigkeitsquelle
4,5 km	⇧ 329 m	Vogelturm am Ändsjön
7,8 km	⇧ 412 m	Kirche von Frösö ✝ (1 km: Frösövallens Vandrarhem)
8,9 km	⇧ 407 m	Heimatmuseum Stocke ⌘
11,8 km	⇧ 340 m	Abzweig hinter Västbyn
14,8 km	⇧ 295 m	Rödöbrücke (400 m: Rödösundet B&B, Pilgrimsstuga Rödösundet)
19,8 km	⇧ 347 m	Kirche von Rödön ✝

Kleine Wege und Pfade führen von Östersund über die schöne Insel Frösön bis nach Rödön. Besondere Höhepunkte der Strecke sind die Dreifaltigkeitsquelle, das Naturschutzgebiet am Weiher Ändsjön und die beiden Kirchen in Frösö und Rödön. Die Etappe weist einige Steigungen auf, ist aber gut zu bewältigen. Insbesondere im Bereich des Naturschutzgebiets gibt es viele Mücken und Wanderpfade, die matschig sein können.

Denken Sie vor dem Aufbruch daran, sich in Östersund mit Proviant für die kommenden zwei Tage versorgen.

In Östersund führt der markierte Weg vom Bahnhof **Östersund Västra** um den Badhuspark herum und erreicht nach wenigen Metern die Fußgängerbrücke zur Insel Frösön. Direkt am Wasser befindet sich ein beliebtes Ausflugscafé. Nachdem Sie die Brücke überquert haben, laufen Sie ca. 1,6 km auf einem Schotterweg am Seeufer entlang. Dann geht es halb rechts durch eine Unterführung und geradeaus den Berg hinauf.

Lassen Sie sich nicht durch den ausgeschilderten Radpilgerweg irritieren, der nach links abbiegt!

Mit einer Ausdehnung von 456 km² gilt der **Storsjön** als fünftgrößter See Schwedens. **Frösön** ist mit 41 km² nicht nur die größte Insel in diesem Binnengewässer, sondern auch die historisch bedeutendste. Schon im 10. Jahrhundert tagte hier das regionale Thing Jamtamot und bis zum ausgehenden 19. Jahrhundert war Frösön das wichtigste Handelszentrum Jämtlands. Der Name der Insel leitet sich vom altnordischen Fruchtbarkeitsgott Freyr ab. Sehenswert ist Schwedens nördlichster Runenstein, der um 1050 n. Chr. in Gedenken an die Christianisierung der Region und den Bau der ersten Brücke aufgestellt wurde. Er steht vor dem Parlamentsgebäude in Östersunds Stadtteil Hornsberg ein Stück oberhalb der Autobrücke nach Frösön.

An der nächsten Querstraße führt der Weg rechts durch eine Fußgängerunterführung und gleich darauf links auf den Frösövägen. Etwa 100 m später biegen Sie auf den Trefaldighetsvägen ab und folgen dem Hinweisschild zur 💧 **Dreifaltigkeitsquelle** ❶ („Trefaldighetskälla"), die Sie nach ca. 250 m erreichen. Hier laden Bänke zu einer Rast ein.

Die **Dreifaltigkeitsquelle** war schon im Mittelalter ein bedeutendes Pilgerziel. Damals glaubten die Menschen, dass die Quelle in der Nacht vor dem Dreifaltigkeitssonntag übernatürliche Kräfte entwickle, und unternahmen Wallfahrten zu diesem magischen Ort. Sie tranken das Quellwasser, um gesund zu werden oder um sich etwas zu wünschen. In der Regel opferten sie dabei auch eine Münze oder einen Knopf. Diese Tradition ist noch bis in die 1950er-Jahre lebendig gewesen.

An der Dreifaltigkeitsquelle

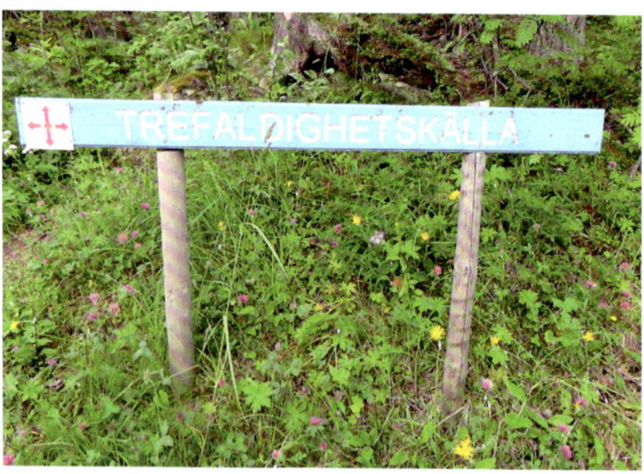

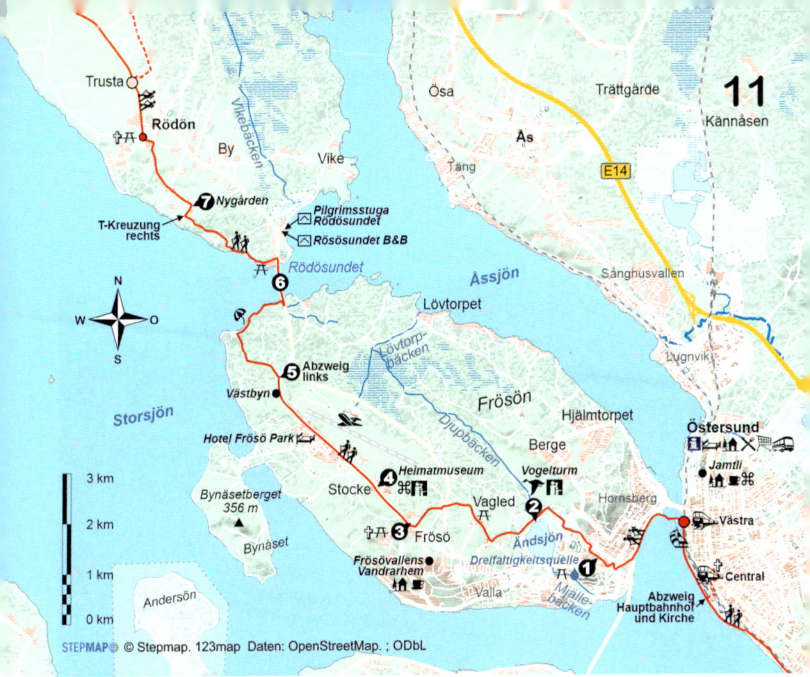

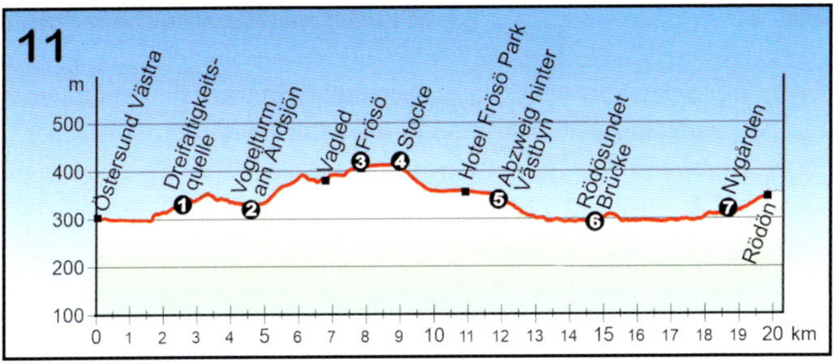

Weiter geht es auf dem Trefaldighetsvägen bis zu einer T-Kreuzung, an der Sie sich links halten und in den Fröjavägen einbiegen. Auf der Höhe des alten Freibads **Lövstabadet** verlässt der Pilgerweg die Straße und schwenkt nach links auf einen Pfad. Nach der Überquerung der kleinen Straße Lövstavägen beginnen verschiedene ausgeschilderte Freizeitwege, denen Sie 700 m folgen, bis der St. Olavsleden nach links abzweigt.

Die herrliche Stille und die friedliche Natur entschädigen dafür, dass der Weg zugewachsen, sumpfig und mückenreich sein kann. Besonders feuchte Stellen sind mit Bohlen ausgelegt.

Bohlenweg im Vogelreservat Ändsjön

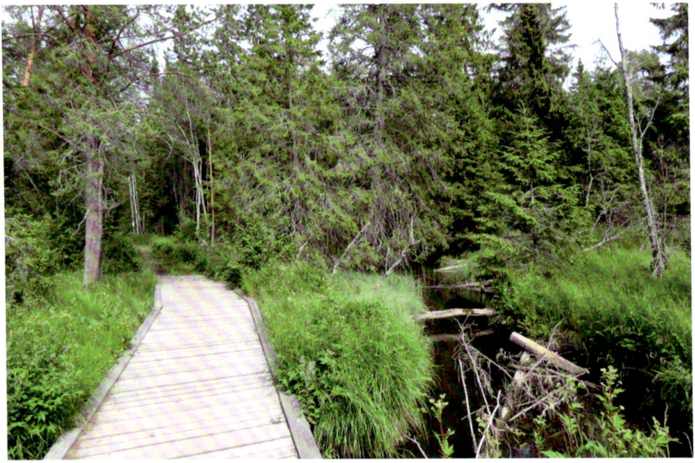

➭ Wenn das Vogelzwitschern nach 300 m immer mehr zunimmt, können Sie nach links abbiegen und einen lohnenswerten Abstecher zum 100 m entfernten Vogelturm ❷ machen. Von hier haben Sie einen wunderschönen Blick auf das seit 1975 bestehende Vogelreservat am Ändsjön mit guten Bedingungen zur Vogelbeobachtung. Zu den am häufigsten vorkommenden Arten gehören Möwen, Stockenten, Blesshühner, Kanadagänse und Kormorane.

Etwa 500 m hinter dem Aussichtsturm gabelt sich der Weg. Hier wandern Sie geradeaus auf einem zugewachsenen Pfad weiter und erreichen bald einen ansteigenden Schotterweg. An der nächsten Kreuzung halten Sie sich rechts und gehen weiter den Hügel hinauf bis zur Infotafel und Pilgerbank bei **Vagled**. Alte Gräber und Funde weisen darauf hin, dass der Ort schon um 700 n. Chr. besiedelt war.

An der nächsten Kreuzung ist die Beschilderung nicht eindeutig, der St. Olavsleden biegt jedoch nach links ab und führt hinauf bis zur Fahrstraße, die Sie überqueren müssen. Hinter der Schranke geht es für wenige Meter nach links und dann direkt nach rechts auf einen kleinen Pfad, dem Sie bis zur ✞ **Kirche von Frösö ❸** folgen. Hier können Sie Ihren ⊙ Pilgerpass stempeln, am Friedhof 💧 Wasser nachfüllen und eine ⛩ Rast einlegen.

✞ Genau dort, wo sich heute die **Kirche von Frösö** erhebt, befand sich in vorchristlicher Zeit eine heidnische Opferstätte. Mit dem Bau des Gotteshauses wurde vermutlich Ende des 12. Jahrhunderts begonnen. Im 18. Jahrhundert erhielt es durch aufwendige Umbauarbeiten sein heutiges Aussehen. Mit einem Reliquienschrein aus dem 13. Jahrhundert und einer Skulptur des heiligen Olav spielte die Kirche für die Pilger im Mittelalter eine wichtige Rolle. Der frei stehende Turm aus Holz mit seiner markanten, zwiebelförmigen Kuppel wurde 1754 errichtet. Hier hängt die im 14. Jahrhundert in Stockholm gegossene Birgittaglocke.

➪ Falls Sie in der Jugendherberge **Frösövallens Vandrarhem** übernachten oder im benachbarten ☕ Café einkehren möchten, müssen Sie von der Kirche der Asphaltstraße 700 m bergab folgen und dann nach rechts abbiegen.

☕ **Frösövallens Vandrarhem**, Stockevägen 3, 832 96 Frösön (1 km vom Weg), ☏ +46/63/430 56, ✉ info@frosovallen.se, 💻 www.frosovallen.se, 8 Zimmer mit 26 Betten, Küche, Gemeinschaftsbad, Waschmaschine, Ü SEK 200, Selbstversorgung, einfacher Standard, aber in wunderschöner Umgebung gelegen

Der Pilgerweg führt an der recht befahrenen Hauptstraße entlang bergauf, wobei der fantastische Seeblick für den Verkehrslärm entschädigt.

Nach gut 1 km ist das ⌘ **Heimatmuseum Stocke ❹** mit einem kleinen Aussichtsturm erreicht. Sie bleiben für weitere 3 km auf der Asphaltstraße, laufen bergab und passieren das ****Hotel Frösö Park und den Flughafen von Östersund. Kurz hinter dem Hof Västbyn ❺ biegen Sie nach links in einen ruhigen Schotterweg ab und wandern durch Nadelwald in Richtung Seeufer. Bei den ersten Feriendomizilen biegt die Route nach rechts ab und führt 350 m später hinter dem letzten Haus links auf einen kleinen Pfad.

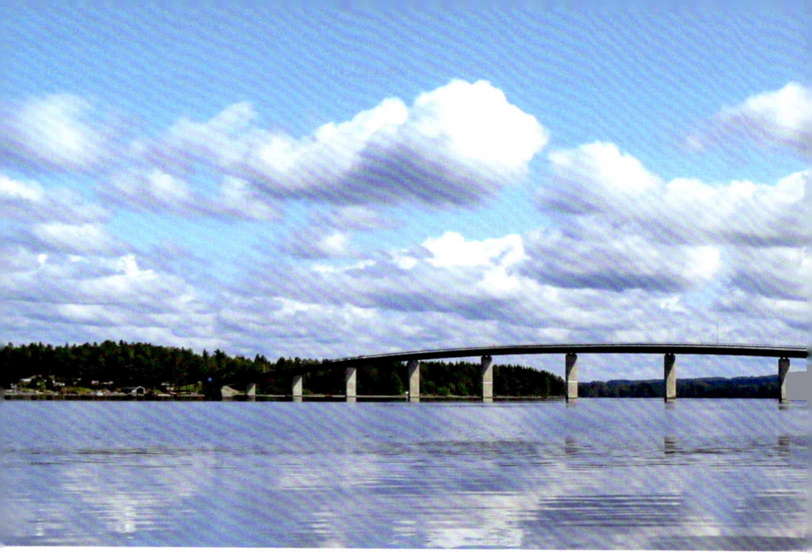

Die 677 m lange Brücke verbindet die Insel Frösön mit dem Festland

In direkter Ufernähe laufen Sie am Storsjön entlang und haben die Möglichkeit, an dem steinigen, flachen Strand die Füße abzukühlen oder ein Bad zu nehmen. Kurz vor der 677 m langen **Rödöbrücke ❻** wird die Asphaltstraße erreicht, auf der Sie den Sund überqueren. Das zweisprachige Begrüßungsschild der Kommune Krokom weist darauf hin, dass es in dieser Gemeinde ein starkes Engagement für die Rechte der samischen Minderheit gibt.

Direkt hinter der Brücke wendet sich der Pilgerweg nach links. Eine Infotafel berichtet, dass hier in den 1960er-Jahren 15 Gräber aus der Eisenzeit entdeckt wurden, von denen eines einen Tonkrug mit der Asche eines verbrannten Kinderleichnams enthielt.

Falls Sie in **Rödösundet** übernachten möchten, müssen Sie hinter der Brücke ca. 400 m der Asphaltstraße folgen und dann nach rechts Richtung Ufer abbiegen. Alternativ können Sie bis zur Herberge Östli B&B weiterlaufen, die sich ca. 1 km hinter der Kirche von Rödön direkt am Weg befindet (☞ 12. Etappe).

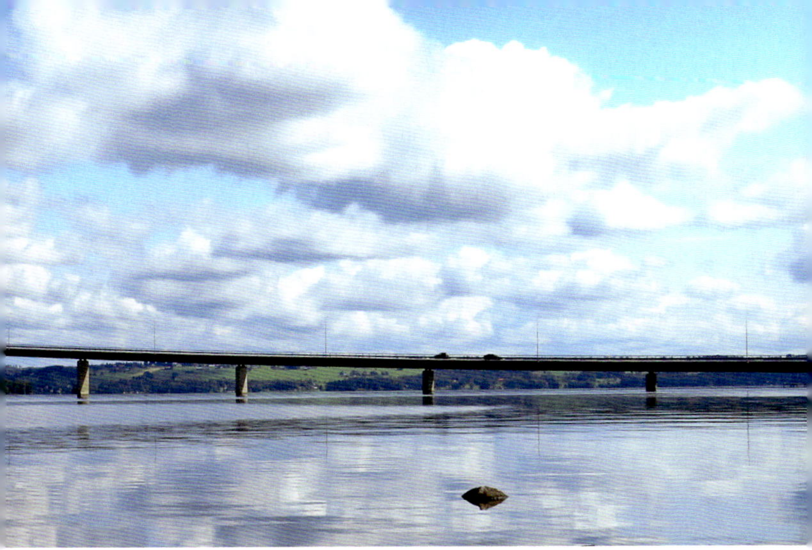

- Rödösundet B&B, Inger und Sverker Edenteg, Rödösundet 418, 835 91 Krokom (400 m vom Weg), +46/70/653 97 57, s.edenteg@gmail.com, Hütte für max. 4 P., Dusche, Toilette und Küche im Haupthaus, Ü SEK 225, Bettwäsche SEK 50, F SEK 50, AE SEK 125, Selbstversorgung möglich
- ♦ **Pilgrimsstuga Rödösundet**, Rickard Näslin und Astrid Pullar, Rödösundet 416, 835 91 Krokom (ca. 400 m vom Weg), +46/73/373 41 12 oder +46/73/805 25 92, rickard.naslin@folkbildning.net, Hütte für 3 P. mit Mikrowelle, Dusche und Toilette im Haupthaus, Ü SEK 250, F SEK 60, AE SEK 100

300 m später zweigt der markierte Weg nach rechts ab und führt am Seeufer entlang, wo eine schöne Bank steht. An einem kleinen Schotterplatz mit Hochsitz halten Sie sich links und an der nächsten Gabelung halb rechts. Weiter geht es auf etwas matschigen Wald- und Wiesenwegen bis zu einer T-Kreuzung, an der Sie rechts abbiegen und auf einer Schotterpiste nach 300 m zum Bauernhof Nygården gelangen ❼.

Am Ende des Hofplatzes führt links ein Weg bis zum nächsten Anwesen, von dem aus ein 1,2 km langer Wiesenpfad zur ✞ **Kirche von Rödön** hinaufsteigt. Laut Wegweiser sind es noch 339 km bis Trondheim. An der Kirche gibt es schöne Bänke, Frischwasser am Friedhof und einen ⊙ Pilgerstempel am kleinen roten Haus neben den Kirchenställen.

✞ Die **Kirche von Rödön** ist mittelalterlichen Ursprungs, erhielt ihr heutiges Aussehen aber bei umfassenden Umbauarbeiten in den Jahren 1806-1811. Nach einer verheerenden Feuersbrunst wurde sie 1923 originalgetreu wieder aufgebaut.

Besonders bemerkenswert sind die langen, roten Kirchenställe aus dem frühen 20. Jahrhundert, in denen die Gottesdienstbesucher ihre Pferde unterstellen konnten.

12. Etappe: Rödön – Nälden/Vaplan

➲ 18,9 km, ⌛ 5 Std., ↑ 216 m, ↓ 271 m, ⇧ 289-366 m

0,0 km	⇧ 347 m	Kirche von Rödön ✞ ⛩ ● ☉
1,6 km	⇧ 353 m	Östli B&B ⌂
6,0 km	⇧ 298 m	Olavsquelle ⛩ ● ☉
9,5 km	⇧ 334 m	Kreuzung in Tullus
12,2 km	⇧ 362 m	Kirche von Näskott ✞ ⌘ ⛩ ☕ ☉
16,1 km	⇧ 305 m	Nälden (Församlingshem) ✕ 🛒 BANK
18,9 km	⇧ 297 m	Vaplansgård ⌂ ⛩

Die kurze Etappe verläuft ohne nennenswerte Steigungen auf bequemen Wegen. Nach einem ermüdenden Abschnitt auf der Landstraße folgt ein schöner Schotterweg mit Rastplatz an einer Olavsquelle. Durch Wald geht es anschließend bis zur Kirche in Näskott und weiter nach Nälden, wo Sie für die nächsten beiden Tage Proviant einkaufen sollten.

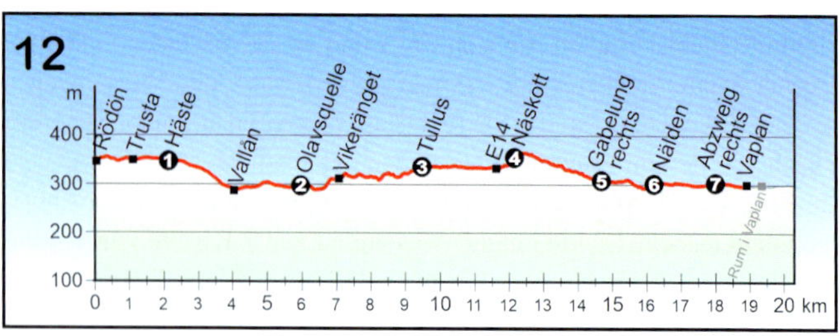

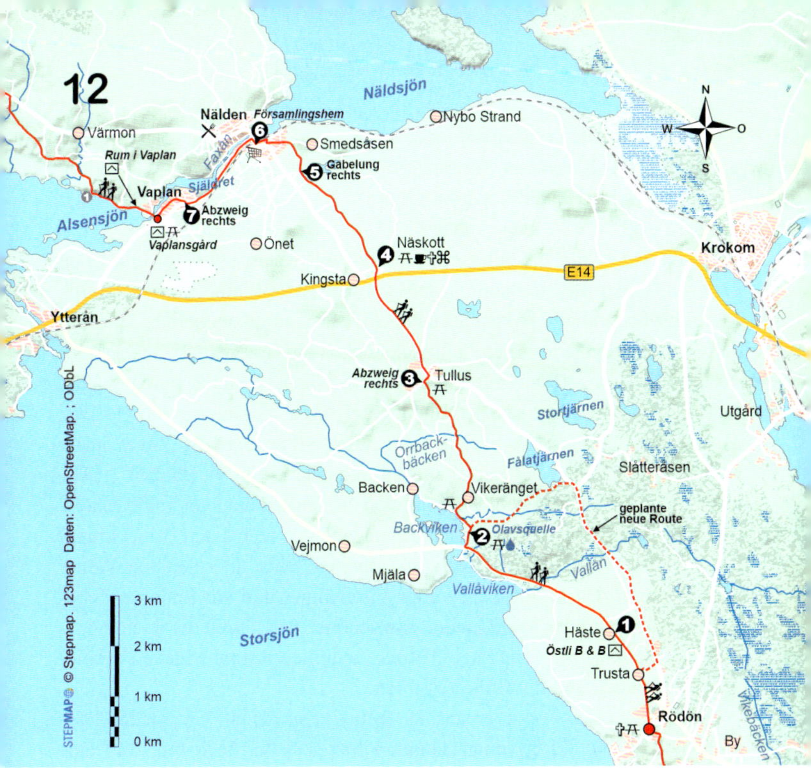

Nach Redaktionsschluss wurde bekannt, dass sich die Streckenführung kurz hinter Rödön zum Sommer 2020 ändert. Sie wird dann zwar knapp 2 km länger, umgeht aber den ermüdenden Marsch auf Asphalt. Bitte informieren Sie sich dazu auf www.stolavsleden.com und achten Sie vor Ort besonders aufmerksam auf die Wegmarkierungen.

Vom ⊙ Stempelkasten an der **Kirche von Rödön** folgen Sie dem Schotterweg 200 m geradeaus und halten sich dann an der T-Kreuzung links. Wenig später zeigt ein Hinweisschild nach rechts, es wendet sich jedoch nur an Reiter. Wanderer laufen geradeaus weiter und bleiben die nächsten 5,5 km auf der Asphaltstraße. Auf dieser Strecke gibt es keine Rastmöglichkeit und es ist Vorsicht geboten, da die Autos teilweise in überhöhtem Tempo vorbeirasen. Nach ca. 700 m passieren Sie die Pilgerherberge Östli B&B.

Östli B&B, Helena Grenholm, Häste 146, 835 91 Krokom, +46/73/057 30 36, ostlibb@gmail.com, 2 Zimmer mit 4 Betten, Gemeinschaftsküche und Gemeinschaftsbad, Ü SEK 300, Selbstversorgung

Gut 1 km später erzählt eine Infotafel von einem außergewöhnlichen Fund bei **Häste ❶**: In einem Grabhügel wurde 1930 eine reich verzierte, 17 cm große Schnalle aus Silber entdeckt. Sie stammt aus dem 6. Jahrhundert und diente mit weiteren Schmuckstücken als Grabbeigabe einer Frau.

Nachdem die letzten Höfe passiert sind, führt die Straße durch Wälder sanft auf und ab. Kurz vor der Bucht **Backviken** biegt der markierte Weg nach rechts auf eine Schotterpiste in Richtung **Vikeränget** ab. 300 m später kommen Sie zu einer bedeutenden Olavsquelle ❷ mit Bänken, Pilgerstempel und Gedenkstein. Hier rasteten die Pilger schon vor 1.000 Jahren.

Nach 700 m verlassen Sie das Ufer und steigen rechts den Hügel hinauf bis zu einem zweiten Rastplatz mit schönem Blick über den See. Weiter geht es durch den idyllischen Weiler **Vikeränget** und am Ende der Siedlung geradeaus in den Wald hinein. Ein schöner Weg durch die leicht hügelige Landschaft bringt Sie nach **Tullus**. Lediglich lästige Mücken vermögen den Frieden und die Ruhe zu stören.

Kurz hinter der Pilgerbank in **Tullus** biegt der St. Olavsleden nach rechts ab ❸ und führt wenige Hundert Meter später nach links auf eine Schotterpiste. Dieser folgen Sie die nächsten 2,2 km bis zur E14. Unterwegs fällt eine merkwürdige Vertiefung mitten in der Landschaft auf, wo sich früher ein Hof befunden haben soll. Laut Sage versank das komplette Anwesen in der Erde, weil seine Bewohner am Weihnachtsmorgen gedroschen hatten.

Sie überqueren die Schnellstraße, steigen den Hügel hinauf und halten sich am nächsten Abzweig halb links. Vor Ihnen liegen nun die ✞ **Kirche von Näskott ❹** mit Pilgerstempel sowie ein kleines ⌘ Freilichtmuseum mit Sommercafé (täglich 11:00-16:00).

✞ ⌘ Die mittelalterliche Holzkirche in **Näskott** war in der zweiten Hälfte des 19. Jahrhunderts zu klein geworden und wurde deshalb 1876-78 durch den heutigen Bau ersetzt. Weitere Um- und Anbauten erfolgten 1954 und 1973. Aus der Vorgängerkirche sind u. a. das Taufbecken von 1680 sowie eine Skulptur von David mit der Harfe erhalten.

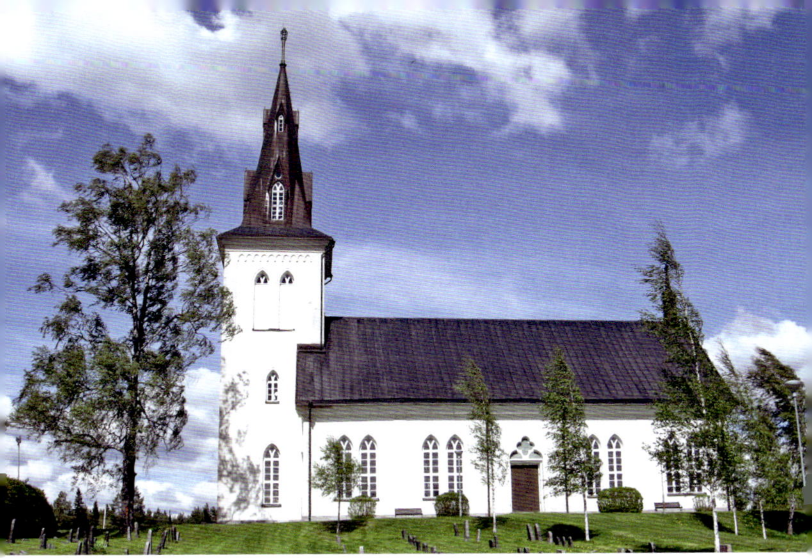

Kirche von Näskott aus der 2. Hälfte des 19. Jahrhunderts

Im **Freilichtmuseum** ist der alte Hof Grafsgården zu sehen, zu dem neben einem Wohnhaus für zwei Familien mit komplett erhaltener Einrichtung aus dem 19. Jahrhundert auch eine alte Schmiede und ein Stall von ca. 1800 gehören.

Von der Kirche führt ein 2,5 km langer Schotterweg durch den Wald bis zu einer Weggabelung, an der Sie sich rechts halten ❺. 650 m später geht es links auf eine Asphaltstraße, die zur Ortschaft **Nälden** mit knapp 1.000 Einwohnern führt. Am nächsten Abzweig fehlt die Beschilderung, hier müssen Sie rechts bis zu den Bahngleisen hinablaufen. Dann folgen Sie dem Schienenverlauf bis zum markanten, blau gestrichenen Församlingshem ❻. Bevor Sie auf dem St. Olavsleden rechts die Schienen überqueren, sollten Sie geradeaus zum 100 m entfernten 🛒 ICA-Supermarkt weiterlaufen (🚪 täglich 9:00-20:00), um sich für die nächsten zwei Tage mit Proviant zu versorgen.

Hinter dem Bahnübergang geht es für die nächsten 2 km links auf die viel befahrene Hauptstraße Näldenvägen. Anschließend führt ein kleiner Pfad nach rechts auf den parallel verlaufenden Axel Johannsons Väg ❼. Diesem folgen Sie durch ein ruhiges Wohngebiet in **Vaplan** bis zur Brücke über den Fluss Faxån. Direkt auf dem Grundstück vom ⌂ **Vaplansgård** befindet sich auch ein kleiner ⛼ Rastplatz mit Tisch und Bänken. Eine weitere, sehr schöne Unterkunft befindet sich 400 m weiter direkt am Weg (☞ 13. Etappe).

Nälden/Vaplan

⊡ ✕ 🛒 BANK (nur Bankautomat!)

⊡ **Vaplansgård**, Doris und Lars Gunnarsson, Önevägen 11, 835 40 Nälden, ☎ +46/70/583 63 49 oder +46/73/070 43 22, ✉ doris.lars@gmail.com, 💻 www.vaplansgard.com, 2 Zimmer mit 4 Betten, Gemeinschaftsbad, Gemeinschaftsküche, Ü SEK 250, F + LP SEK 80, AE SEK 120, Selbstversorgung möglich

♦ **Rum i Vaplan**, Gunnar Rindå, Kustvägen 12, 835 40 Nälden (am Anfang der 13. Etappe), ☎ +46/70/516 63 10, ✉ vaplan@gmail.com, Apartment mit 4 Betten, Küche, Bad, Seeblick, Ü SEK 300, Selbstversorgung

13. Etappe: Nälden/Vaplan – Alsen

16,4 km, 4 Std. 30 Min., ↑ 306 m, ↓ 240 m, ⇧ 261-355 m

0,0 km	⇧ 297 m	Vaplansgård ⊡
0,4 km	⇧ 321 m	Rum i Vaplan ⊡ ⊙
2,4 km	⇧ 315 m	Abzweig in Wald
7,1 km	⇧ 334 m	Rastplatz an der Landstraße bei Röde
12,1 km	⇧ 335 m	Abstecher zu historischen Fanggruben ⌘
12,9 km	⇧ 337 m	Felszeichnungen in Glösa ⌘ ⊙
14,6 km	⇧ 291 m	Wikingergrab Rysshögen ⌘
16,4 km	⇧ 327 m	Gestüt Wångens travskola

Die Felszeichnungen von Glösa sind ein besonderes Highlight auf dieser kurzen und einfachen Etappe. Zwischen Röde und Glösa ist die Wegführung etwas verzwickt, aber sehr gut ausgeschildert. Die Wegbeschaffenheit wechselt zwischen Asphalt und kleinen, teilweise etwas matschigen Pfaden.

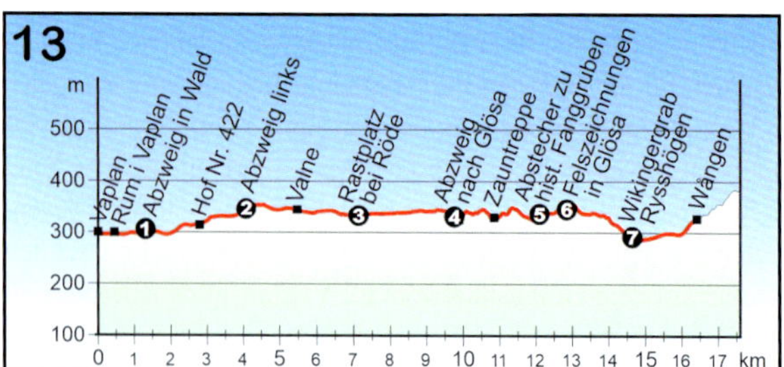

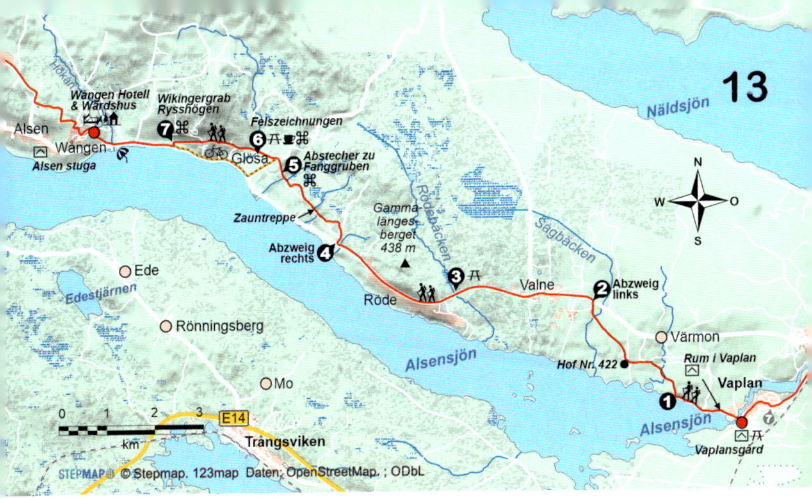

Kurz hinter der Brücke über den Faxån befindet sich ein schöner ⛼ Rastplatz direkt am See. 100 m weiter können Sie im Garten der Unterkunft ⌂ **Rum i Vaplan** Ihren ⊙ Pilgerpass stempeln, bevor Sie Ihren Weg mit schönem Blick auf den Alsensjön fortsetzen.

Dann macht das Sträßchen eine Rechtskurve ❶ und führt durch eine zerstreute Siedlung hinauf zum Wald. Nach 2 km biegt ein kurzer Pfad nach links in den Wald ab und stellt die Verbindung zur nächsten Schotterpiste her, die am schön oberhalb des Sees gelegenen Hof Nr. 422 endet. Hinter dem Hofplatz halten Sie sich rechts und gelangen auf einen breiten Waldweg, dem Sie 1,5 km folgen und der ab und zu etwas feucht sein kann.

200 m hinter einem kleinen Autofriedhof biegen Sie bei **Valne** ❷ links auf eine kleine Asphaltstraße ab. Der Pilgerweg führt nun für knapp 6 km an der mäßig befahrenen Straße entlang, wobei nach der Hälfte der Strecke ein blaues Schild auf einen ⛼ Rastplatz ❸ hinweist. An der rechten Straßenseite gibt es anschließend eine geologische Besonderheit zu sehen.

Der charakteristische **Röde-Sandstein** gilt als die jüngste Gesteinsart in Jämtland. Er entstand vor etwa 425 Millionen Jahren, als sich eine gewaltige Flut mit großen Wassermassen über den flachen Sandboden ergoss. Im Sand bildeten sich daraufhin kleine Wellen, die versteinerten und heute am Berghang deutlich zu sehen sind. Diese Versteinerungen sind ein Zeichen dafür, dass der Röde-Sandstein sich am Land bildete und nicht unter Wasser.

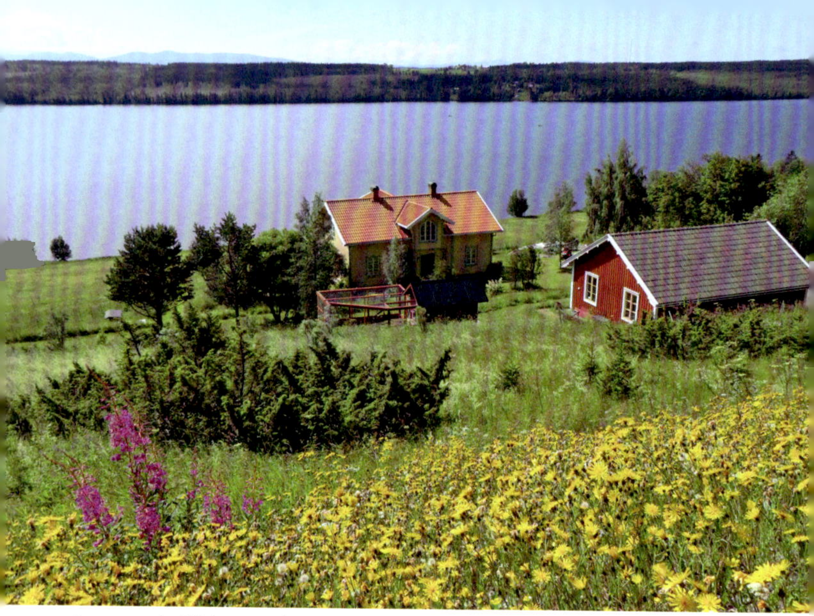

Anwesen in Röde am Alsensjön

Schließlich öffnet sich der Blick auf den See und auf die schneebedeckten Berge des 1.420 m hohen Gebirges Åreskutan in weiter Ferne. Sie passieren das lang gezogene Straßendorf **Röde** und erreichen hinter den letzten Häusern den nach rechts abzweigenden Schotterweg Richtung Glösa ❹. Nach 200 m führt ein Pfad links hinein in den Wald. Von Vogelgezwitscher begleitet wandern Sie auf einem ruhigen, idyllischen Wegabschnitt durch die Natur. Wenn Sie zum zweiten Mal eine Wiese erreichen, hilft eine Zauntreppe bei der Überquerung.

Beim nächsten Wäldchen versperrt ein Elektrozaun den Weg. Deshalb halten Sie sich rechts und gehen auf einem teilweise sehr sumpfigen Pfad direkt am Zaun entlang. Schließlich kommen Sie zu einer kleinen Lichtung mit Holzschuppen, wo sich rechter Hand eine weitere Zauntreppe befindet. Dahinter laufen Sie geradeaus über eine Wiese und dann nicht in den Wald hinein, sondern rechts um das Waldstück herum. Der Pfad wird breiter und steigt gemächlich an. 300 m später können Sie oben auf der Kuppe des Hügels einen kurzen ⮷ Abstecher ❺ zu vier rekonstruierten ⌘ **Fanggruben** machen.

Fanggruben dienten der Jagd und sind die einfachste und vermutlich älteste Art einer Falle. Schon in der Steinzeit nutzten die Menschen diese Methode, um z. B. Elche zu jagen. Sie gruben in einem Abstand von 40-50 m tiefe Löcher in den Boden, die sie mit Ästen und Laub bedeckten. Seitliche Hindernisse oder Sperren sorgten dafür, dass die Tiere in die Fallen tappten. Das historische Fanggrubensystem von Glösa erstreckte sich auf einer Länge von 5 km zwischen den beiden Seen Alsensjön und Nälsensjön und bestand aus etwa 90 Gruben.

Der St. Olavsleden führt durch hügeliges Terrain und endet 300 m später an einem Parkplatz. Reiter und Radfahrer müssen hier die Schotterpiste bergab nehmen, Wanderer halten sich schräg rechts und folgen dem Hinweisschild in Richtung **Glösa Älgrike** (Glösas Elchreich). Nach 300 m befindet sich oben auf dem Hügel ein kleines ☕ Sommercafé (🕒 täglich 11:00-16:00), das auch einen ⊙ Pilgerstempel bereithält. Kurz dahinter steigt eine Treppe hinab zu einer Aussichtsplattform ❻, von der aus Sie die ⌘ Felszeichnungen von Glösa gut sehen können. ⩫ Bänke laden zu einer Rast ein und eine Infotafel bietet Hintergrundinformationen zu den prähistorischen Bildern.

Prähistorische Felszeichnung in Glösa

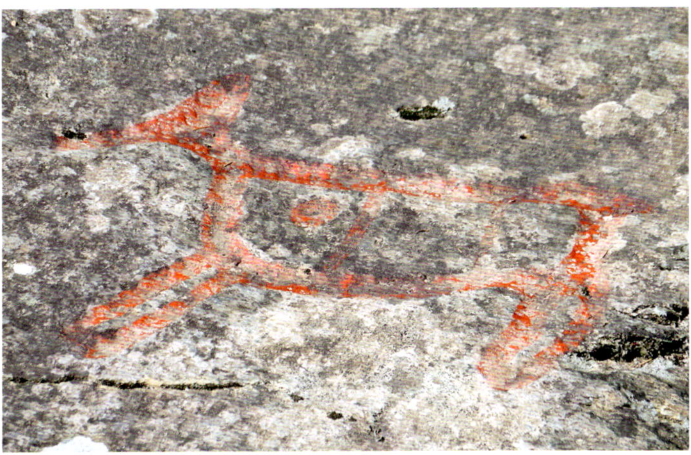

Die ersten Jäger und Sammler ließen sich nach der letzten Eiszeit um 7000 v. Chr. in dieser Gegend nieder. Ihre symbolträchtigen **Felszeichnungen** entstanden vermutlich um 4000 v. Chr. und hatten eine tiefe religiöse Bedeutung. Sie liegen direkt am Wasser, das den Übergang zwischen der menschlichen Welt und der „unteren" Welt darstellte.

Gleichzeitig galt der Ausblick über Wald, See und Gebirge als Verbindung zur „oberen" Welt. Abgebildet sind insgesamt 60 Elche, viele von ihnen mit einem Strich mitten durch den Körper. Er soll die zum Herzen führende Hauptschlagader symbolisieren und ein Sinnbild des Lebens sein.

⌘ Das kleine Museum „Glösas Elchreich" informiert über das Leben der Menschen vor etwa 6.000 Jahren und über ihre Fanggrubensysteme.
💻 www.glosaalgriket.se, täglich 11:00-16:00

Von der Aussichtsplattform steigen Sie die Stufen wieder hinauf, passieren eine kleine Brücke und halten sich geradeaus. ✋ Nehmen Sie nicht den Pfad links den Berg hinab, er erweist sich als Sackgasse! Sie befinden sich nun für ein kurzes Stück auf dem historischen **Karl Johansvägen**, der im weiteren Verlauf der Wanderung noch eine wichtige Rolle spielen wird (☞ 18. Etappe). Wenn die Schotterstraße erreicht ist, führt der Pilgerweg nicht weiter bergab, sondern halb rechts an einem Hof vorbei auf einen schönen Wiesenpfad. Dieser steigt die nächsten 1,4 km stetig bergab bis zum ⌘ Wikingergrab bei **Rysshögen** ❼, an dem eine Hinweistafel über steinzeitliche Beerdigungszeremonien informiert. Hier kommen Sie zur Asphaltstraße, der Sie für 1,2 km nach rechts folgen. Dann sehen Sie linker Hand einen schönen Badeplatz am See und rechter Hand den Abzweig nach **Wången**. Auf einem Schotterweg gelangen Sie nach 500 m zum Hauptgebäude des berühmten Gestüts **Wångens travskola** mit Hotel und Jugendherberge.

Wången Hotell & Wärdshus, Vången 110, 835 93 Alsen, ☏ +46/640/174-17, wardshus@wangen.se, 💻 www.wangen.se, 172 Betten, EZ SEK 875, DZ SEK 1.200, EZ SEK 600, DZ SEK 950, Hütte (4 P.) SEK 1.300, F SEK 85, AE SEK 110, Selbstversorgung möglich

Als Jämtland 1645 Teil des schwedischen Reiches wurde, richtete das Militär in **Wången** einen Stützpunkt ein. 1903 begann man hier Pferde zu züchten, um das vom Aussterben bedrohte Nordschwedische Arbeitspferd zu bewahren. Damals war die Nachfrage nach genügsamen, robusten Lasttieren noch sehr groß. Die Bauern benötigten sie zum Pflügen und das Militär zum Transport von Kanonen. Inzwischen hat sich Wången zu einem Ausbildungszentrum und einem Zentrum für Reitsport weiterentwickelt.

Wenn Sie zur Pilgerherberge **Alsen stuga** möchten, ignorieren Sie den Abzweig nach Wången und laufen stattdessen 1,2 km weiter an der Asphaltstraße entlang.

Alsen stuga, Helen Hansen Axelsson, Alsen 115, 835 93 Alsen (ca. 1,2 km vom Weg – hinter der Unterkunft können Sie wieder auf den Pilgerweg treffen, sodass Sie nicht bis Wången zurückgehen müssen), +46/70/260 13 88, helts28@hotmail.com, Hütte für 2-3 P. mit Wasserkocher, Kühlschrank und Mikrowelle, Bad und Waschmaschine im Haupthaus, Ü/F SEK 300, AE SEK 100

14. Etappe: Alsen – Mörsil

26 km, 7 Std., 531 m, 530 m, 311-454 m

0,0 km	327 m	Gestüt Wångens travskola
7,4 km	380 m	Helleberg
9,8 km	369 m	Kluk
12,9 km	358 m	Gehöft Bleckåsen Nr. 341
14,5 km	317 m	Gedenkstein Bleckåsen ⌘
20,2 km	371 m	Gedenkstein Råkåskaftet ⌘
21,8 km	333 m	ehemalige Kupferhütte in Semlan
24,3 km	390 m	Johannesruh
25,2 km	347 m	Abzweig ins Ortszentrum von Mörsil BANK
26,0 km	325 m	Herberge Pilgrimsvilan

Die ersten 5 km dieser langen und somit anspruchsvollen Etappe können sich etwas hinziehen, doch dann sorgt ein anspruchsvoller Waldpfad für

Abwechslung. Anschließend verläuft die Route ohne weitere Herausforderungen fast durchgängig auf Schotter und Asphalt. Unterwegs erinnern zwei Gedenksteine an das bedeutende Kriegsjahr 1809. In Mörsil sollten Sie 1,7 km zusätzlich in Kauf nehmen und einen Abstecher zum Supermarkt machen, da die Herberge Pilgrimsvilan keine Verpflegung anbietet.

☺ Wenn Ihnen die gesamte Strecke von Alsen nach Mörsil zu weit ist, können Sie unterwegs in Andersböle übernachten oder für das letzte Stück ein Taxi rufen (☏ +46/647/104 00).

Vom 🛏 🏠 Gestüt **Wångens travskola** führt der Weg im Zickzack den Berg hinauf. Nachdem Sie der Beschilderung folgend abwechselnd links und rechts abgebogen sind, erreichen Sie die Schotterpiste oberhalb der Reitanlagen. Hier heißt es 150 m später ✋ aufgepasst, denn der Abzweig nach links in den Wald hinein liegt versteckt und kann schnell übersehen werden.

Nun laufen Sie die Wiese schnurgerade hinauf und kommen zu einem Grasweg, dem Sie für ein kleines Stück nach rechts folgen. Kurz darauf geht es nach links und 600 m später an einer T-Kreuzung rechts auf einen bequemen Schotterweg. Wenn dieser in eine Erdstraße mündet, halten Sie sich links und wandern bergauf. Vorbei an den einzelnen Häusern der Siedlungen Berge und Landverk führt der Pilgerweg bis zum Dorf **Tann**, das nach knapp 4 km erreicht wird. Am Ende des öffentlichen Weges leitet die Beschilderung Sie links hinab in den Wald ❶.

Es folgt ein knapp 2,5 km langer Abschnitt auf einem Pfad, der eine angenehme Abwechslung zur Fahrstraße darstellt. Allerdings durchquert er ein Mückenparadies und gestaltet sich mit seinem unebenen Terrain, extrem sumpfigen Stellen, steilen Abstiegen und kleinen Bachdurchquerungen recht anspruchsvoll. Zusätzlich zu den Pilgerzeichen gibt es gelbe Wegmarkierungen. Sie laufen zunächst kontinuierlich bergab zum Fluss Åringsån und folgen seinem Verlauf dann einige Hundert Meter bis zu einer Brücke. Am anderen Ufer beginnt der Aufstieg bis zu einem Schotterweg, in den Sie links einbiegen. An der nächsten T-Kreuzung halten Sie sich rechts, wandern durch das landwirtschaftlich geprägte **Helleberg** ❷ und passieren einen schönen ⛼ Rastplatz mit Bank und Tisch.

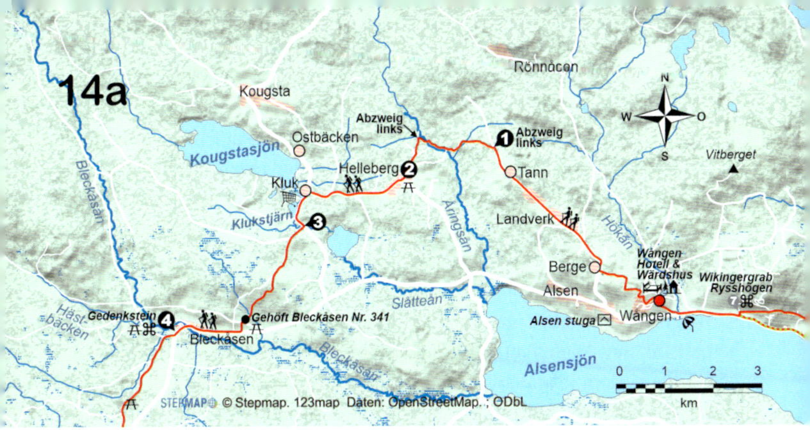

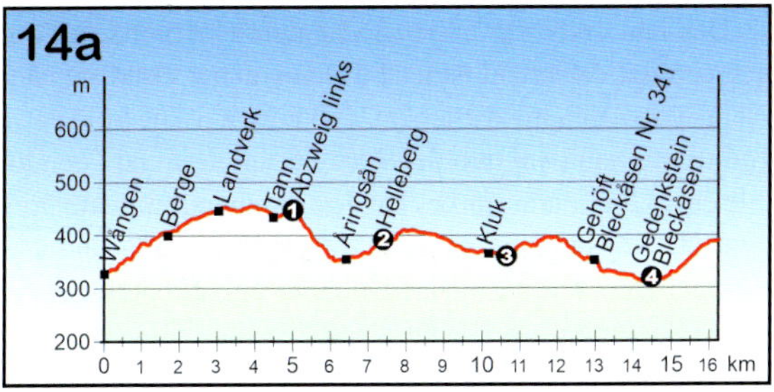

Alternativ können Sie einen kurzen Abstecher nach links machen und dem Hinweisschild zum Laden von Tinas Pralinenmanufaktur folgen (Do-Sa 11:00-15:00).

Die Straße führt nun leicht bergab und erreicht nach 2 km das Dorf **Kluk**. Hier wenden Sie sich nach links und laufen 900 m die Asphaltstraße entlang, vorbei am Weiher Klukstjärn mit seinen wunderschönen Seerosen und an einem kleinen Supermarkt (Mo-Fr 11:00-18:00, Sa 10:00-13:00, So 14:00-18:00).

Dann biegt der Pilgerweg rechts ab ❸ und steigt auf einem Schotterweg bergan. Nach 600 m gelangen Sie zu einem kleinen Anwesen, hinter dem Sie geradeaus auf einem Wiesenpfad weiter wandern. Er mündet nach gut 1 km in einen Schotterweg, dem Sie rechts den Berg hinab folgen. Wenige Hundert Meter später kommen Sie beim Gehöft **Bleckåsen Nr. 341** an eine

T-Kreuzung, halten sich rechts und biegen gleich darauf links in den Hof ein. Besitzer ist der knapp 80-jährige Birger, der jeden Pilger freundlich begrüßt, kostenlos Kaffee oder Tee anbietet und sich sehr freut, wenn die Wanderer ihm nach ihrer Rückkehr in die Heimat eine Dankeskarte schicken. Stolz präsentiert er seine Postkartensammlung und erzählt in gebrochenem Englisch aus seinem Leben.

Birgers Grundstück verlassen Sie, indem Sie die steile Wiese 300 m bergab bis zur Asphaltstraße hinunterlaufen. Dann halten Sie sich rechts und folgen dem Straßenverlauf 1,4 km bis zum ⌘ Gedenkstein von **Bleckåsen** ❹ mit ⛩ Rastplatz und ⊙ Pilgerstempel.

Das Jahr 1809 war in Schweden durch kriegerische Auseinandersetzungen geprägt: Während Russland sich von der Ostküste näherte, griff Dänemark-Norwegen im Westen an. 600 norwegische Soldaten marschierten im Juli in Jämtland ein, wo der schwedische General von Döbeln in Windeseile ein 1.200 Mann starkes Heer zusammentrommelte. Bei **Bleckåsen** gingen die Norweger in seine listig geplante Falle und ergaben sich ohne Kampf. Der Waffenstillstand konnte am 25. Juli unterzeichnet werden, ohne dass ein einziger Schuss gefallen war.

Direkt hinter dem Gedenkstein führt der St. Olavsleden rechts in den Wald hinein und biegt nach 150 m links auf eine Schotterpiste ab, die leicht ansteigt. 2 km weiter steht mitten in der ruhigen, friedlichen Natur eine schöne ⛩ Pilgerbank. Wenig später ist die Fahrstraße Richtung Semlan erreicht ❺.

Der nächste Wegabschnitt verläuft abwechselnd an der Asphaltstraße entlang oder in ihrer unmittelbaren Nähe. Insgesamt dreimal schwenkt die Route rechts auf Waldpfade ab, um wenig später wieder auf die Straße zu treffen. Unterwegs passieren Sie die kleine ⌂ Herberge in Andersböle.

⌂ **Andersböle**, Mats und Pernilla Nilsson, Andersböle 325, 830 04 Mörsil, ☎ +47/70/511 64 61 oder +47/70/308 42 94, ✉ nilsnilsgarden@bahnhof.se, 2 Zimmer mit 5 Betten, Außentoilette, Kaltwasserdusche, Ü SEK 250, nur Selbstversorgung, Pilgerladen mit einem kleinen Warensortiment vor Ort

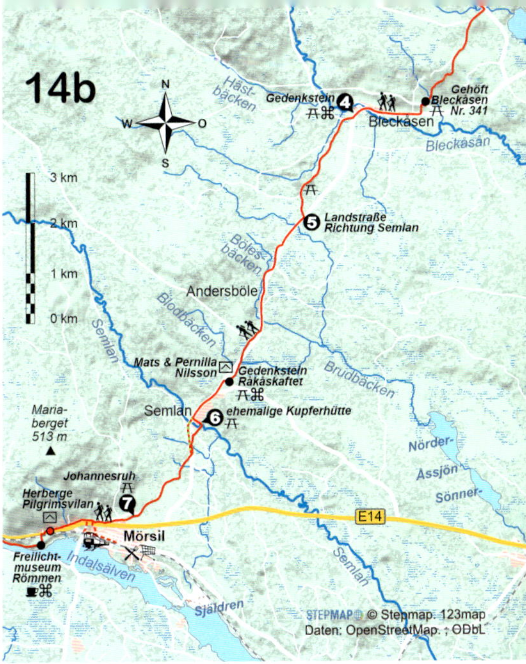

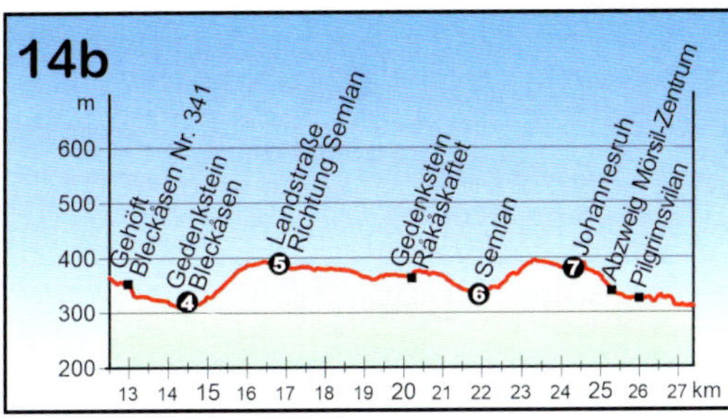

Am Ende des dritten Schlenkers überqueren Sie die Straße und nehmen nun linker Hand einen Pfad. Hier erinnert ein weiterer ⌘ Gedenkstein an den Waffenstillstand von 1809. Direkt daneben liegt der kleine ⩚ Rastplatz **Råkåskaftet** mit Mülleimer.

Der Wiesenweg stößt 500 m später auf ein gelbes Haus und verläuft unterhalb des Grundstücks weiter bis zur Asphaltstraße. Nun geht es 1 km den Hügel bergab zur kleinen Ortschaft **Semlan**. Hinter den ersten Häusern müssen Sie links in einen Schotterweg einbiegen. Das geradeaus weisende Hinweisschild gilt nur für Radfahrer und Reiter. Nach wenigen Metern steht direkt am Fluss eine schöne ⩚ Pilgerbank ❻ und eine Infotafel berichtet, dass sich hier von 1752 bis 1838 eine Kupferhütte befand, in der u. a. schwedische Geldmünzen geprägt wurden. Der Wald bot genügend Brennmaterial für den Schmelzprozess, Blasebalg und Hammer konnten mithilfe von Wasserkraft angetrieben werden.

Nachdem Sie die Brücke überquert haben, laufen Sie auf einem Pfad durch den Wald. Es geht nach rechts und dann gleich wieder nach links, bis nach 700 m die Fahrstraße erreicht ist. Auf der gegenüberliegenden Straßenseite setzt sich die markierte Route auf einer Schotterpiste fort. Dieser ruhige, schöne Abschnitt endet nach gut 1,5 km bei einer Art Wall, auf dem Sie nach wenigen Metern zur **Johannesruh** ❼ gelangen. Der Platz ist nach dem Arzt Johannes Strandberg benannt, der von 1856 bis 1864 in Mörsil wirkte und oberhalb des Ortes eine Bank aufstellen ließ. Hier saß er an schönen Sommerabenden mit Freunden, genoss die Aussicht und führte tiefgründige Gespräche.

Eine Reihe von ⩚ Bänken lädt zu einer letzten Rast ein, bevor 900 m später bei **Mörsil** die E14 erreicht wird. Der St. Olavsleden verläuft oberhalb der Schnellstraße auf dem kleinen Byevägen weiter und kommt nach 900 m zur ⌂ Unterkunft Pilgrimsvilan.

Typische Landschaft bei Mörsil

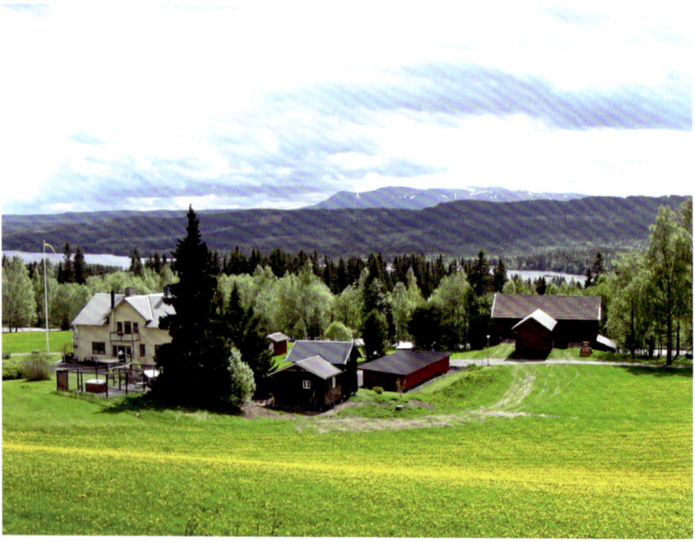

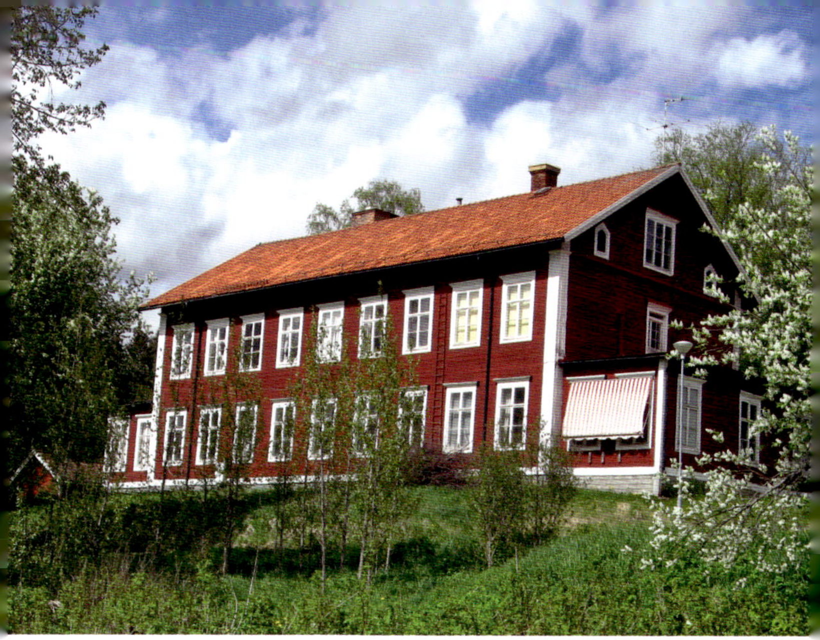

Historisches Sanatoriumsgebäude in Mörsil

↳ Es bietet sich jedoch an, zuvor einen Abstecher in den Ort zu unternehmen. Dazu unterqueren Sie die E14 und laufen am alten Sanatorium vorbei, bis Sie in der Nähe des Bahnhofs zum Kyrkvägen gelangen. Der ICA-Supermarkt (täglich 9:00-19:00) liegt 500 m weiter östlich, sodass Sie der Straße ein gutes Stück nach links folgen müssen.

Auch ein Besuch im 1999 eröffneten **Kretsloppshuset** lohnt sich (www.kretsloppshuset.se, Di-So 11:00-16:00). Das ökologische Café und Restaurant ist wenige Meter westlich vom Bahnhof in einem nachhaltig konzipierten Gebäude untergebracht und von einem schönen Garten umgeben. Diese Oase der Ruhe hält auch einen ⊙ Pilgerstempel bereit. Vom Kretsloppshuset können Sie der Hauptstraße Kyrkvägen weiter Richtung Westen folgen und dann den nächsten Schotterweg nach rechts nehmen. Er führt zu einer Untertunnelung der E14 und mündet in den Byevägen, auf dem Sie nach 750 m die Herberge **Pilgrimsvilan** erreichen.

Mörsil

Pilgrimsvilan, Anne Marie Somberg, Byevägen 13, 830 04 Mörsil, +46/70/686 45 69, amsomberg@gmail.com, 1 Zimmer mit 2 Betten, Gemeinschaftsküche und Gemeinschaftsbad, Ü SEK 250, nur Selbstversorgung

Die Blütezeit des kleinen Ortes **Mörsil** begann 1891, als Dr. Horney hier das erste Sanatorium für Tuberkulosekranke in Schweden errichtete. Die bis heute erhaltene Anlage folgte deutschen Vorbildern und bestand aus einem Hauptgebäude, einem Badehaus und einer Arztvilla, umgeben von einer Parklandschaft mit Alleen. Dank der kurz zuvor eröffneten Eisenbahnlinie konnten „Luftgäste" Mörsil schnell und bequem erreichen. Ihre Behandlung bestand damals hauptsächlich aus Erholung an der frischen Luft, gesundem Essen und strenger Hygiene.

15. Etappe: Mörsil – Hållandsgården

18,8 km, 5 Std. 15 Min., ↑ 348 m, ↓ 339 m, ⇧ 308-378 m

0,0 km	⇧ 325 m	Herberge Pilgrimsvilan
0,5 km	⇧ 330 m	Freilichtmuseum Römmen ⌘
2,1 km	⇧ 308 m	Stålviken
3,6 km	⇧ 345 m	Måbragård
6,0 km	⇧ 340 m	Befestigungsanlage aus dem Zweiten Weltkrieg ⌘
6,8 km	⇧ 334 m	Strandgården Åre
11,5 km	⇧ 332 m	Järpen (Coop) BANK
16,3 km	⇧ 358 m	Kirchenruine Undersåker ⌘ ⊙
17,9 km	⇧ 348 m	historische Steinbogenbrücke ⌘
18,8 km	⇧ 369 m	Hållandsgården

Von Mörsil verläuft der Pilgerweg immer in der Nähe oder direkt an der E14 entlang bis Järpen, wo Sie sich mit Proviant für den heutigen und den morgigen Tag versorgen können. Auf schönen, aber teilweise feuchten Pfaden geht es anschließend weiter zur Kirchenruine in Undersåker. Die letzten Kilometer dieser kurzen und einfachen Etappe legen Sie bequem auf einem Schotterweg zurück, der 1 km vor dem Ziel an einer schönen Steinbogenbrücke vorbeiführt.

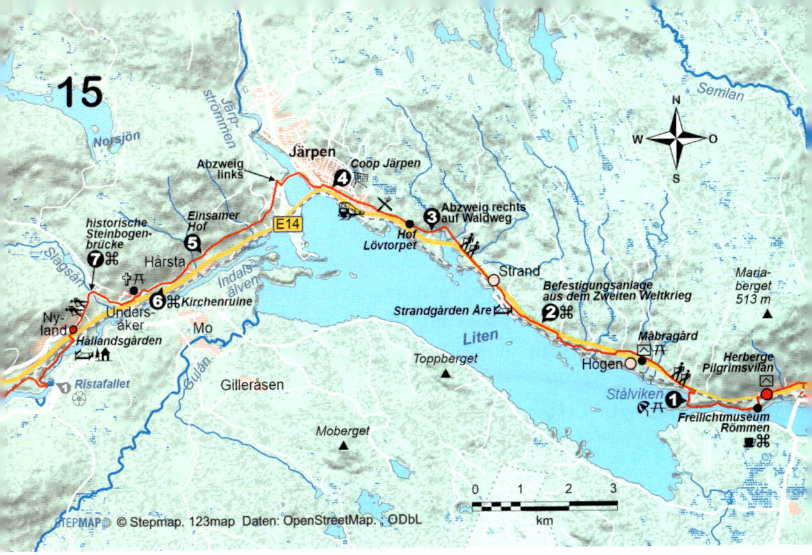

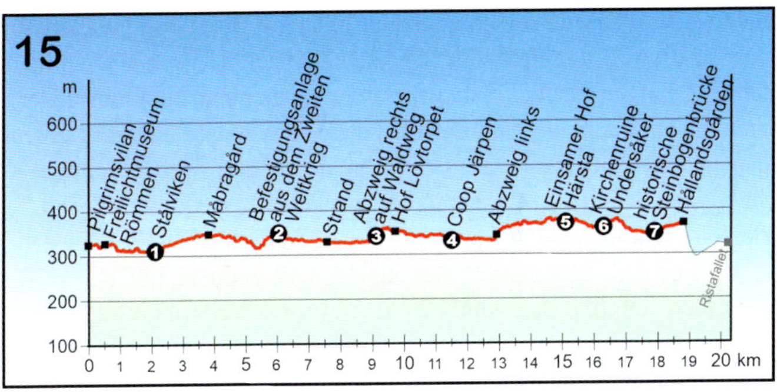

Sie starten an der ⌂ Herberge **Pilgrimsvilan**, halten sich direkt vor der Kirche links, überqueren die E14 und biegen dann in eine kleine Straße ein, die kurz nach der Querung der Eisenbahntrasse beim ⌘ **Freilichtmuseum Römmen** endet. Es liegt auf einer Anhöhe oberhalb des Flusses Indalsälven und beherbergt ein ☕ Sommercafé (🚪 täglich 11:00-16:00). Auf dem Areal befinden sich neben mehreren historischen Gebäuden auch die Reste einer 1611 errichteten Festung. Hier können Sie Ihren ⊙ Pilgerpass stempeln.

Hinter dem Gelände führt der St. Olavsleden als kleiner Pfad westwärts am Fluss entlang und passiert Wälder und feuchte Wiesen. Mehrere Bänke laden zum Verweilen ein, bevor auf einem Schotterweg der Badestrand **Stålviken ❶** am See Liten mit Toiletten und Rastplatz erreicht wird. Kurz darauf überqueren Sie die Eisenbahnschienen und gelangen zur E14, an der Sie ca. 700 m entlanglaufen müssen. Dann zweigt die markierte Route nach rechts auf eine Schotterpiste ab und geht bald in einen Wiesenweg über. Nach 500 m passieren Sie die Unterkunft Måbragård mit einer schönen Bank.

Måbragård, Simonette Olsson, Högen 205, 837 92 Mörsil, +46/70/648 42 12, simonetteolsson@hotmail.com, einfache Hütte ohne fließend Wasser sowie 3 Zimmer im Haupthaus mit Küche und Bad, 8 Schlafplätze, Ü Hütte SEK 250, Ü/F im Zimmer SEK 450, AE SEK 100, Selbstversorgung möglich

700 m später stößt der Weg auf die Schnellstraße und setzt sich auf der anderen Straßenseite fort. Sie steigen links die Böschung hinab zu einem Wirtschaftsweg, der hinter dem nächsten Hof geradeaus in einen Pfad übergeht. Folgen Sie hier nicht der Schotterpiste hinab zum Fluss! Der Pfad kann im weiteren Verlauf feucht, zugewachsen und schlecht erkennbar sein, er führt aber immer auf dem schmalen Grat zwischen dem See Liten (links) und der E14 (rechts) entlang. Nach etwa 1 km kommen Sie zu einer kleinen Lichtung, an der Sie rechts hinauf zur Schnellstraße wandern.

Nun geht es erneut ein Stück an der E14 entlang. Ein Hinweisschild informiert darüber, dass sich hier im Zweiten Weltkrieg eine ⌘ Befestigungsanlage ❷ befand. Damals war das benachbarte Norwegen von den Deutschen besetzt, sodass sich Schweden gegen mögliche feindliche Angriffe wappnen musste.

400 m später verlassen Sie die Asphaltstraße, steigen linker Hand die Böschung bis zu einem Wiesenweg hinab und erreichen kurz darauf die Unterkunft **Strandgården** mit herrlichem Seeblick.

Strandgården Åre, Christina Strandberg, Strandgården 301, 83 792 Mörsil, +46/70/542 86 00, strandgarden.christina@gmail.com, EZ und DZ mit eigenem Bad oder Gemeinschaftsbad, Hütten, Zugang zur Gemeinschaftsküche, Preise auf Anfrage, F auf Anfrage, keine HP, Selbstversorgung möglich

500 m danach gelangen Sie zurück zur E14, folgen ihr gut 1 km und biegen dann rechts auf einen Schotterweg ab. Nach einer kleinen Abkürzung auf einem leicht matschigen Waldweg ❸ halten Sie sich beim Hof Lövtorpet zweimal rechts.

700 m später kommt der Pilgerweg bei einem ✕ Imbiss zur E14.

↳ Bei Bedarf können Sie von hier einen kurzen Abstecher zum Outdoor-Sportgeschäft Lundhags machen, das direkt an der Schnellstraße liegt.

Alternativ folgen Sie der beschilderten Route und wandern auf der kleinen Asphaltstraße Norravägen am Gymnasium vorbei bis ins Zentrum von **Järpen**. Sie passieren den Supermarkt Coop ❹ (Mo-Fr 8:00-20:00, Sa/So 9:00-18:00) und laufen an der nächsten Kreuzung halb links hinab in den Strandvägen, vorbei an einer BANK Bank mit Geldautomat und am ICA-Supermarkt (täglich 9:00-20:00). Spätestens hier sollten Sie sich für den heutigen und morgigen Tag mit Proviant eindecken. Der Weg führt nun direkt am Wasser entlang und überquert auf der alten Brücke den Fluss.

Gleich danach biegen Sie rechts in einen Schotterweg ein und nehmen 150 m später links den kleinen Pfad, der zu einer schmalen Asphaltstraße hinaufsteigt. Diese überqueren Sie und laufen geradeaus weiter bis zu einem kleinen Anwesen. Hier beginnt ein Wiesenpfad, der Sie in etwa 2 km zu einem weiteren Hof bringt. Am nächsten Abzweig fehlt die Markierung, Sie setzen Ihre Wanderung geradeaus fort und halten sich dann an der zweiten Gabelung halb rechts. Der Wald- und Wiesenpfad ist eben und gut zu gehen, kann aber an einigen Stellen feucht sein. Er passiert bei Härsta ein einsames Gehöft ❺ und erreicht 500 m später eine T-Kreuzung, an der es nach links und dann gleich wieder nach rechts geht.

Der Pilgerweg führt nun mit einem schönen Blick auf den glitzernden Fluss und bewaldete Hügel bergab in Richtung E14. Er mündet in einen Schotterweg, dem Sie rechts bis zur ⌘ Kirchenruine von **Undersåker** ❻ folgen. Hier gibt es zwar eine Infotafel und einen ⊙ Pilgerstempel, aber leider keine Bänke.

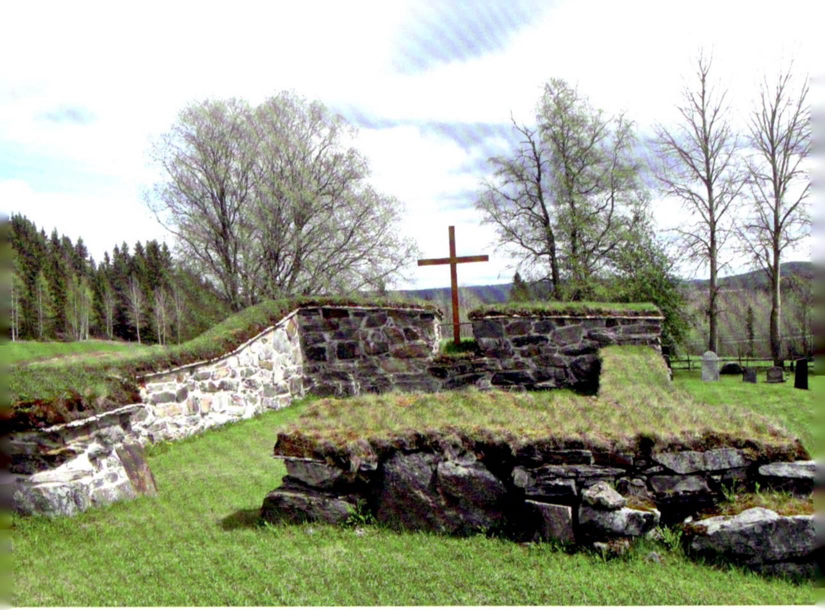

Ruine der Kirche von Undersåker aus dem 13. Jahrhundert

✞ Die alte **Kirche von Undersåker** stammt vermutlich aus dem späten 13. Jahrhundert und hatte eine Größe von 12,5 x 6,8 m. Während des Kalmarkriegs wurde sie 1611 von schwedischen Truppen unter dem Kommando von Baltzar Bäck zerstört, aber schnell wieder aufgebaut. Erst als das Gotteshaus zu klein geworden war, riss man es Mitte des 19. Jahrhunderts großteils ab und verwendete die Steine u. a. für den Neubau der heutigen Kirche im neoklassizistischen Stil. Die erhalten gebliebenen Mauern aus Kalkstein und Granit haben eine Dicke von 1,50 m und eine Höhe von bis zu 2 m. Westlich der Kirche befand sich ursprünglich ein frei stehender Glockenturm.

Wegweiser leiten Sie anschließend zur 600 m entfernten neuen Kirche von Undersåker mit Bänken und Frischwasserversorgung auf dem Friedhof. Von dort aus nehmen Sie den unterhalb der Kirche verlaufenden Schotterweg, passieren nach etwa 1 km eine schöne alte Steinbogenbrücke ❼ und erreichen 900 m später die Unterkunft **Hållandsgården**.

Hållandsgården, Moänge 274, 837 94 Järpen, +46/647/310 10, hallandsgarden@telia.com, www.hallandsgarden.nu, 43 Zimmer mit 135 Betten, EZ/F SEK 750, DZ/F SEK 1.000, Ü/F SEK 300, AE SEK 160, LP SEK 50, Selbstversorgung möglich

Das einfache Landhotel **Hållandsgården** liegt in herrlicher Umgebung, ist christlich geprägt und versteht sich als privates Pilgerzentrum. 1999 wurde hier eine kleine Stabkirche nach mittelalterlichem Vorbild errichtet, in der regelmäßig Andachten stattfinden. Es gibt außerdem ein maßstabsgetreues Stadtmodell von Jerusalem zu Jesu Zeiten und einen kleinen Teich, der den See Genezareth symbolisieren soll.

16. Etappe: Hållandsgården – Åre

21,7 km, 6 Std., ↑ 482 m, ↓ 425 m, ⇧ 294-510 m

0,0 km	⇧ 369 m	Hållandsgården
1,5 km	⇧ 329 m	Ristafallet
1,7 km	⇧ 350 m	Ristafallet Camping
7,7 km	⇧ 478 m	Rastplatz mit Unterstand und Feuerstelle
9,2 km	⇧ 458 m	Rastplatz bei Trostebacken
10,9 km	⇧ 472 m	Pilgerbank bei Brattland
13,6 km	⇧ 400 m	Åre Camping
16,6 km	⇧ 373 m	Karolinermonument ⌘
21,3 km	⇧ 378 m	Kirche von Åre
21,7 km	⇧ 376 m	Åre (Bahnhof) BANK

Diese Strecke bietet eine ganze Reihe von Höhepunkten, darunter die drei Wasserfälle am Indalsälven und die mittelalterliche Kirche von Åre. Teile des Weges verlaufen auf Pfaden durch beinahe unberührte Natur und ermöglichen fantastische Ausblicke auf das Gebirge Åreskutan. Es sind aber auch Passagen entlang der viel befahrenen Schnellstraße E14 zu bewältigen. Der touristisch geprägte Wintersportort Åre eignet sich hervorragend für einen Ruhetag.

Vom 🛏 🏠 **Hållandsgården** steigen Sie zur E14 hinab, überqueren die Straße und nehmen auf der anderen Seite den Pfad hinab bis zum Fluss Indalsälven. Nun folgen die Sehenswürdigkeiten Schlag auf Schlag: In der Nähe liegen historische Fanggruben und der Fluss bildet auf einer Strecke von 1 km gleich drei Wasserfälle. Sie erreichen zunächst den Nedre Nylandsforsen, dann den Övre Nylandsforsen und schließlich den mächtigen ❀ **Ristafallet ❶**, der mit einer Fallhöhe von 14 m und einer 50 m breiten Fallstufe zu Schwedens größten Wasserfällen zählt. Er diente 1984 als Kulisse für die Verfilmung von Astrid Lindgrens Kinderbuch „Ronja Räubertochter".

Mit einer Fallhöhe von 14 m zählt der Ristafallet zu den größten Wasserfällen Schwedens

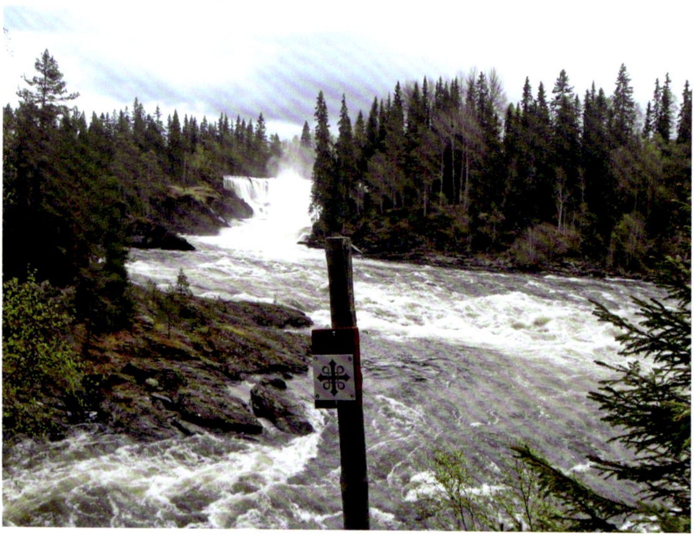

Der **Indalsälven** entspringt nordwestlich von Åre und fließt Richtung Osten, bis er nördlich von Sundsvall ins Meer mündet. Mit 420 km Länge zählt er zu den längsten und auch wasserreichsten Flüssen Schwedens. Sein hervorragender Fischbestand lädt vielerorts zum Angeln ein.

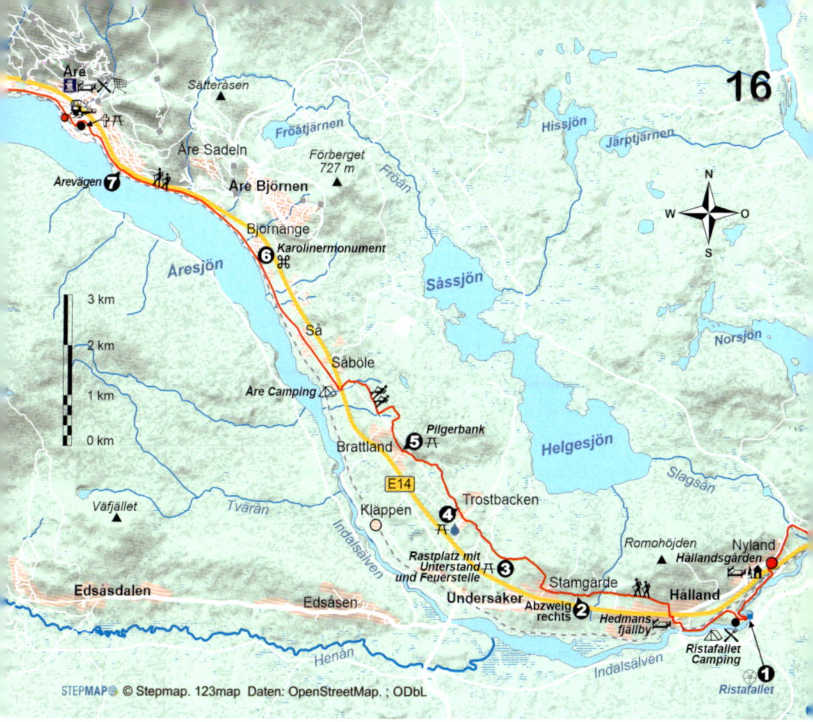

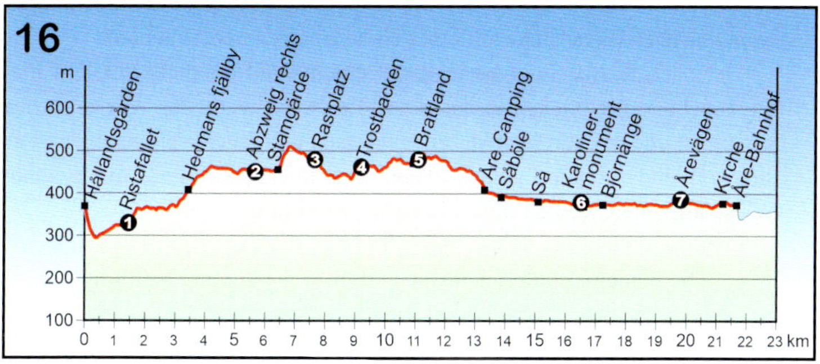

Sie lassen nun das rauschende Wasser hinter sich, steigen auf einer Treppe zum ⛺ Campingplatz Ristafallet hinauf, überqueren das Gelände und laufen bis zum Eingang.

⛺ ✕ **Ristafallet Camping & Restaurant**, Rista 321, 837 94 Undersåker, ☏ +46/647/302 00, ✉ info@ristafallet.com, 💻 www.ristafallet.de, 8 Hütten mit Kochnische, sanitäre Anlagen im separaten Gebäude, Hütte (4 P.) SEK 650, Selbstversorgung

Nun folgen Sie der Ausfahrtstraße Richtung E14. An einer kleinen Brücke verlässt der Pilgerweg die Fahrstraße und biegt auf einen schmalen Wiesenpfad nach links ab. Er verläuft zwischen Fluss und Eisenbahngleisen, wobei Auf- und Abstiege teilweise durch Holztreppen erleichtert werden. Nach der Querung eines Feldes setzt sich der Wiesenpfad fort und erreicht nach ca. 800 m eine Asphaltstraße. Hier halten Sie sich rechts, unterqueren die Gleise durch einen Tunnel und laufen an einem Sportplatz vorbei bis zur 🛏 Hüttenanlage **Hedmans fjällby**.

🛏 **Hedmans fjällby**, Hålland, 837 95 Undersåker, ☏ +46/647/126 00, ✉ receptionen@hedmansfjallby.se, 💻 www.hedmansfjallby.se, Buchungen über 💻 www.destinationfjallen.se, Luxushütte ab SEK 1.200 (Vermietung für eine Nacht nur bei freien Kapazitäten), Selbstversorgung

Der St. Olavsleden führt durch das Areal und steigt hinauf zur E14. Auf der anderen Straßenseite biegen Sie in den Slalomvägen ein und wandern wenige Meter später links auf einer Holztreppe den Hang hinauf.

Der nächste Abschnitt verläuft auf einem Pfad oberhalb der E14 und bietet schöne Ausblicke auf das weite Tal. Auch wenn der Weg teilweise steinig ist und obendrein etwas zugewachsen und feucht sein kann, lässt er sich gut und mühelos gehen. Wenn eine mit Elektrodraht eingezäunte Wiese überquert werden muss, seien sie vorsichtig.

✋ Die beiden Zauntreppen sind extrem wackelig und baufällig.

Schon bald erreichen Sie einige Ferienhäuser, queren 500 m später eine Asphaltstraße und laufen geradeaus auf einem Schotterweg weiter, der hinter der Siedlung wieder in einen Pfad übergeht. Hier steht eine Bank mit schönem Blick auf den kleinen Ort **Undersåker**, der auf Samisch Såahka heißt.

Wenige Hundert Meter später mündet der Pfad in einen Schotterweg, dem Sie ein Stück bergab Richtung E14 folgen. ☝ Auch wenn die nächste Markierung ❷ keinen Pfeil aufweist, müssen Sie sich nach rechts orientieren und auf einen kaum sichtbaren Wiesenpfad abbiegen. Laufen Sie nicht hinunter bis zur Hauptstraße! Der Wegverlauf ist schwer zu erkennen, er führt aber unterhalb der ersten und oberhalb der zweiten Hütte entlang. Halten Sie sich immer geradeaus, bis Sie nach 600 m ein gelbes Wohnhaus erreichen. Nun wandern Sie auf einem Schotterweg durch die Siedlung Stamgärde bis zum braunen Haus Nr. 15. Direkt dahinter zweigt ein Pfad nach rechts ab und klettert in einem kurzen, steilen Anstieg den Hang hinauf.

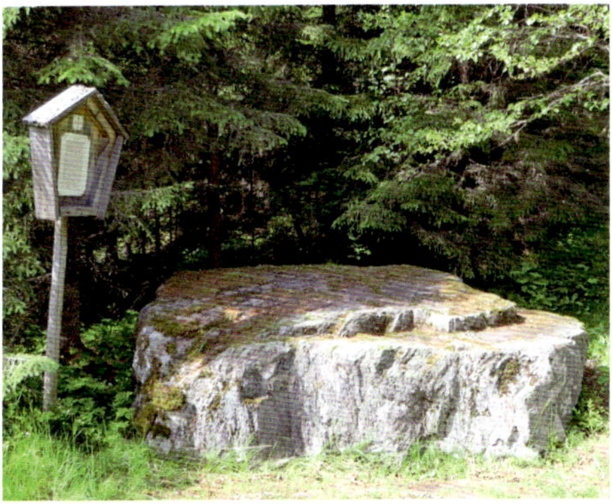
Hier soll König Karl XI. 1686 gerastet haben

Nach einer Passage auf der Anhöhe führt der Pilgerweg in Nadel- und Mischwald hinein. Hinweisschilder für Motorschlittenfahrer, Langläufer und Hundeschlittengespanne zeugen von Åres Bedeutung als Wintersportort. Kurz darauf befindet sich linker Hand ein ⩚ Rastplatz ❸ mit Unterstand und Feuerstelle. Von hier aus sind es noch 700 m bis zum ⌘ **Königsstein** mit Infotafel, der ebenfalls zum Verweilen einlädt.

Der schwedische **König Karl XI.** (1655-1697) verbrachte viel Zeit damit, durch sein Reich zu reisen und nach dem Rechten zu sehen. Im Juni 1686 besuchte er Jämtland und legte die Strecken durch unwirtliche Gebiete auf dem Pferd zurück. Die Sage erzählt, dass der König mit seinem Gefolge an diesem Stein ein Mittagsmahl einnahm. Dies ist durchaus denkbar, da Karl XI. gerne draußen aß, unter freiem Himmel schlief und auf einfachste Weise reiste.

500 m später überqueren Sie bei **Trostebacken** eine kleine Asphaltstraße, passieren den Hof und gelangen zu einem schönen ⛼ Rastplatz ❹ mit Bänken und 💧 Wasserpumpe. Von hier führt ein gepflegter Wiesenpfad in 1,2 km nach Bergänget. Zahlreiche Sommerblumen in allen Farben säumen den Wegesrand. Auf Schotter- und Feldwegen geht es weiter bis **Brattland**. Oberhalb des Hofes befindet sich eine ⛼ Pilgerbank ❺ mit Tourenbuch zum Eintragen.

Zeugnis vergangener Zeiten bei Trostebacken

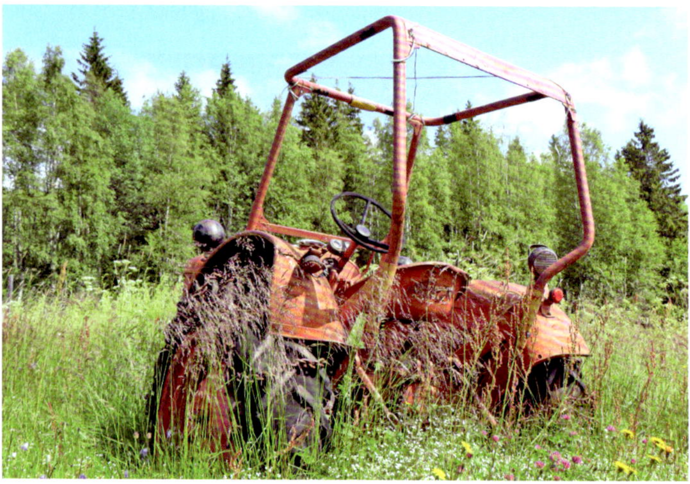

300 m später öffnet sich die Landschaft und bietet einen wunderbaren Ausblick auf den Fluss Indalsälven, das Wintersportzentrum Åre und das 1.420 m hohe Gebirge **Åreskutan** mit seinen schneebedeckten Gipfeln. Direkt danach führt der Pilgerweg auf Bohlen in den Wald hinein. Nach 700 m kommen Sie zu einer Fahrstraße und wandern auf einem schmalen Pfad weiter, der zunächst ein Stück parallel zur Straße verläuft und dann nach rechts abbiegt. Sie laufen durch friedlich wirkendes Terrain und passieren mehrere Bänke, bevor Sie nach 1 km die Wiese hinabsteigen und die E14 erreichen. Hier liegt der ⛺ Campingplatz **Åre Camping.**

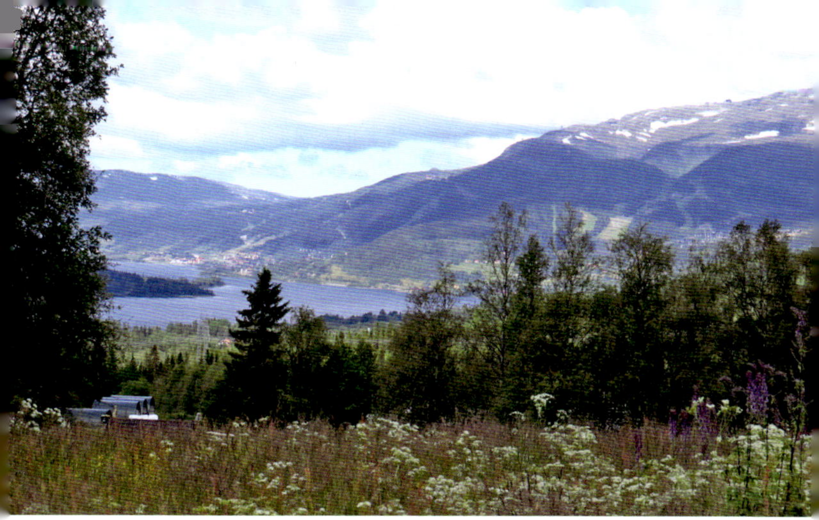

Blick auf das Wintersportzentrum Åre am Indalsälven

⛺ **Åre Camping**, Såå 392, 83013 Åre, ☏ +46/647/507 70, ✉ info@arecamping.se, 💻 www.arecamping.se, 5 Hütten mit Kochnische, sanitäre Anlagen im separaten Gebäude, Hütte für 2 P. ab SEK 350, Hütte für 4 P. ab SEK 480, Selbstversorgung

Der Pilgerweg verläuft die nächsten 4,5 km an der kleinen Straße entlang, die am Campingplatz abzweigt und über Såböle und Så bis **Björnänge** führt. Nach 3 km steht etwas oberhalb des Weges ein ⌘ Gedenkstein ❻ für den sogenannten Todesmarsch der Karoliner im Jahr 1718 (☞ 17. Etappe). Wenig später lädt ein liebevoll gestaltetes Schild die Pilger ein, in einem privaten Garten eine Rast einzulegen und das WC zu nutzen.

Schließlich kommt der St. Olavsleden zur E14 und setzt sich auf einem sehr schmalen Pfad links von der Schnellstraße fort. ✋ An dieser Stelle wurde die Route kürzlich geändert, die alte Strecke führte nach einem steilen Anstieg am östlichen Ortsrand von Åre entlang. Der neue Pfad verläuft teilweise halsbrecherisch nah am Abgrund. Wenn sich entgegenkommende Radfahrer nähern, kann das Ausweichmanöver zu einem echten Problem werden. Sobald der Årevägen nach links abzweigt ❼, können Sie wieder aufatmen. Die letzen 1,4 km bis zur alten Kirche legen Sie auf einer bequemen Straße zurück. Dabei kommen Sie an einem 🛒 Coop (🚪 täglich 7:00-21:00) vorbei.

An der ✞ **Kirche von Åre** gibt es Bänke, Frischwasser und einen ⊙ Pilgerstempel.

Glockenturm der Kirche von Åre

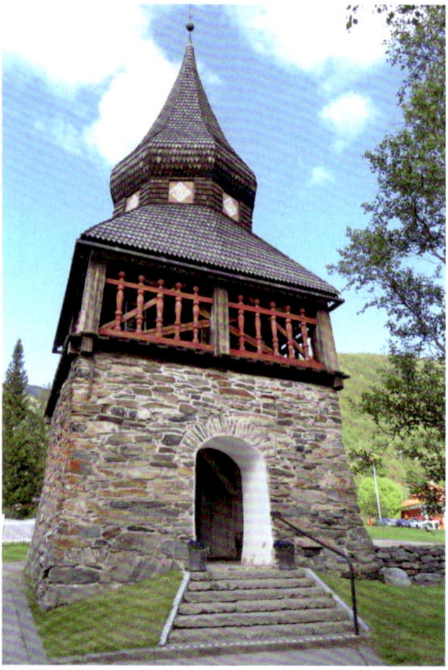

✞ Die **Kirche von Åre** wurde im 12. Jahrhundert aus Schiefer und Granit mit bis zu 1,50 m dicken Mauern errichtet und im 18. Jahrhundert unter Beibehaltung der mittelalterlichen Gestalt erweitert. 1760 kam der frei stehende Glockenturm hinzu. Als Kleinod gilt die Holzskulptur des heiligen Olav aus dem 14. Jahrhundert. 1719 wurde die Krone auf dem Haupt des Heiligen durch einen Dreispitz ersetzt, den ein junger, verwundeter Soldat geschnitzt hatte. Er gehörte zu den wenigen, die Armfeldts Todesmarsch überlebt hatten. Die Kirche ist frei zugänglich, der Schlüssel hängt neben dem Eingang.

Unterhalb der Kirche verläuft die Straße Sankt Olavs väg, auf der Sie nach 200 m den Bahnhof mit einem ICA-Supermarkt (Mo-Sa 7:00-22:00, So 9:00-22:00) erreichen. Um ins Ortszentrum von **Åre** zu gelangen, gehen Sie von hier den Stationsvägen hinauf.

Åre

BANK

Åre turistbyrå, St. Olavs Väg 33, 837 52 Åre, ☏ +46/647/163 21, www.visitare.com, täglich 10:00-17:00

Åre B&B, Tottvägen 12, 83751 Åre (ca. 850 m von der Kirche entfernt auf der anderen Seite der E14), ☏ +46/647/511 40, hej@arebb.se, www.arebb.se, 15 Zimmer mit 34 Betten, Gemeinschaftsbad, EZ/F SEK 750, DZ/F SEK 890, keine Selbstversorgung

Gästhuset i Åre, Mörviksvägen 12, 83013 Åre (200 m vom Bahnhof Richtung Innenstadt), +46/70/601 10 00, bokning@gasthuset.se, www.gasthuset.se, 7 komplett eingerichtete Apartments, Ü ab SEK 600, Selbstversorgung

Åre liegt am Fuß des 1.420 m hohen Berges Åreskutan und gilt als Schwedens wichtigstes Wintersportzentrum. Bereits dreimal wurde hier die alpine Ski-WM ausgetragen, zuletzt im Februar 2019. Die touristische Entwicklung begann schon 1895 mit der Eröffnung des ersten Hotels. Der Ort verfügt über eine sehr gute Infrastruktur mit Unterkünften, Geschäften, Restaurants und Bars. Es lohnt sich, hier einen Ruhetag einzulegen und mit der Kabinenbahn bis zur Bergstation des Åreskutan hinaufzufahren (www.visitare.com/kabinbanan-are). Von dort erreichen Sie nach 1 km den 1.420 m hohen Gipfel mit herrlichem Rundblick und Schwedens höchstgelegenem Café.

17. Etappe: Åre – Tännforsen

21,3 km, 5 Std. 30 Min., ↑ 337 m, ↓ 287 m, ⇧ 339-486 m

0,0 km	⇧ 376 m	Åre (Bahnhof)
2,4 km	⇧ 370 m	Abzweig Freilichtmuseum Åre ⌘
5,9 km	⇧ 392 m	Rastplatz Tegeforsen
7,8 km	⇧ 402 m	Duved (Kirche)
10,6 km	⇧ 431 m	Millestgården und Karolinergedenkstein ⌘
13,0 km	⇧ 395 m	Abzweig Skalstugevägen
19,6 km	⇧ 455 m	Abzweig nach Tännforsen
21,3 km	⇧ 449 m	Tännforsen

Dieser Wegabschnitt verläuft zu 80 % auf Asphalt und ist zwar einfach zu finden und gut zu gehen, aber auch ermüdend für die Füße. Am Ende der Etappe sorgt der gewaltige Wasserfall Tännforsen für einen ganz besonderen Höhepunkt. Zuvor laden der kleine Wasserfall Tegeforsen, die Kirche von Duved und der Karolinergedenkstein in Duvedbyn zum Verweilen ein. Im Supermarkt von Duved müssen Sie sich mit Proviant für die folgenden 95 km eindecken.

Vom Bahnhof in **Åre** folgen Sie der Hauptstraße Årevägen 3,4 km Richtung Westen.

Nach etwa zwei Dritteln der Strecke können Sie einen Abstecher ❶ zum 300 m entfernten ⌘ Freilichtmuseum mit Sommercafé machen (täglich 11:00-16:00).

An einem Bahnübergang überquert der Pilgerweg die Eisenbahntrasse ❷ und setzt sich nun auf einem Schotterweg in Flussnähe fort. 2,5 km nach dem Abzweig erreichen Sie am Åresjön den kleinen Wasserfall **Tegeforsen** ❸ mit Badestelle, Rastplatz, Dixi-Toilette und Angelmöglichkeit. Unmittelbar danach queren Sie die Eisenbahngleise erneut und folgen der Asphaltstraße knapp 2 km lang bis zur **Kirche von Duved** ❹ mit Frischwasser, ⊙ Pilgerstempel und Pilgerbank. Ein Schild zeigt an, dass es jetzt noch 229,5 km bis nach Trondheim sind.

Der idyllische Tegeforsen gilt als Paradies für Angler (DS)

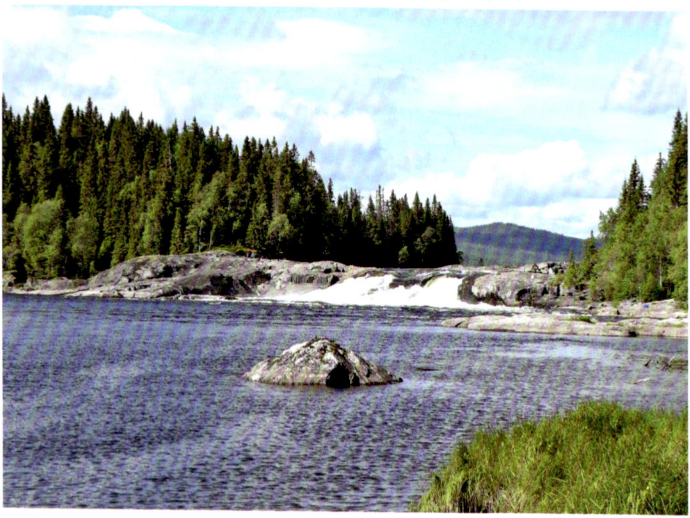

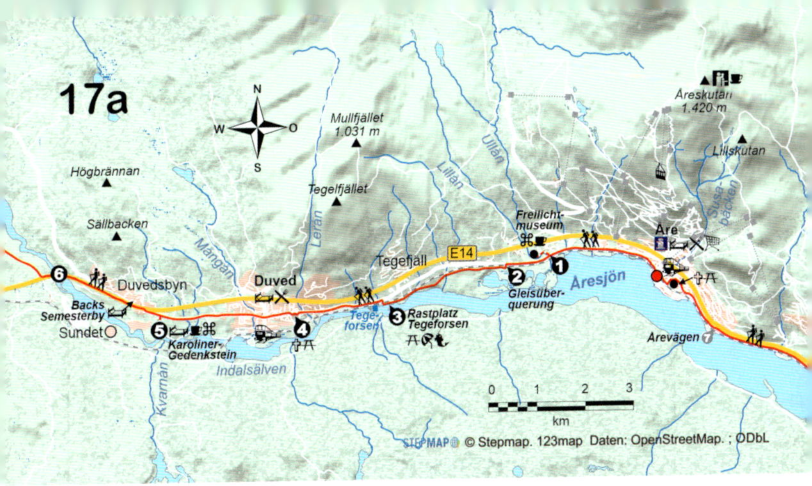

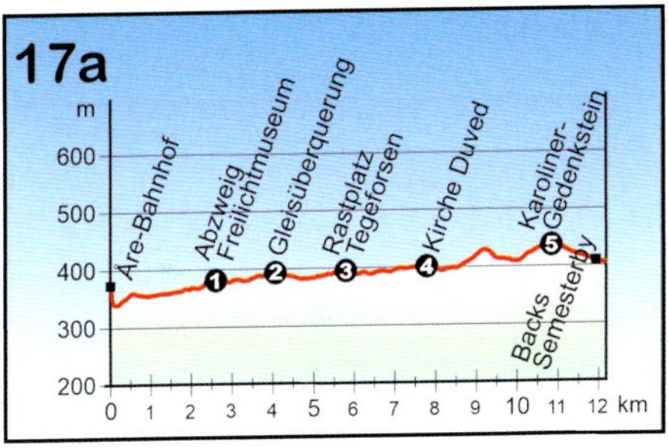

✝ Die 1894 geweihte **Kirche von Duved** ist als Holzkathedrale im neugotischen Stil konzipiert. Aus heutiger Sicht wirkt sie mit ihren 900 Plätzen für einen knapp 700 Einwohner zählenden Ort überdimensioniert groß. Die Ausmaße zeugen vom Optimismus der damaligen Zeit, der durch den florierenden Holzhandel und den zunehmenden Tourismus geweckt wurde.

Das Inventar des Gotteshauses wurde von schwedischen Künstlern geschaffen und stammt überwiegend aus der ersten Hälfte des 20. Jahrhunderts.

Der St. Olavsleden verläuft durch den kleinen Ort **Duved** und passiert ein ✕ schönes Restaurant sowie einen 🛒 ICA-Supermarkt (🚪 täglich 9:00-19:00). ✋ Auf den nächsten 95 km bis Vuku gibt es keine Einkaufsmöglichkeit, sodass Sie sich hier mit Proviant für die nächsten vier Tage versorgen müssen.

Duved

Mulfjället Pensionat, Karolinervägen 40, 830 15 Duved, ☏ +46/647/200 04, info@mullfjallet.se, www.mullfjallet.se, 19 Zimmer, EZ/HP SEK 1.150, DZ/HP SEK 1.800, keine Selbstversorgung

♦ **Fjällportens Pensionat**, Karolinervägen 37, 830 15 Duved, ☏ +46/647/200 10, mats@fjallporten.se, www.fjallporten.se, 15 Zimmer mit 42 Betten, Ü/HP SEK 850, keine Selbstversorgung

♦ **Backs Semesterby**, Duvedsbyn 308, 830 15 Duved (250 m vom Weg), +46/70/378 54 58, www.backs.se, Hütten für 2 P. mit Bad und Küche ab SEK 700, Selbstversorgung

Anschließend setzen Sie Ihre Wanderung an der Straße entlang bis **Duvedsbyn** fort. Schon bald geht der Asphalt in Schotter über und der Weg steigt leicht an.

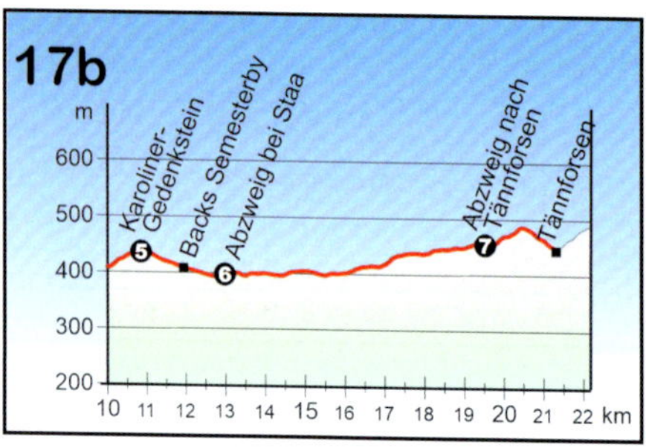

Beim Millestgården können Sie einen kurzen Abstecher ❺ zum ⌘ **Karolinergedenkstein** machen, der sich auf einem kleinen Hügel befindet. Von hier bietet sich ein schöner Rundblick über bewaldete Hügel und landwirtschaftlich genutzte Täler am Indalsälven. Unten am Fluss liegen die Überreste von Duveds Festung aus dem Jahr 1658. Mit etwas Glück hat auch das kleine Café bzw. Restaurant geöffnet (Mi-So 14:00-17:00 und 18:00-19:30).

Millestgården, Karolinervägen 187, 837 71 Duved, ☏ +46/647/722 72, info@millestgarden.se, www.millestgarden.se, 25 Zimmer mit 48 Betten, Gemeinschaftsbad oder eigenes Bad, DZ/F ab SEK 800, AE (3 Gänge) SEK 189, keine Selbstversorgung möglich

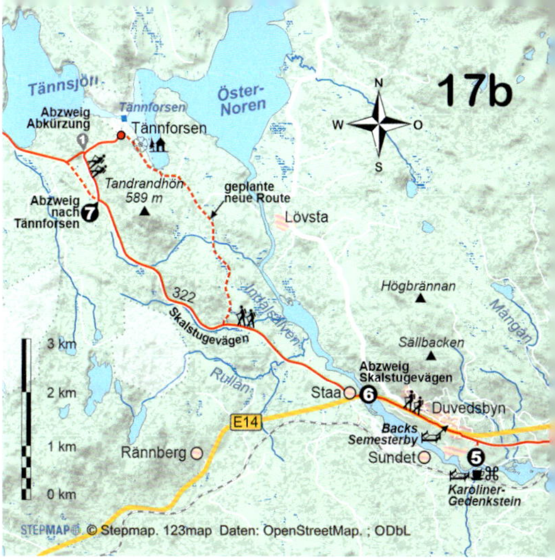

Als **Todesmarsch der Karoliner** bezeichnet man die wohl größte Tragödie während des dritten Nordischen Kriegs im Winter 1718. Schweden versuchte damals vergeblich, das strategisch günstig gelegene Trondheim zu erobern und damit seine Stellung als Großmacht zu retten. Nach dem missglückten Feldzug erhielt die auf 6.000 Mann geschrumpfte Armee den Befehl zum Rückzug. Trotz der Erschöpfung der Soldaten und des schlechten Zustandes ihrer Ausrüstung entschied General Armfeldt, den Heimweg über das Gebirge anzutreten. So begann ein achttägiger Höllenmarsch mit eisigen Temperaturen und starken Schneestürmen. Nur 2.100 Männer überlebten die grausame Tortur, 600 von ihnen waren für den Rest ihres Lebens verkrüppelt.

300 m später kommen Sie zur E14, halten sich links und folgen dem Straßenverlauf 2 km. Dann zweigt bei **Staa ❻** rechts die Straße Richtung Skalstuga ab, die für die nächsten 38 km Ihr ständiger Begleiter sein wird.

✋ Vor Tännforsen wird 2020 eine neue Route eröffnet, die einen Teil der ermüdenden Asphaltstraße umgeht. Die Gesamtlänge der Etappe reduziert sich dadurch um ca. 2,7 km. Bitte informieren Sie sich über die Änderungen auf 💻 www.stolavsleden.com und achten Sie vor Ort besonders aufmerksam auf die Wegmarkierungen.

Der **Skalstugevägen** (☞ 18. Etappe) ist mäßig befahren und steigt leicht an. Rechts und links säumen Mischwälder den Wegesrand. Leider gibt es auf der gesamten Strecke keine Bänke oder Rastplätze, sodass Sie sich für eine Verschnaufpause am Straßenrand niederlassen müssen.

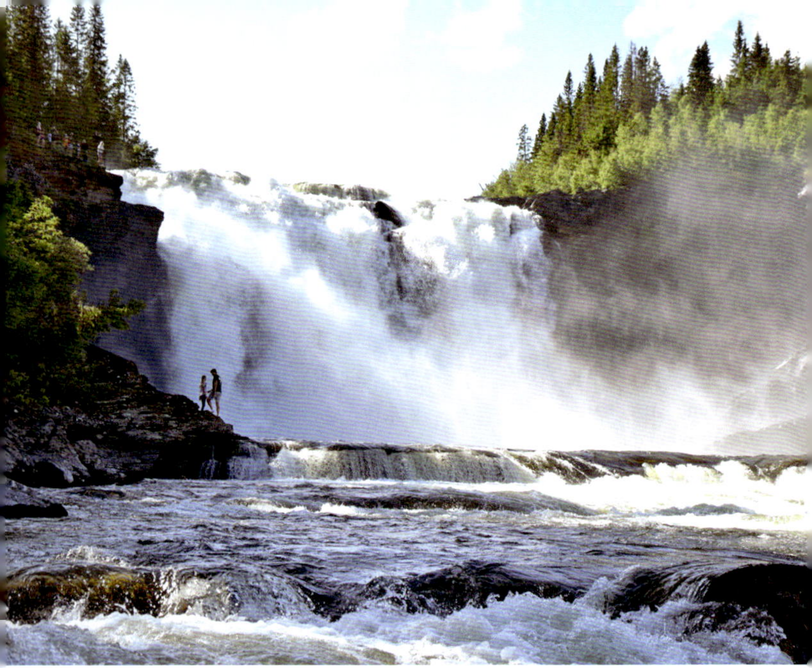

Schwedens größter Wasserfall Tännforsen mit einer Fallhöhe von 38 m (DS)

Wenn Sie in Tännforsen übernachten möchten, folgen Sie nach 6,6 km rechts dem entsprechenden Wegweiser ❼. Der Anstieg wird durch einen schönen Blick auf das glitzernde Wasser des Sees Tännsjön belohnt. Von der Kuppe führt die Straße 900 m hinab zu Schwedens größtem Wasserfall **Tännforsen** und zur benachbarten Touristenstation mit Pilgerunterkunft.

Tännforsen, Tännforsen 352, 830 15 Duved, +46/73/040 36 99, pilgrim@tannforsen.com, 2 Zimmer mit 8 Betten, Ü SEK 300, Ü/F SEK 395, Selbstversorgung oder Halbpension möglich. Die traditionsreiche Touristenstation in Tännforsen mit Restaurant, Café und Souvenirshop bleibt leider bis auf Weiteres geschlossen. Die Pilgerherberge wird jedoch bewirtschaftet. Am Tag vor Ihrer Ankunft erfragen Sie den aktuellen Türcode. Falls der Wirt nicht persönlich vorbeischaut, müssen Sie den vereinbarten Betrag passend in einem Umschlag hinterlegen.

❀ Mit einer Fallhöhe von 38 m und einem Wasservolumen von bis zu 720 m³ pro Sekunde gilt der **Tännforsen** als Schwedens größter Wasserfall. Seit 200 Jahren lockt er zahlreiche Besucher an, die ihr Ziel früher mit dem Boot ansteuern mussten. Erst 1906 wurde die Fahrstraße fertiggestellt. Ein schön angelegter, etwa 800 m langer Rundweg führt an verschiedenen Aussichtspunkten vorbei, von denen sich immer wieder neue Perspektiven auf das Naturschauspiel eröffnen.

18. Etappe: Tännforsen – Medstugan

➲ 20,9 km, ⌛ 5 Std. 15 Min., ↑ 264 m, ↓ 172 m, ⇧ 440-560 m

0,0 km	⇧ 449 m	Tännforsen ❀
5,4 km	⇧ 449 m	Karolinerquelle 💧
9,8 km	⇧ 479 m	Stalltjärnstugan
11,6 km	⇧ 496 m	Steinbogenbrücke Genmyrbäcken ⌘
13,9 km	⇧ 533 m	Steinbogenbrücke ⌘
18,0 km	⇧ 540 m	Moarna
19,0 km	⇧ 533 m	Steinbogenbrücke Asån ⌘
20,9 km	⇧ 552 m	Meieriet Medstugan

Die Pilgerherberge in Tännforsen ist einfach, aber sehr schön gelegen

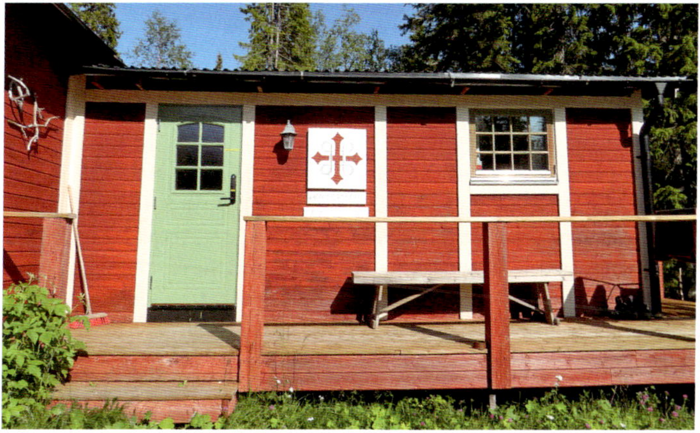

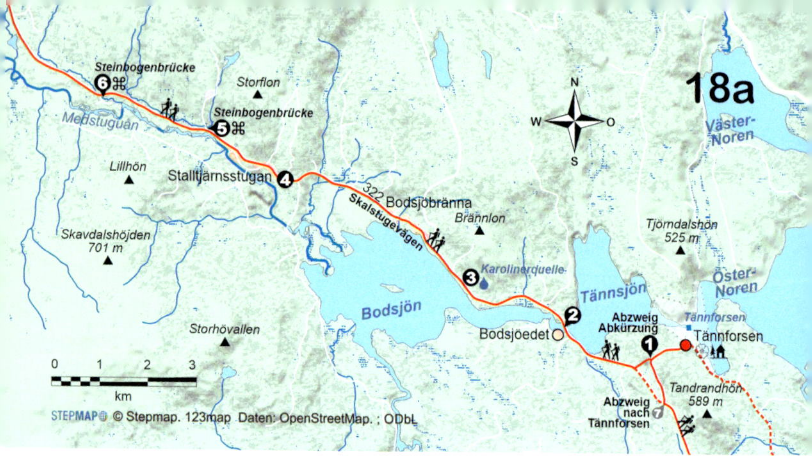

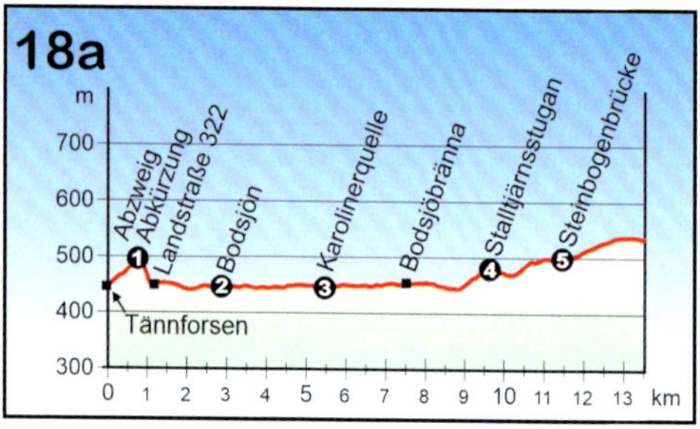

Der Weg nach Medstugan führt immer geradeaus an der Landstraße Skalstugevägen entlang und steigt dabei kontinuierlich leicht bergauf. Unterwegs passieren Sie fischreiche Seen, idyllische Siedlungen und schöne alte Steinbogenbrücken aus dem Jahr 1835. Da der Autoverkehr im Laufe des Tages stetig zunimmt, sollten Sie früh mit Ihrer Wanderung beginnen. Auf der gesamten Strecke gibt es direkt am Weg keine Rastplätze oder Bänke.

Von **Tännforsen** gehen Sie die Fahrstraße hinauf und erreichen nach 850 m die Anhöhe und eine Linkskurve ❶. Hier können Sie eine nicht markierte Abkürzung nehmen, die ca. 2 km des Weges einspart. Steigen Sie dafür rechts zu den Strommasten hinab und laufen Sie anschließend 400 m an der Stromtrasse entlang bis zur Asphaltstraße. Das Terrain ist etwas uneben und stellenweise sumpfig, aber gut zu begehen. Wenn Sie lieber der offiziellen Route folgen möchten, wandern Sie auf der Asphaltstraße bis zur T-Kreuzung weiter und biegen dann rechts auf den Skalstugevägen ab.

Nach knapp 1 km liegt rechter Hand der kleine See Tännsjön und wenig später linker Hand der **Bodsjön ❷**. Von der Brücke aus lassen sich häufig Angler beobachten, denn der See gilt als einer der besten Fischplätze für Forellen und Saiblinge in ganz Schweden.

Der Bodsjön ist für seinen Bestand an Forellen und Saiblingen bekannt

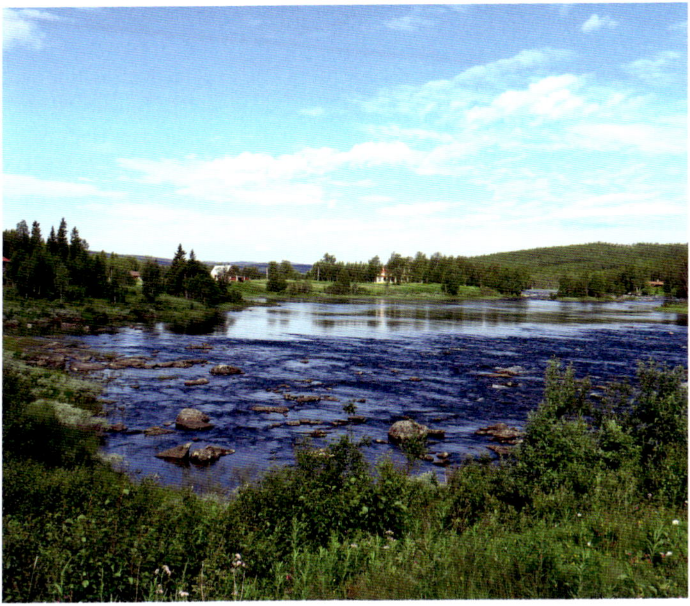

⌘ Unter den Feriendomizilen am Ufer fällt die prachtvolle **Englische Villa** mit Turm und Außenveranda ins Auge. Sie wurde 1890 vom Kaufmann Conrad Hammarström aus Östersund errichtet und 1926 an den Baumwollkönig Philip Remington aus Liverpool verkauft. Er verdiente mit seinen Plantagen in Venezuela ein Vermögen und verbrachte jeden Sommer ein paar Wochen im schwedischen Gebirge, um auf die Jagd zu gehen und zu angeln.

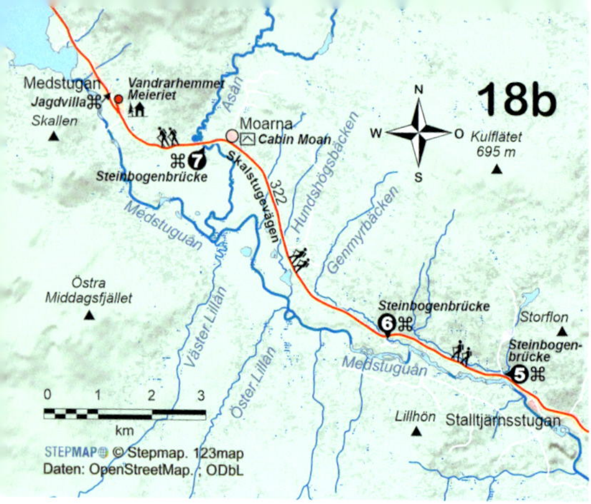

Wie bereits erwähnt gibt es auf der gesamten Tagesetappe direkt am Weg weder Bänke noch Rastplätze. Ein engagierter Anwohner lädt die Pilger deshalb mit einem selbst gemalten Schild ein, seine Toilette zu nutzen und im Haus Essen aufzuwärmen. 2,5 km nach der Bodsjöbrücke erreichen Sie die 💧 **Karolinerquelle** ❸ mit Infotafel. Hier soll die schwedische Armee 1718 auf dem Marsch nach Trondheim ihren Durst gestillt haben. Auch die heilige Birgitta hat der Sage nach 1339 aus dieser Quelle getrunken.

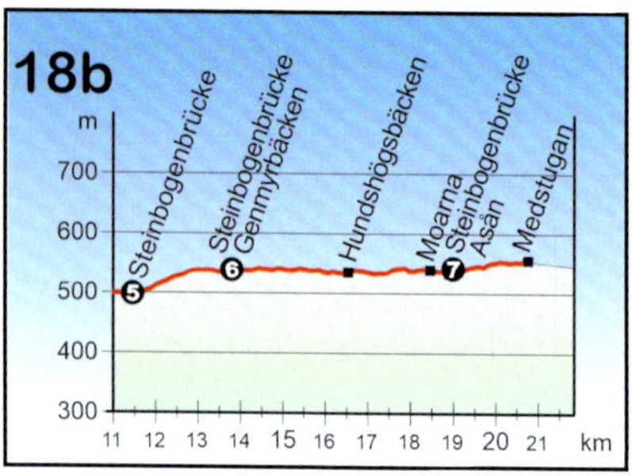

Der Weg passiert die lang gezogene Siedlung Bodsjöbränna, steigt leicht an und führt dann ins nächste Tal zum Weiler **Stalltjärnstugan** ❹ hinab. 1602 wurde hier auf königlichen Befehl eine Herberge errichtet, um den fahrenden Händlern das Reisen zu den Wintermärkten zu erleichtern. Knapp 2 km weiter steht rechts der Straße eine schöne alte ⌘ Steinbogenbrücke über den Genmyrbäcken mit zwei Bögen ❺.

Es geht noch ein Stück bergauf, bis sich der Blick auf die Berge in der Ferne öffnet. Kurz danach kommen Sie zu einer kleinen ⌘ Steinbogenbrücke mit einem Bogen ❻. Der Pilgerweg verläuft nun auf der Hochebene und ist von zahlreichen Hinweisschildern zu alten Brückenkonstruktionen gesäumt. In **Moarna** gibt es eine kleine ⌂ Pilgerherberge.

Cabin Moan, Linnéa Jönsson, Skalstugevägen 804, 83 772 Duved, +46/70/341 73 15, linnea.medis@gmail-com, Hütte für max. 4 P., Küche, Außentoilette, keine Dusche, kein fließend Wasser, Ü SEK 200, F SEK 75, AE SEK 50, Selbstversorgung möglich

Etwa 1 km hinter der Siedlung führt eine der schönsten ⌘ Steinbogenbrücken über den Bach Åsan ❼. Sie besteht aus drei Bögen und hat eine Länge von 46 m. Von dort sind es noch knapp 2 km bis nach **Medstugan**, wo sich schon im Mittelalter eine Pilgerherberge befand. Heute ist im Gebäude der alten Meierei eine kleine Jugendherberge untergebracht.

Vandrarhemmet Meieriet, Medstugan 850, 837 72 Duved, +46/70/261 57 35, medstugan@hushallningssallskapet.se, 3 Zimmer mit 9 Betten, Ü SEK 350, Selbstversorgung. Am Tag vor Ihrer Ankunft erfragen Sie per SMS den aktuellen Türcode. Falls der Wirt nicht persönlich vorbeischaut, müssen Sie den vereinbarten Betrag passend hinterlegen.

Die 46 m lange Steinbogenbrücke führt über den Bach Åsan

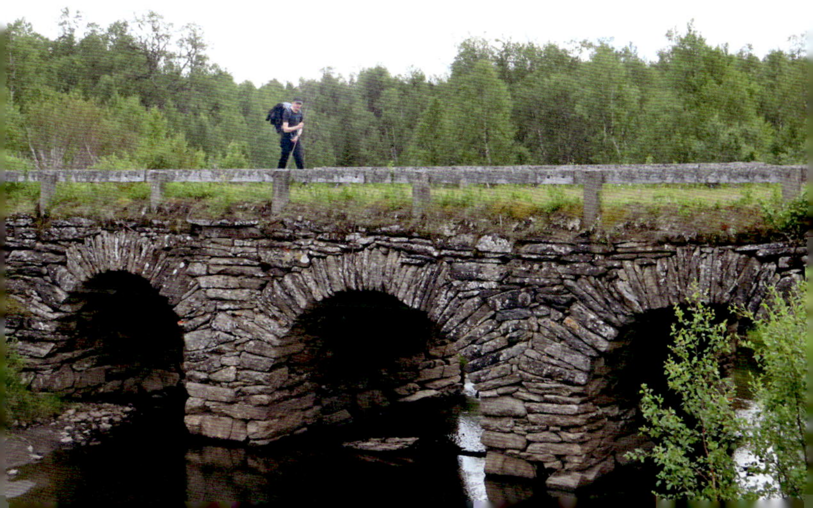

Der **Skalstugevägen** ist ein uralter Handelsweg mit tausendjähriger Geschichte. Bereits während der Wikingerzeit herrschte im Grenzgebiet zwischen den Provinzen Jämtland und Trøndelag reger Verkehr. Im Juli 1030 kam der heilige Olav auf seiner Reise nach Trondheim hier vorbei und in den folgenden Jahrhunderten folgten zahlreiche Pilger seinen Spuren. Schon damals stand in Medstugan eine Herberge. Später nutzten viele Bauern die Route, um ihre Waren auf dem Wintermarkt in Levanger zu verkaufen. 1602 wurden auf Befehl des dänischen Königs Christian IV. in Stalltjärnstugan und Skalstugan (☞ 19. Etappe) zwei weitere Unterkünfte errichtet, die den Handeltreibenden das Reisen erleichtern sollten. Als Jämtland 1658 an Schweden fiel, eröffnete in Skalstugan eine Zollstation. Das schwedische Heer unternahm 1718 einen ersten Anlauf, den unbefestigten Reitweg zu einer Karrenspur auszubauen, auf der Waffen und Vorräte transportiert werden konnten. Wichtigster Bauherr war jedoch der schwedische König Karl XIV. Johan, der den Weg befestigen und mit zahlreichen Steinbogenbrücken ausstatten ließ. Im Sommer 1835 eröffnete er höchstpersönlich die neue Handelsstraße, die seitdem auch als **Karl Johansvägen** bekannt ist.

19. Etappe: Medstugan – Skalstugan

➲ 11,2 km, ⌛ 3 Std., ↑ 58 m, ↓ 44 m, ⇧ 535-586 m

0,0 km	⇧ 552 m	Meieriet Medstugan
1,5 km	⇧ 540 m	Näsudden
5,5 km	⇧ 540 m	Steinbogenbrücke Saxån ⌘
10,5 km	⇧ 582 m	Abzweig nach Skalstugan
11,2 km	⇧ 586 m	Fjällpensionatet Skalstugan

Wenn Sie in Skalstugan ankommen, haben Sie den ermüdenden Marsch auf der Asphaltstraße endlich geschafft. Die kurze Etappe führt am See Medstugusjön entlang, mit schönen Ausblicken auf das glitzernde Wasser und die schneebedeckten Berge im Hintergrund. Der kleine Weiler Skalstugan hat historische Bedeutung als Beherbergungsbetrieb und Zollstation.

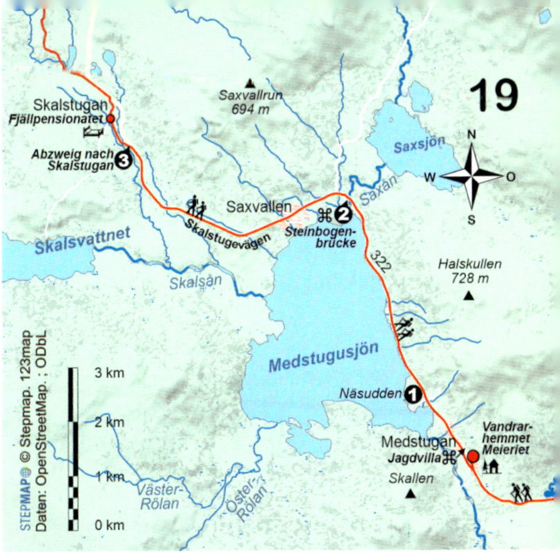

✋ Die Unterkunft in Skalstugan gehört der SEB-Bank und ist ihren Mitarbeitern als Feriendomizil vorbehalten. Bei freien Kapazitäten werden auch Pilger aufgenommen, eine langfristige Vorreservierung ist jedoch nicht möglich.

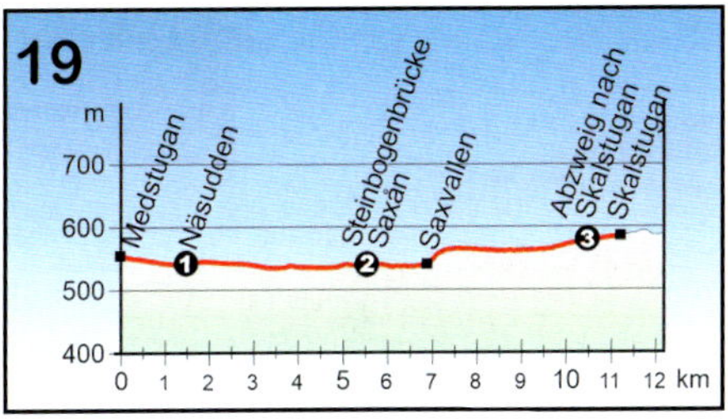

☺ Falls Sie nicht in Skalstugan übernachten können, müssen Sie bis nach Sul weiterwandern. Die Strecke ist zwar lang, zu Fuß an einem Tag aber durchaus zu bewältigen. Alternativ können Sie bis Skalstugan ein Taxi nehmen oder per Anhalter fahren. Trampen gilt in dieser Gegend als ungefährlich. Auch der Transport Ihres Gepäcks kann den Weg enorm erleichtern. Bitten Sie dazu Ihre Gastgeber in Medstugan oder Sul um Hilfe.

🚗 **Taxi Västjämtland**, ☏ +46/647/100 22, ✉ taxi.vj@telia.com,
💻 www.taxivastjamtland.se

Der Weg nach Skalstugan verläuft gut 11 km immer geradeaus. Bis 8:30 Uhr liegt die Straße wie ausgestorben da, dann nimmt der Verkehr allmählich zu. Schon nach wenigen Metern kommen Sie an der historischen ⌘ **Jagdvilla** von Medstugan vorbei.

⌘ Die prächtige **Jagdvilla** ließ der Grossist Carl Fredrik Liljevalch 1897-98 errichten. Durch den Ankauf von sieben Bergbauernhöfen schuf er sich ein Anwesen mit einer Größe von ca. 15.000 ha. Liljevalch interessierte sich neben der Jagd auch für die Landwirtschaft und baute ab 1905 einen Musterbetrieb mit modernsten Geräten, einer Meierei und Platz für ca. 20 Milchkühe.

Gebäude der alten Meierei in Medstugan

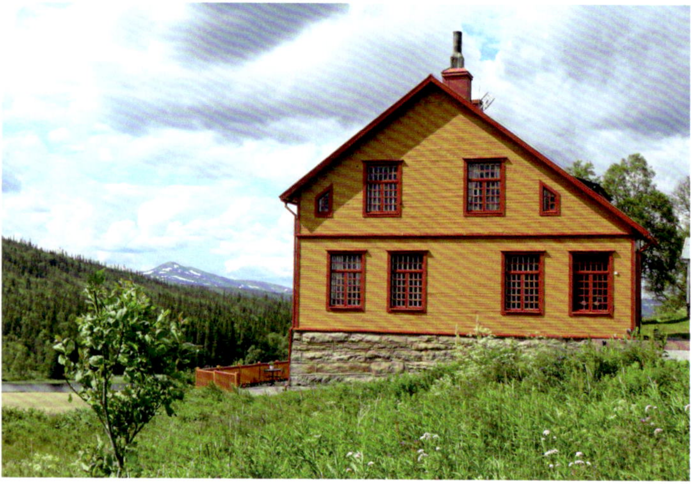

Auf dem Weg am See Medstugusjön entlang passieren Sie die kleine Halbinsel Näsudden ❶. 4 km später steht vor dem Weiler **Saxvallen** eine schöne alte ⌘ Steinbogenbrücke ❷, die links von der Straße über den Fluss Saxån führt. Nun sind es noch 5 km bis zum Abzweig nach **Skalstugan** ❸, wo sich nach 700 m die noble Unterkunft 🛏 **Fjällpensionatet** befindet.

🛏 **Fjällpensionatet Skalstugan,** 83015 Duved, ☏ +46/647/240 26, 📱 +46/70/534 20 33, ✉ skalstugan@seb.se, ca. 50 Betten, Ü/VP SEK 950, keine Selbstversorgung. ✋ Bitte beachten Sie den Hinweis am Anfang der Etappenbeschreibung.

Ab 1602 gab es in **Skalstugan** einen Beherbergungsbetrieb, der auf königlichen Befehl errichtet worden war. Mit der Eröffnung der Eisenbahnstrecke von Sundsvall nach Trondheim nahm der Handelsverkehr auf der Straße stark ab. Gleichzeitig entdeckten Touristen die Schönheit des Gebirges für sich. 1888 erwarb der Schotte Sir Tom Nickalls die ehemalige Herberge als Feriendomizil für seine Familie und ließ die Anlage modernisieren und erweitern. Seit 1947 dient sie den Angestellten der SEB-Bank als Erholungsstätte.

20. Etappe: Skalstugan – Sul

➲ 22,3 km, ⌛ 6 Std., ↑ 333 m, ↓ 665 m, ⇧ 233-640 m

0,0 km	⇧ 586 m	Fjällpensionatet Skalstugan 🛏
4,7 km	⇧ 561 m	Rastplatz Steinbogenbrücke Björsjöån ⌘ ⛼
7,2 km	⇧ 618 m	Grenzstein schwedisch-norwegische Grenze ⛼ ⚒
11,0 km	⇧ 538 m	Rastplatz Steinbogenbrücke Kvilbakken ⌘ ⛼ ⊙
13,0 km	⇧ 422 m	Nybygget
15,9 km	⇧ 357 m	Wanderparkplatz ⛼
17,6 km	⇧ 286 m	Abzweig in Ådalsvollen
22,3 km	⇧ 244 m	Herberge Appalousa Rendezvous ⌂

Diese Strecke gehört sicherlich zu den schönsten des gesamten Pilgerweges. Natur pur steht auf dem Programm: Kleine Weiher und Bäche, Sommerblumen und Zwergbirken, Moore und beeindruckende Hochgebirgslandschaften sind Ihre ständigen Begleiter auf der Wanderung im schwedisch-norwegischen Grenzgebiet. Tolle Ausblicke und schöne Rastplätze laden zum Verweilen ein. Bis Ådalsvollen laufen Sie auf bequemen Wegen, dann folgt ein kurzer unangenehmer Abschnitt auf einem steilen Pfad.

Hinter **Skalstugan** verläuft der St. Olavsleden zunächst für 800 m auf der Fahrstraße und biegt dann nach links auf den historischen Karl Johansvägen ab. Ein schöner, von Blumen und Zwergbirken gesäumter Schotterweg schlängelt sich durch sanfte Hügel. Nach mehreren Tagen mit

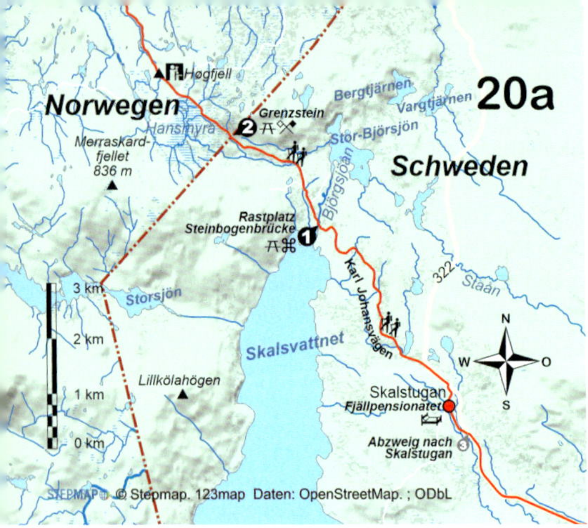

permanentem Autoverkehr sind der Frieden und die Ruhe in diesem abgeschiedenen Landstrich eine Wohltat. Mit etwas Glück können Sie sogar Rentiere oder Elche beobachten.

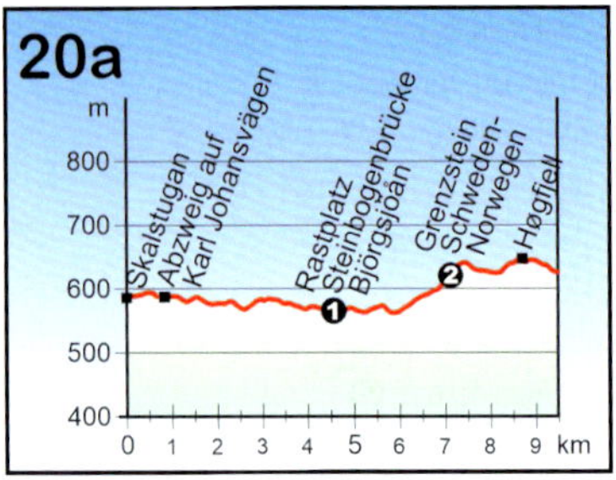

Ca. 4 km später kommen Sie zur alten ⌘ Steinbogenbrücke über den **Björsjöån** ❶ mit einem ⩚ Windschutz oberhalb des Baches. Anschließend führt der Weg stetig bergauf und durchquert ein gut erschlossenes Wandergebiet für Tagestouren. Nach 2,5 km haben Sie die **schwedisch-norwegische** ⚒ **Grenze** ❷ erreicht, die durch einen schwarz-gelben Grenzstein markiert ist. Hier steht auch eine schöne ⩚ Pilgerbank. Ein Schild weist darauf hin, dass es jetzt noch 187 km bis Trondheim sind.

Schlagartig verändert sich nun das Terrain: Oberhalb der Baumgrenze liegt eine karge Hochgebirgslandschaft mit Flechten und Moosen vor Ihnen. Der gepflegte Schotterweg geht in einen natürlichen, ungezähmten Wiesenweg über. Vorbei am Moor Hansmyra setzen Sie Ihre Wanderung 1,5 km bis zu einem Felsplateau mit Steinmann und fantastischer Aussicht fort. Kurz darauf gelangen Sie zum **Høgfjell**, der mit 640 m bzw. 2.000 Fuß den höchsten Punkt des gesamten Pilgerweges bildet. Hier kann im Juni durchaus noch Schnee liegen. Neben einem historischen Stein von 1835 befindet sich ein Kasten mit Gipfelbuch.

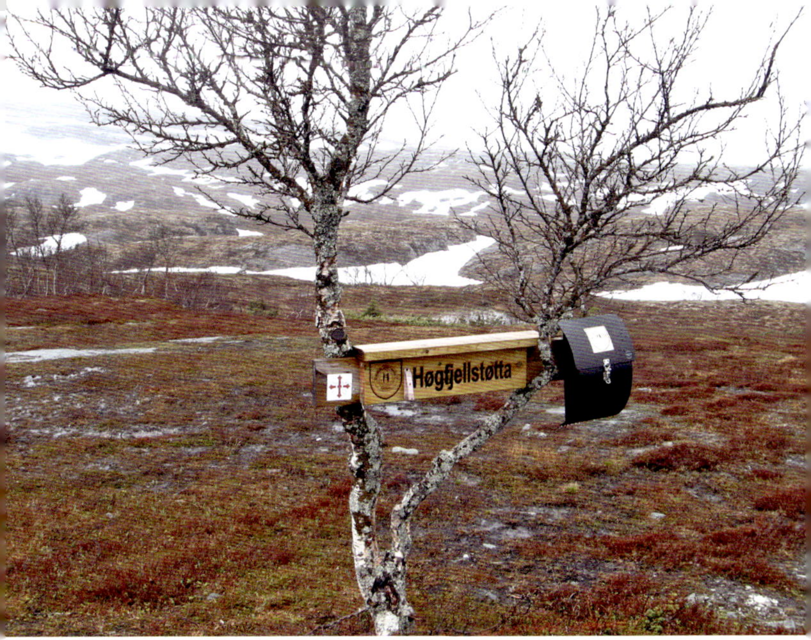

Am Høgfjell ist der höchste Punkt des gesamten Pilgerwegs erreicht

Ab jetzt beginnt der Abstieg. Sie passieren eine kleine Birkenallee sowie einen weiteren Meilenstein und laufen mit Blick auf bewaldete Berge bis zum gut 2 km entfernten ⩚ Rastplatz **Kvilbakken ❸**. Direkt an einer historischen ⌘ Steinbrücke stehen Bänke und Tische, ein Unterstand, ein ⊙ Stempelkasten und sogar eine Toilette.

Nach mehreren steilen Passagen erreichen Sie die Baumgrenze und kommen zum Weiler **Nybygget ❹**, wo eine schöne Holzbrücke über den Bach führt.

Im Rahmen der Straßenbaumaßnahme ließ König Karl XIV. Johan in den 1830er-Jahren in Nybygget zwei kleine Katen (*Kongsstuggu*) für Bauarbeiter und Reisende errichten. Der ortsansässige Bauer musste die kleine Herberge bewirtschaften, bekam die nötigen Mittel jedoch gestellt. Eine der beiden Hütten steht nach wie vor an ihrem Platz, die andere wurde ins Freilichtmuseum von Stiklestad versetzt.

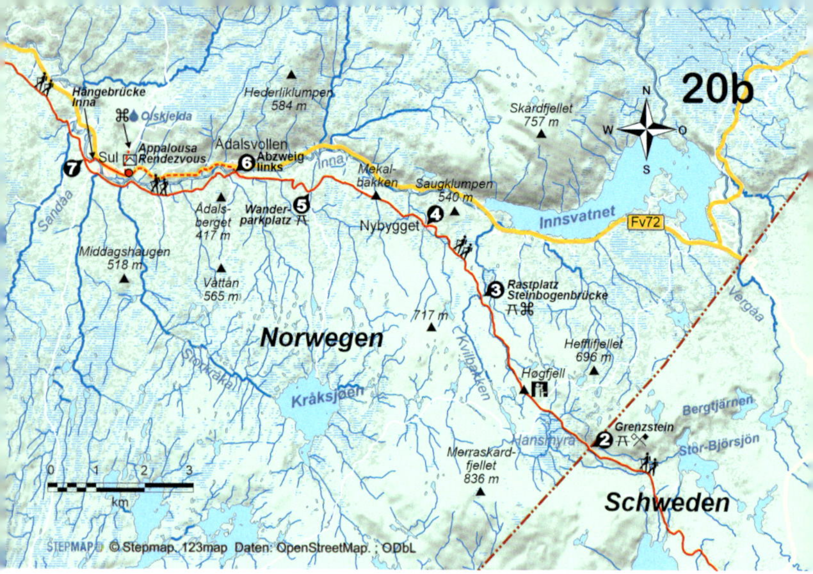

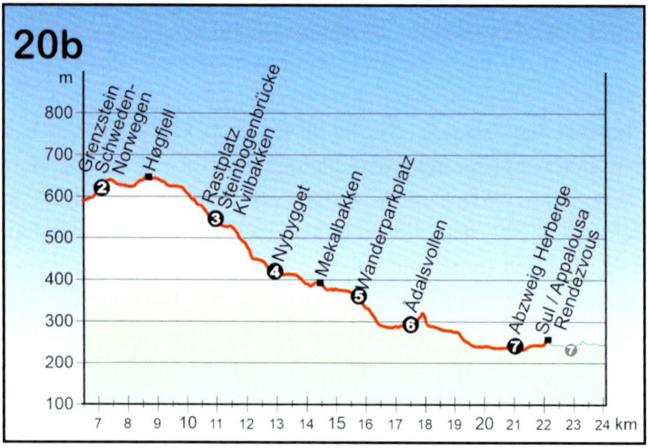

Durch den Wald folgen Sie dem Wegverlauf gut 2 km auf- und abwärts bis zur markanten Felsformation Mekalbakken und weiter bis zu einem Wanderparkplatz ❺ mit ⛩ Bank. Auf einer Schotterpiste geht es nun durch Wald und Wiesen bergab bis nach **Ådalsvollen ❻**, wo sich bis 1994 eine Zollstation befand.

Der offizielle Pilgerweg biegt nach links ab und führt ein kurzes Stück am Bach entlang, bevor er auf einem matschigen, unebenen Pfad sehr steil ansteigt. Es schließt sich ein ebenso steiler und unangenehmer Abstieg bis zu einer Schotterpiste an. Dieser folgen Sie die nächsten 2,5 km bis zu einer Feriensiedlung am schönen Fluss Inna.

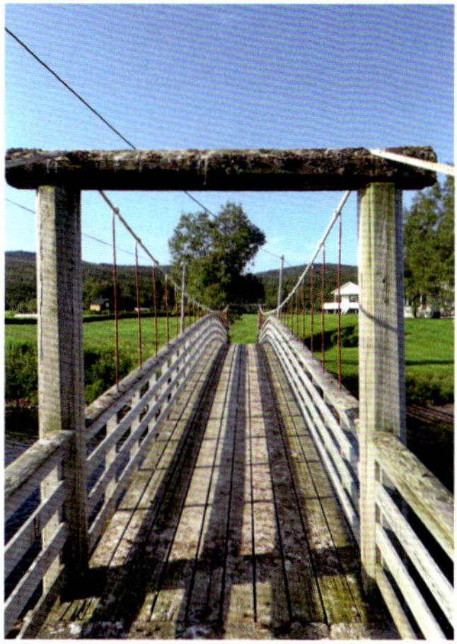
Hängebrücke über den Fluss Inna

Die schwierige, 700 m lange Passage auf rutschigen Pfaden können Sie umgehen, indem Sie in Ådalsvollen über die Brücke laufen, sich links halten und der Landstraße Fv72 immer geradeaus bis nach Sul folgen.

400 m später zweigt der Weg zur Herberge **Appalousa** an einem Hinweisschild nach rechts ab ❼. Wenn Sie dort übernachten möchten, laufen Sie ein kurzes Stück bis zum nächsten Hof zurück und nehmen die kleine Hängebrücke über den Fluss. Appalousa liegt 600 m weiter östlich direkt an der Straße Fv72.

Appalousa Rendezvous, Jämtlandsvegen 3313, 7660 Verdalsøra, +47/40 46 23 87 (deutschsprachig), t.zbytni@hotmail.com, 2 Zimmer mit 4 Betten, Mitbenutzung von Küche und Bad des Eigentümers, Ü NOK 200, F NOK 70, AE NOK 140, LP NOK 65, Selbstversorgung möglich

Wenn Sie noch Energie haben, können Sie in Sul einen Abstecher zu dem beeindruckenden ⌘ Gedenkstein an der Olavsquelle **Olskjelda** machen und den nahe gelegenen Olavsacker besuchen. Der Sage nach verbrachte der heilige Olav hier die letzte Nacht vor seinem Tod und trank aus der Quelle. Sein Gefolge lagerte auf dem Land des Bauern Torgeir Flekk und zertrampelte die Felder. Doch als Olav am nächsten Morgen um die Äcker ritt und Gott um Hilfe rief, richteten sich alle Ähren wie von Zauberhand wieder auf.

21. Etappe: Sul – Vuku

➲ 29,5 km, ⌛ 7 Std. 30 Min., ↑ 390 m, ↓ 613 m, ⇧ 5-275 m

0,0 km	⇧ 244 m	Herberge Appalousa Rendezvous
1,0 km	⇧ 239 m	Wiedereinstieg in den markierten Pilgerweg
7,7 km	⇧ 259 m	Rastplatz Kleivdalsbekken
9,9 km	⇧ 171 m	Abstecher Blokkhuset ⌘
16,0 km	⇧ 155 m	Abzweig bei Svegjardet
23,7 km	⇧ 97 m	Rastplatz Kverndal
28,2 km	⇧ 11 m	Kirche von Vuku ✞ ⊙
29,2 km	⇧ 28 m	Vuku (Coop) ✞
29,5 km	⇧ 26 m	Østnes Camping

Mit einer Länge von gut 28 km ist diese Etappe eine große Herausforderung. Sie gliedert sich in drei Abschnitte: Nach einer Wanderung auf Schotter- und Wiesenwegen folgt eine 7,5 km lange Passage entlang der Landstraße Fv72. Dann geht es auf einer Schotterpiste bis zum Ortseingang von Vuku. Nicht zu unterschätzen sind mehrere steile An- und Abstiege unterwegs. Entlohnt werden Sie durch die Schönheit der Natur und den landschaftlichen Reiz.

☺ Falls Sie die gut 28 km nicht an einem Tag bewältigen können, lassen Sie sich von Ihrem Gastgeber in Sul ein Stück fahren oder nehmen Sie für die letzten 10 km ein Taxi. Da sich das nächste Taxiunternehmen in Verdal befindet, sind die Kosten leider entsprechend hoch.

Taxi Verdal, ☏ +47/74 07 82 00

Von der Herberge **Appalousa** müssen Sie zunächst über die Hängebrücke bis zur markierten Route zurücklaufen. 800 m danach biegt der St. Olavsleden nach links auf einen Schotterweg ab und geht kurz darauf in einen etwas morastigen Wiesenweg über. Die Wanderung führt bergauf durch friedlich wirkendes Terrain mit einem munter plätschernden Rinnsal am Wegesrand. Drei kurze, steile Abstiege sind zu bewältigen, bevor Sie nach 2,5 km die Landstraße Fv72 ❶ erreichen.

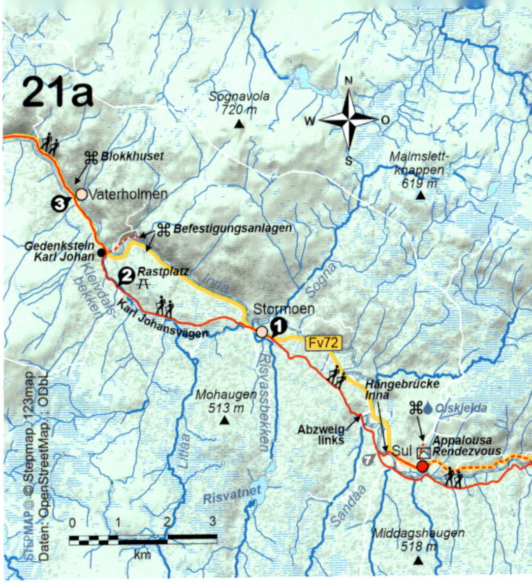

Hier halten Sie sich links und passieren die kleine Siedlung Stormoen, eine Brücke und den Abzweig zum Risvatnet. Nach 500 m verlässt die markierte Route die Asphaltstraße und zweigt links auf eine Schotterpiste ab. Gleich hinter der Schranke beginnt ein anstrengender, 700 m langer Aufstieg. Dann folgt ein bequemer Abschnitt, bis der Schotterweg hinter einer kleinen Siedlung in einen feuchten Grasweg übergeht und bergab führt. 500 m weiter liegt am Bach **Kleivdalsbekken** ❷ ein schöner ⩚ Rastplatz mit Steintisch und Grillplatz. Sie befinden sich nun wieder auf dem historischen **Karl Johansvägen** von 1835. Die beeindruckende Straßenkonstruktion verläuft halsbrecherisch nah an der Schlucht und zeugt vom Können der damaligen Straßenbaumeister. Nach einem zunehmend steilen Abstieg endet der Weg 800 m später an der Landstraße Fv72. Hier steht ein historischer Gedenkstein für König Karl XIV. Johan von Schweden.

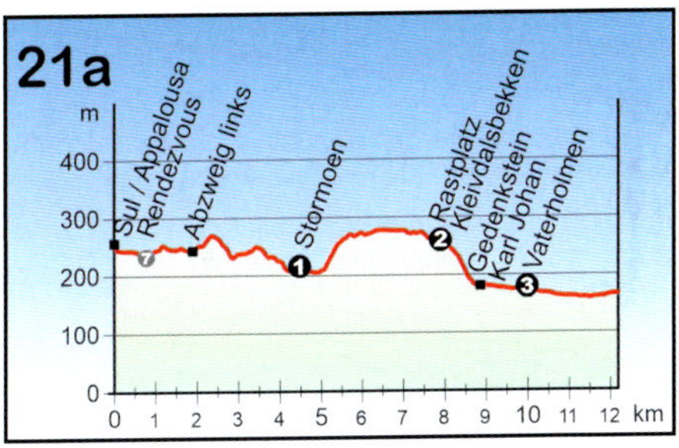

Sie halten sich links und laufen die nächsten 7,5 km an der mäßig befahrenen Asphaltstraße entlang. Hinter der Feriensiedlung **Vaterholmen** überquert eine Brücke den Inna, sodass die Straße nun an der nördlichen Seite des Flusses durch das Tal Inndalen verläuft.

↬ Hier weist ein Hinweisschild in den Wald hinein und Sie können einen kurzen Abstecher ❸ zu einem ehemaligen Bunker (Blokkhuset) machen, der zu einer alten norwegischen Verteidigungsanlage gehört.

⌘ Kurz nach der Unabhängigkeitserklärung Norwegens wurde in den Jahren 1909-11 am Jamtlandsvegen eine groß angelegte **Verteidigungsanlage** errichtet, die aus vier kleinen Festungen und einer Militärbasis in Vaterholmen bestand. Das Areal lag strategisch günstig oberhalb des engen Flusstals und ermöglichte eine komplette Kontrolle der Fahrstraße. Als sich das schwierige Verhältnis zu Schweden entspannte und keine Angriffe aus dem Osten mehr zu befürchten waren, wurden die Anlagen Mitte der 1930er-Jahre aufgegeben. Während des Zweiten Weltkriegs nahmen die Deutschen sie erneut in Betrieb, um sich vor einem möglichen Angriff der Alliierten von Schweden aus zu schützen. Inzwischen ist die Befestigungsanlage instand gesetzt worden und der Öffentlichkeit zugänglich. Sie liegt ca. 1,5 km östlich von Vaterholmen, der Zugang erfolgt über eine Hängebrücke.

Der idyllische Weiher Garnes ist landwirtschaftlich geprägt

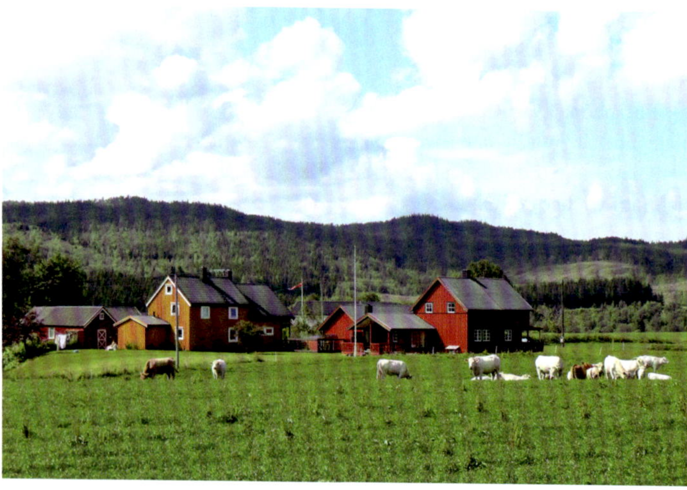

Sommerblumen und ein paar Walderdbeeren säumen den Wegesrand. Wenn die Straße das Tal verlässt, öffnet sich der Blick auf sanfte Hügel, fruchtbare Felder, Wiesen und einzelne Höfe. Nach gut 6 km beim Bauernhaus Svegjardet ❹ angekommen folgen Sie dem Straßenschild Richtung Skavhøggstøtte nach rechts und wandern auf einem ruhigen Sträßchen durch den idyllischen Weiler **Garnes**. Ca. 1,5 km später kommt der St. Olavsleden erneut zur Fv72 und setzt sich auf der anderen Straßenseite fort. Sie laufen eine schöne Schotterpiste entlang, bis Sie nach 1,4 km ein weiteres Mal zur Fv72 ❺ gelangen. Von hier aus sind es laut Schild noch 155 km bis Trondheim und 10 km bis Vuku.

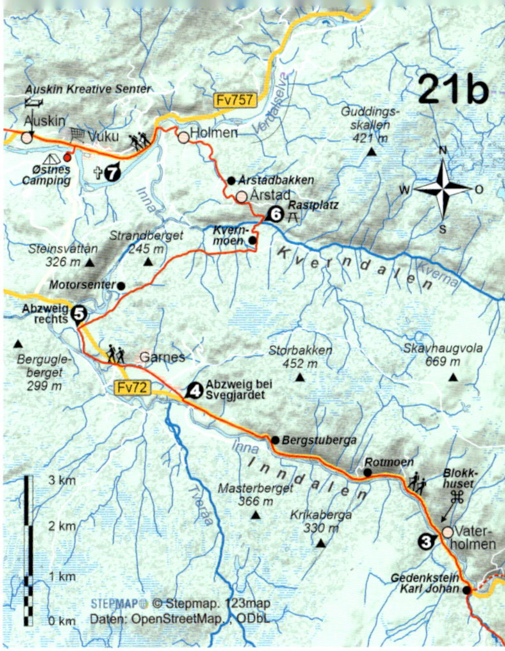

Sie nehmen die kleine Straße Richtung Motorsenter und erreichen nach 1 km eine Arena für Motorsport. Der Asphalt geht in Schotter über und der Weg führt in den Wald hinein. An einen 1,5 km langen, gemächlichen Anstieg schließt sich ein Abstieg an. Dann endet der Wald und gibt den Blick auf einsame Bauernhöfe in hügeliger Landschaft frei. In der Ferne

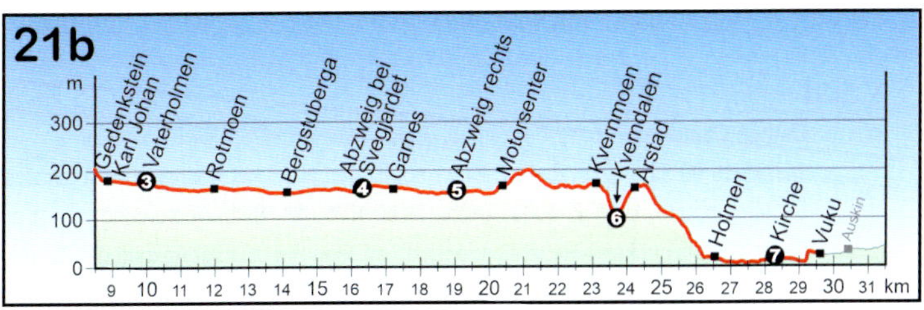

schimmert das Wasser des Trondheimfjords. 3 km hinter der Motorsportarena liegt das Gehöft **Kvernmoen**.

Sie biegen nach links ab, laufen durch die Hofanlage hindurch und geradeaus die Wiese hinab bis zum Waldrand. An einem Baum zeigt ein überdimensioniert großer Wegweiser die Richtung an. Der Beschilderung folgend halten Sie sich zunächst links und dann rechts. Ein leicht matschiger Waldweg steigt teilweise sehr steil hinab in die Talsohle des Kverndalen und führt auf einer schönen Brücke über den Fluss Kverna. Auf der anderen Seite befindet sich der großzügig angelegte ⛩ Rastplatz Kverndal ❻ mit fest installiertem Grill. Hier können Sie ausruhen und Kraft tanken, bevor Sie den sehr steilen, 650 m langen Aufstieg nach **Årstad** in Angriff nehmen.

An der T-Kreuzung setzen Sie Ihre Wanderung nach links fort und passieren den Hof Årstadbakken. Dann geht es auf einem Schotterweg 2 km teils steil bergab bis zur Siedlung Holmen. 1 km später ist die Brücke über den Fluss Verdalselv erreicht ❼. Der Pilgerweg folgt nun der Landstraße Fv757 bis zur sehenswerten ✞ **Kirche von Vuku**. Hier gibt es Bänke, 💧 Frischwasser und einen ⊙ Pilgerstempel am Nebengebäude.

✞ Die Gemeindekirche von Vuku ist eine schöne, rot gestrichene Holzkirche aus dem Jahr 1654. Sie wurde 1846 erweitert und bietet seitdem Platz für bis zu 200 Personen. Renovierungsarbeiten fanden 1953 und 2005 statt.

Die Straße führt nun weiter durch die Ortschaft **Vuku** bis zum 🛒 Coop (🚪 Mo-Fr 9:00-19:00, Sa 9:00-18:00). Direkt gegenüber liegt auf der anderen Flussseite der kleine Campingplatz ⛺ **Østnes Camping** mit einer schönen Hüttenanlage. Wenn Sie zur Pilgerunterkunft 🛏 **Auskin Kreative Senter** (☞ 22. Etappe) möchten, müssen Sie der Fv757 noch 1 km folgen.

Vuku 🛏 ⛺ 🛒 ✞

⛺ **Østnes Camping**, Austnesbakkan 18, 7660 Vuku, 📱 +47/74 07 07 32 oder +47/95 10 99 82, ✉ liv@austneslaks.no, Hütten (4 P.) mit Kochnische, separates Sanitärgebäude, Ü NOK 400, Dusche NOK 10/4 Min, Selbstversorgung. ✋ Der Campingplatz hat keine Rezeption, deshalb müssen Sie bei Ihrer Ankunft den Betreiber anrufen und Ihre Hüttennummer erfragen. Der Schlüssel steckt.

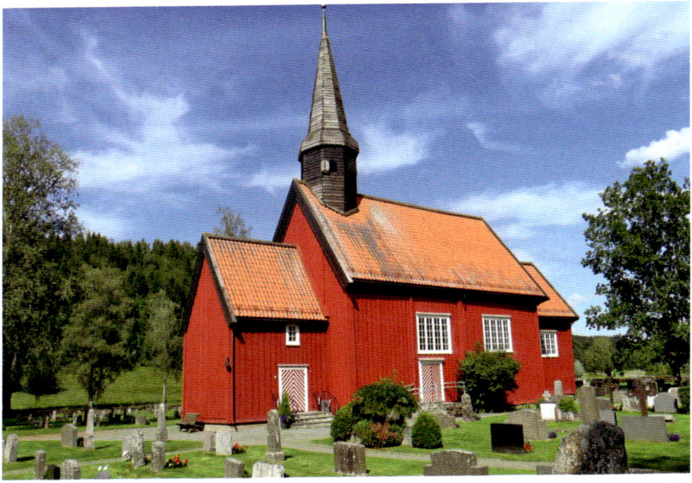

Die Kirche von Vuku

22. Etappe: Vuku – Stiklestad

11,1 km, 3 Std., ↑ 188 m, ↓ 194 m, ⇧ 14-124 m

0,0 km	⇧ 26 m	Østnes Camping
1,2 km	⇧ 34 m	AKS Auskin Kreative Senter
3,3 km	⇧ 87 m	Bushaltestelle mit Wartehäuschen
6,6 km	⇧ 124 m	Rastplatz Gjermstadhøgda ⌘
9,2 km	⇧ 59 m	Abzweig bei Øgstad
11,0 km	⇧ 21 m	Olavsdenkmal in Stiklestad ⌘
11,1 km	⇧ 15 m	Stiklestad (Hotel Stiklestad) ⌘ ✞

Auf der kaum befahrenen Nebenstraße Leirådalsveien geht es mit schönen Ausblicken bis zum geschichtsträchtigen Ort Stiklestad. Die friedliche Ruhe oberhalb des Tals müssen Sie sich jedoch durch einige An- und Abstiege verdienen. Unterwegs passieren Sie eine Gedenktafel mit Informationen zum tragischen Erdrutsch von Verdal. Planen Sie in Stiklestad genügend Zeit für die zahlreichen Sehenswürdigkeiten ein!

Vom Campingplatz laufen Sie über die Brücke und erreichen nach 300 m die Fv757 und den Pilgerweg. Sie setzen Ihre Wanderung Richtung Westen fort und passieren 1 km später die 🛏 Pilgerherberge in **Auskin**.

🛏 **AKS Auskin Kreative Senter**, Vukuveien 971, 7660 Vuku, ☎ +47/45 08 28 38, ✉ kontakt@auskin.no, 💻 www.auskin.no, 30 Betten, EZ NOK 750, DZ NOK 940, Ü Vierbettzimmer NOK 370, Selbstversorgung

Kurz darauf verlässt der St. Olavsleden in einer Linkskurve die Fv757 ❶ und führt geradeaus auf der kleinen Straße Leirådalsveien Richtung Leirådal. Nun geht es 1,8 km stetig bergan bis zu einer Kreuzung, an der Sie sich halb links halten. Hier steht ein kleines rotes Buswartehäuschen ❷, das bei Regen als ⛩ Unterstand dienen kann. Mit Blick auf fruchtbare Getreidefelder und die Ortschaft **Leirådal** wandern Sie hinab zum 1 km entfernten Dorfkern. Dort biegen Sie rechts in den steil ansteigenden Leirådalsveien ab. Ein schöner Blick auf das weite, liebliche Tal mit Wiesen, Feldern und einzelnen Gehöften entschädigt für die Anstrengung. Kuhglocken durchbrechen die Stille und in der Ferne schimmert das Wasser des Trondheimfjords.

Auf der Anhöhe **Gjermstadhøgda** ❸ befindet sich ein schöner ⛩ Rastplatz mit einer Gedenktafel, die an den tragischen Erdrutsch von Verdal erinnert. Es ist kaum vorstellbar, dass sich in diesem idyllischen Tal 1893 eine der größten Naturkatastrophen Norwegens ereignete.

In der Nacht zum 19. Mai 1893 wurde Verdal vom schlimmsten Erdrutsch in Norwegens Geschichte getroffen, dem sogenannten **Verdalsraset**. 55 Mio. m^3 Schlamm gerieten in Bewegung, rasten mit einer Geschwindigkeit von 60 km/h ins Tal, begruben 9 km^2 Land unter sich und rissen 116 Menschen in den Tod. 105 Höfe verschwanden spurlos oder erlitten starke Beschädigungen. Fast der komplette Viehbestand wurde vernichtet. Ursache war ein sehr niederschlagsreicher Winter mit mehreren Überschwemmungen, die den Lehm unter der Oberfläche in eine flüssige Masse verwandelten. Der gewaltige Erdrutsch hat in der Natur bis heute sichtbare Spuren hinterlassen, u. a. einen deutlich veränderten Flussverlauf.

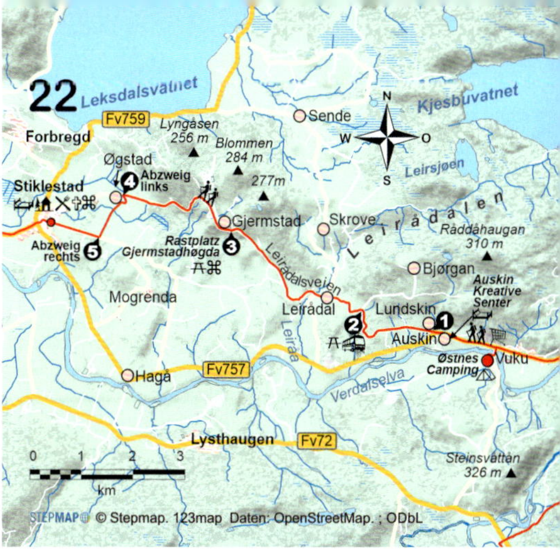

Nach einer angenehmen, 1 km langen Passage auf der Anhöhe beginnt der Abstieg. 1,5 km später verlässt der Pilgerweg bei **Øgstad** ❹ die Straße und biegt an einem Gehöft links auf einen Schotterweg ab. ☝ Laufen Sie nicht durch das Hofareal, sondern halten Sie sich geradeaus und nach einem kurzen Stück rechts. Hinter einer Linkskurve geht es auf einem Feldweg schnurgerade den Hügel hinab zum Gamle Prestgårdsveg ❺. Hier wenden Sie sich nach rechts und erreichen nach knapp 1 km **Stiklestad**.

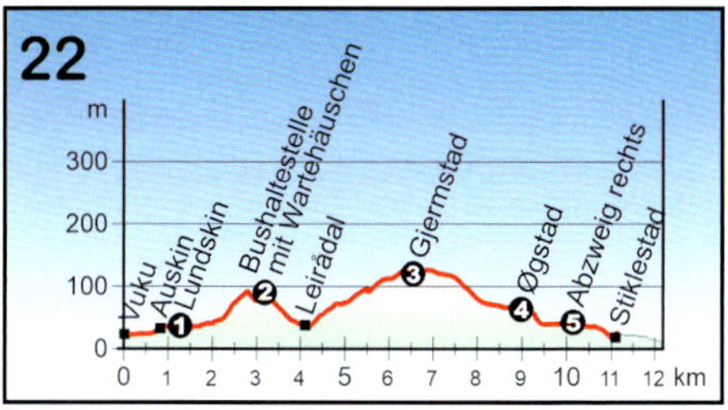

Am 29. Juli 1030 kämpfte Olav der Heilige mit seinen 3.600 Anhängern in Stiklestad gegen ein starkes norwegisches Bauernheer. Im Kampf erlitt er der Sage nach drei tödliche Verletzungen. Zunächst traf ihn ein Axthieb ins linke Bein, dann verwundete ihn ein Speer trotz des Kettenhemdes und schließlich kam eine Verletzung am Hals hinzu. Olavs Tod ging mit zahlreichen Wundern einher, sodass sich das Schlachtfeld schon bald zu einer Wallfahrtsstätte entwickelte. Die Schlacht von Stiklestad brachte dem Christentum in Norwegen endgültig den Sieg. In der Woche vor dem 29. Juli wird auf der Freilichtbühne jedes Jahr ein packendes Musical über Olavs letzte Tage aufgeführt.

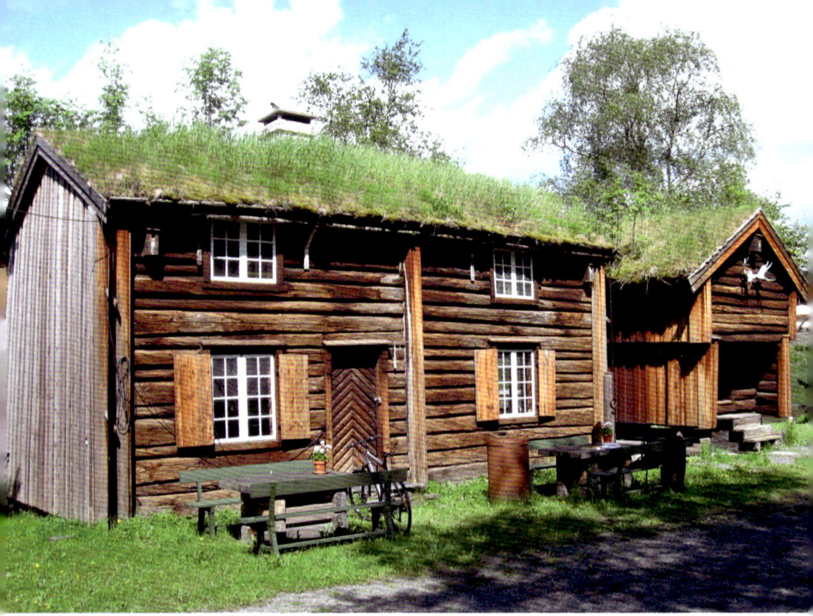

Das Freiichtmuseum zeigt tradtionelle Gebäude aus dem 18. und 19. Jahrhundert

Die Sehenswürdigkeiten des geschichtsträchtigen Dorfes befinden sich alle in unmittelbarer Nähe. Am Ortseingang thront linker Hand auf einer Kuppe das **Olavsdenkmal** mit schönen Bänken. Zu seinen Füßen breitet sich ein rot-gelber Blumenteppich in Form des Olavskreuzes aus. 150 m unterhalb liegt das Hotel Scandic Stiklestad mit Außentoilette, ⊙ Pilgerstempel und ✕ Restaurant. Im gleichen Gebäude sind auch das **Pilgerzentrum** sowie das **Nationale Kulturzentrum** (Mo-Fr 8:00-16:00) mit einer Dauerausstellung über die Zeit um 1030 n. Chr. und interessanten Wechselausstellungen untergebracht. An der gegenüberliegenden Straßenseite befindet sich die älteste und größte **Freilichtbühne** Norwegens mit einem Reiterstandbild des Künstlers Dyre Vaa. Die Arena bietet 5.500 Besuchern Platz und ist seit 1954 jedes Jahr Schauplatz für Paul Okkenhaugs packendes musikalisches Drama über die letzten Tage und Stunden des heiligen Olav. Nicht weit entfernt liegt der Eingang zum ⌘ **Freilichtmuseum**, das gut 30 traditionelle Gebäude aus dem 18. und 19. Jahrhundert zeigt, darunter eine Bäckerei, eine Tischlerei und eine Mühle.

Es schließt sich der **Mittelalterhof Stiklastadir** an, der als originalgetreue Nachbildung eines Langhauses aus der Wikingerzeit konzipiert wurde und zu verschiedenen Aktivitäten einlädt. Von hier aus sind es nur wenige Meter den Hügel hinab bis zur geschichtsträchtigen ✞ **Kirche** mit ⊙ Pilgerstempel.

✞ Die romanische **Steinkirche** wurde um 1180 errichtet und im 16. Jahrhundert erweitert. Der Sage nach steht sie an genau der Stelle, wo Olav der Heilige sich vor seinem Tod an einen Stein lehnte und Gott um Hilfe rief. Der Felsen soll in die Grundmauern eingearbeitet oder in den Altar eingelassen worden sein. Es befindet sich nach wie vor ein Stein unter dem Altar. Seine Echtheit wird angezweifelt, sein hoher symbolischer Gehalt steht jedoch außer Frage. Bei der Renovierung 1930 malte der Künstler Alf Rolfsen den Chor mit dramatischen Szenen aus, wobei das Motiv „Das Schwert und die Lilie" den Mittelpunkt bildet. Die Wandmalereien im Kirchenschiff schuf Barach Bogarth 1688. In der Nähe der Kirche stehen auch eine katholische Kapelle von 1930 sowie eine orthodoxe Kapelle von 2014.

Romanische Steinkirche von Stiklestad

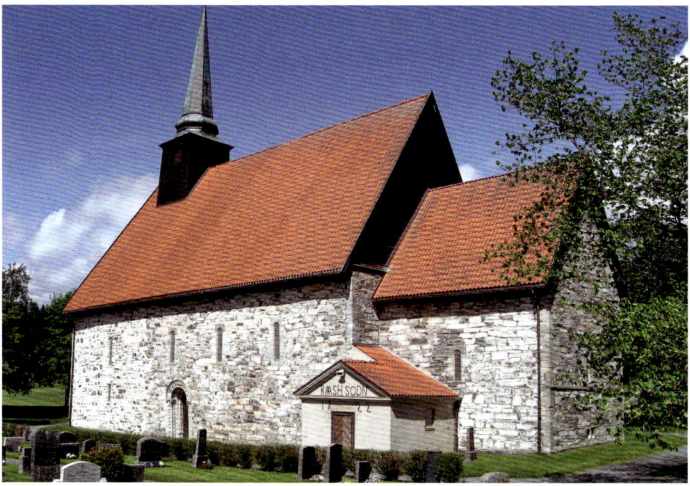

Stiklestad

Regionalt pilegrimssenter Stiklestad, Heidi Carine Brimi, Leksdalsveien 1, 7656 Verdal, +47/93 21 77 39, heidi.brimi@stolavsleden.com, Mo-Fr 8:00-16:00. Auch die rund um die Uhr geöffnete Rezeption des Hotels gibt Auskunft.

Hotel Scandic Stiklestad, Stiklestad Allee 350, 7656 Verdal, +47/74 04 42 00, stiklestad@snk.no, www.stiklestad.no, EZ/F ab NOK 863, DZ/F ab NOK 1.032, rekonstruierte mittelalterliche Herberge, Ü NOK 300, Selbstversorgung

23. Etappe: Stiklestad – Munkeby

20,2 km, 6 Std., 467 m, 398 m, 0-156 m

0,0 km	15 m	Stiklestad (Hotel Stiklestad)
3,7 km	4 m	Verdal
5,7 km	0 m	Rastplatz am Verdalselva
9,0 km	24 m	Rastplatz Søråker
11,0 km	104 m	Abzweig zum Kirchendenkmal Hallan
14,3 km	141 m	Rastplatz Skogsjale
19,5 km	31 m	Klosterruine von Munkeby
20,2 km	85 m	Munkeby Herberge

Über eine schöne Birkenallee erreichen Sie das Ortszentrum von Verdal, in dem Sie sich mit Proviant für die nächsten Tage versorgen müssen. Anschließend führt die Route auf kleinen Wegen und Straßen bergauf und bergab mit schönen Blicken auf den Trondheimfjord durch die hügelige Landschaft. Lediglich hinter Lian und vor Munkeby sind kurze Passagen auf steilen Pfaden zurückzulegen. Den krönenden Abschluss der Etappe bildet die Klosterruine von Munkeby.

Ab Stiklestad ist der St. Olavsleden konsequent in beide Richtungen beschildert. Viele Pilger beginnen ihren Weg in Oslo und erreichen Trondheim auf der Route durch das Gudbrandsdal und über das Dovrefjell. Anschließend haben sie die Möglichkeit, bis zur Todesstätte des heiligen Olav in Stiklestad weiterzulaufen.

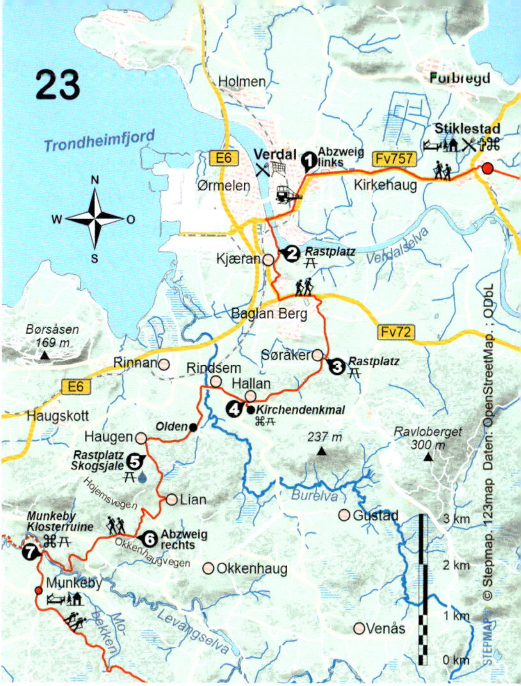

Von der Kirche in **Stiklestad** wandern Sie auf einem schönen, als Birkenallee angelegten Rad- und Fußweg parallel zur Fv757 bis **Verdal**.

Nach 3,5 km geht es links über einen Zebrastreifen ❶ Richtung Ortszentrum mit einem Rema 1000 (Mo-Fr 7:00-22:00, Sa 8:00-21:00) und einem Bunnpris mit Sonntagsöffnung (So 11:00-21:00). Hier müssen Sie sich mit Proviant für die nächsten 4-5 Tage versorgen, weil sich erst 80 km später wieder ein Supermarkt in unmittelbarer Nähe zur Route befindet.

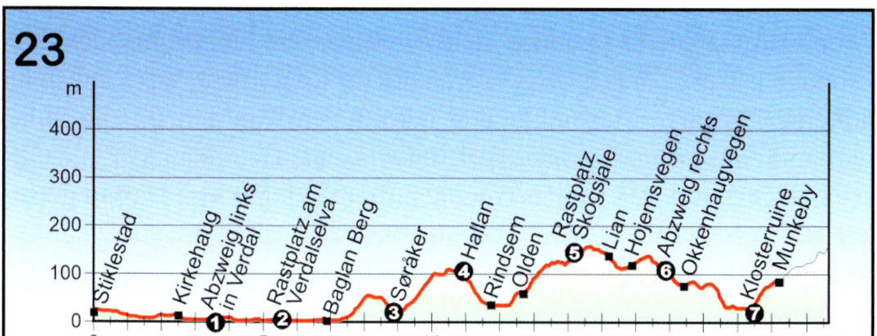

Kurz hinter einer Rechtskurve laufen Sie unter einer Brücke hindurch, dann über den Fluss Verdalselva und gleich anschließend rechts auf einen zum Ufer hinabführenden Pfad.

An der ersten Brücke sind verschiedene alte Zeichen angebracht, die von einem sogenannten **Primstav** stammen. Dieser in Schweden und Norwegen verbreitete Kalenderstab aus Holz war vom ausgehenden 15. Jahrhundert bis zum frühen 19. Jahrhundert in Gebrauch. Er ist immerwährend konzipiert und basiert auf dem 19-jährigen Zyklus des Mondes. Jedes abgebildete Symbol steht für einen wichtigen christlichen Festtag.

Nun wandern Sie unter der Eisenbahnbrücke hindurch und am Wasser entlang bis zu einem kleinen ⩚ Rastplatz ❷. Direkt dahinter biegen Sie zunächst links auf einen Feldweg ab und wenige Meter später rechts auf den schön angelegten Freizeitpfad Kjæran Turveg. An einer kleinen Brücke hängt ein Kasten mit einem Tourenbuch zum Eintragen. Hier halten Sie sich links, gehen bis zu den ersten Häusern hinauf und gelangen nach einer Rechtskurve zur Wohnsiedlung **Baglan Berg**. Dort folgen Sie der Straße Gamla Kjæran bis zur nächsten T-Kreuzung, biegen links ab und kommen nach 300 zu einer Fußgängerbrücke, auf der Sie die Fv72 überqueren.

Der Pilgerweg verläuft nun 750 m an der Schnellstraße entlang und zweigt anschließend nach rechts auf den Baglanvegen Richtung **Søråker** ab. Sie steigen kräftig bergan, halten sich 300 m später an der Gabelung halb links und erreichen nach weiteren 450 m die Anhöhe. Hier geht die Asphaltstraße in eine Schotterpiste über und führt nach Søråker hinab. An einem Gehöft ❸ befinden sich ⩚ Bänke und ein Tourenbuch zum Eintragen. Kurz danach biegt die markierte Route nach links ab, steigt auf einer Schotterpiste steil an und führt in den Wald hinein. Die Mühe wird mit einem fantastischen Blick auf wogende Getreidefelder, die Ortschaft Verdal und den weiten Trondheimfjord belohnt. Bei **Hallan** gelangen Sie auf eine kleine Asphaltstraße, der Sie nach rechts bis zu einem privaten Schotterweg Richtung Rindsem folgen.

⇘ Hier können Sie einen lohnenswerten Abstecher ❹ zu einem gut 100 m entfernten ⌘ Kirchendenkmal mit ⩚ schönen Bänken und üppigen Johannisbeersträuchern machen. An dieser Stelle stand ursprünglich eine kleine mittelalterliche Stabkirche, die am 21. Juni 1815 einer Feuersbrunst zum Opfer fiel.

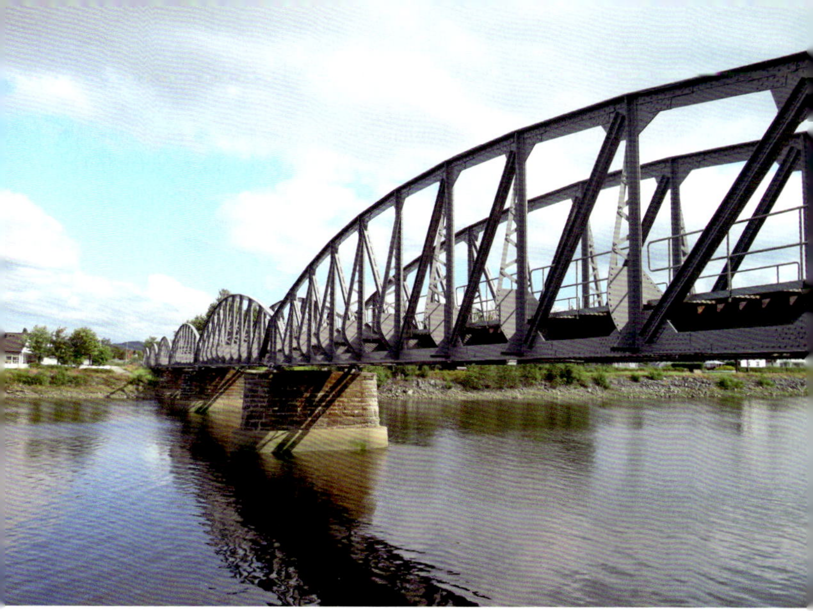

Bei Verdal führt der Pilgerweg unter der Eisenbahnbrücke hindurch

An Getreidefeldern entlang gehen Sie auf Schotter und Asphalt hinab bis **Rindsem**, wo am Bach die Kommunengrenze zwischen Verdal und Levanger verläuft. Am Ende des kleinen Weilers biegen Sie nach links auf einen Schotterweg ab, halten sich 800 m später halb rechts und kommen nach einem kräftigen Anstieg zum abgelegenen Anwesen Olden. ✋ Hier müssen Sie eine eingezäunte Weide überqueren, Sie können den Elektrozaun jedoch mühelos aushaken. Ein stellenweise matschiger Pfad führt ca. 1 km durch den Wald, über abgeholzte Flächen und am Waldrand entlang bis Haugen. Hier halten Sie sich links und erreichen auf einer bequemen Schotterpiste wenig später den tollen ⩚ Rastplatz **Skogsjale ❺** mit Tourenbuch, ⊙ Pilgerstempel und 💧 Frischwasserkanister.

500 m später nehmen Sie einen Schotterweg nach rechts, laufen bis Lian hinab, halten sich dort an der T-Kreuzung noch einmal rechts und gehen weiter bergab bis zur Asphaltstraße Hojemsvegen. Hier wendet sich der St. Olavsleden nach rechts, zweigt 350 m später links auf einen Schotterweg ab und führt 400 m nach einer Linkskurve ❻ rechts in den Wald hinein. Ein 600 m langer, recht steiler und stellenweise matschiger Pfad

bringt Sie zur Asphaltstraße Okkenhaugvegen. Hier biegen Sie rechts ab und folgen 200 m später dem Hinweisschild „Munkeby 3 km" nach links. Auf einem bequemen Schotterweg könnten Sie nun das letzte Stück bis zur 🛏 ⛺ Munkeby Herberge zurücklegen.

✋ Der offizielle, erst kürzlich verlegte Weg verlässt die Straße jedoch nach 500 m, setzt sich rechter Hand auf einem Pfad fort und führt zunächst um ein Feld herum. Dann geht es auf einem schönen, aber recht steilen Waldweg hinab zum Fluss Levangselva und anschließend stromabwärts am Ufer entlang. Der teilweise stark zugewachsene Pfad wird von Gestrüpp, aber auch von Himbeersträuchern gesäumt. Nach 700 m überqueren Sie auf einer kleinen Holzbrücke das Gewässer, folgen dem Hinweisschild Richtung Herberge und kommen nach 100 m zur ⌘ **Klosterruine von Munkeby** ❼ mit ⊼ Rastplatz, Toilette und Infotafel.

☺ An dieser Stelle zweigt der sogenannte **Yttre leden** ab, eine alternative Route zum hier beschriebenen Pilgerweg. Er führt in drei Tagesetappen über Levanger zur Klosterinsel Tautra, von wo aus Sie mit dem Boot nach Trondheim übersetzen können. Der Schiffsverkehr richtet sich allerdings nach dem aktuellen Bedarf, sodass Sie die Überfahrt mehrere Tage im Voraus buchen müssen.

⌘ Das ehemalige **Kloster von Munkeby** wurde zwischen 1150 und 1180 von englischen Mönchen als weltweit nördlichste Niederlassung des damals noch sehr jungen Zisterzienserordens gegründet. Schon 1207 verlegte die Ordensgemeinschaft ihren Sitz auf die Insel Tautra im Trondheimfjord. Die 34 x 10 m große Kirche blieb stehen, diente bis zur Reformation als Pfarrkirche für die umliegenden Dörfer und wurde erst 1589 endgültig aufgegeben. Sie war der heiligen Brettiva geweiht und bestand ursprünglich aus einem Langhaus und einem Chor mit Seitenkapellen. Später diente sie als Steinbruch, sodass die Außenmauern nur bis zu einer Höhe von 1-2 m erhalten geblieben sind. 2007 gründete eine französische Ordensgemeinschaft ein neues Kloster in Munkeby, ca. 1,5 km von der Ruine entfernt. Seit 2009 leben hier vier Mönche und widmen sich u. a. der Käseherstellung auf traditionelle französische Art.

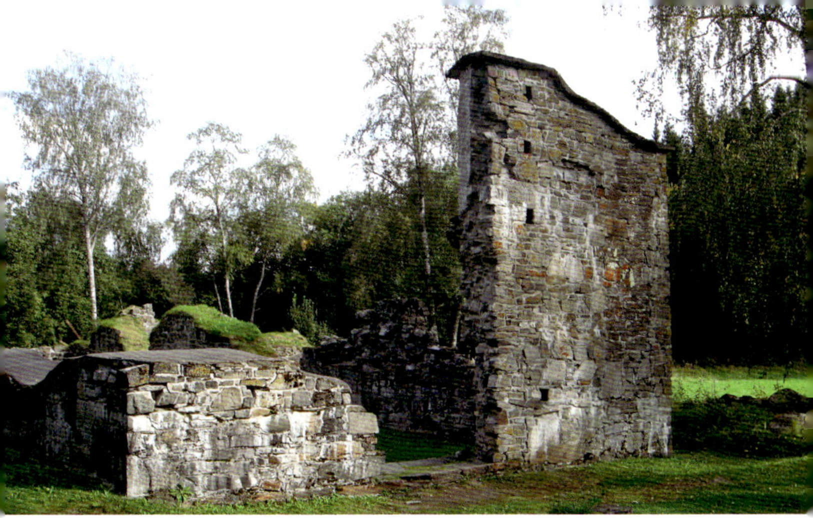

Das ehemalige Kloster von Munkeby

Von der Klosterruine gehen Sie 700 m den Schotterweg bergauf und an den ersten Häusern immer geradeaus bis zur **Munkeby Herberge**.

Munkeby Herberge, Håkon Fiskvik, Munkebyveien 245, 7608 Levanger, +47/99 69 23 15, munkebyherberge@ntebb.no, www.munkeby-herberge.no, Ü NOK 180, Ü/F NOK 260, Ü/F NOK 450, AE NOK 140, Selbstversorgung möglich

24. Etappe: Munkeby – Markabygda

20,6 km, 6 Std. 30 Min., 690 m, 650 m, 85-429 m

0,0 km	85 m	Munkeby Herberge
4,0 km	190 m	Hochsitz im Wald
7,3 km	321 m	Wanderparkplatz Lavøya
12,7 km	419 m	Rastplatz bei Tomtvasslia
14,4 km	378 m	Alm Hegglia
16,1 km	324 m	Hegglivollen
17,6 km	170 m	Herberge Troset Gård
20,6 km	127 m	Markabygda (Kirche)

Natur pur, viel Wald und absolute Stille sind die Charakteristika dieser recht kurzen, aber anspruchsvollen Etappe. Die zweite Hälfte führt fast ausnahmslos auf sumpfigen Pfaden von Alm zu Alm, wobei großartige Ausblicke und viele Blaubeeren für die Mühen entschädigen. Ein deutliches Manko ist der Mangel an Rastplätzen, es gibt auf der gesamten Strecke nur eine einzige Bank.

Mit schönem Blick auf die Höfe von **Munkeby** wandern Sie von der Herberge die Schotterpiste bergauf und biegen 400 m später links in den Wald ab. An der nächsten Gabelung halten Sie sich wieder links, laufen an der Hochspannungsleitung entlang und nehmen nach 150 m einen nach links abzweigenden Waldweg. Die nächsten 1,5 km sind durch Stille und Abgeschiedenheit gekennzeichnet. Der schattige, teilweise sehr feuchte Weg passiert schroffe Felswände und ein munter plätscherndes Bächlein. Kurz darauf wenden Sie sich an einer Gabelung nach links und beginnen 500 m später mit dem Abstieg auf einem feuchten, zugewachsenen und stellenweise sehr holprigen Pfad, der im weiteren Verlauf jedoch wieder trockener und breiter wird.

Durch Wald und über Lichtungen geht es gut 1 km bis zu einem Hochsitz ❶, der einen schönen Blick über die bewaldeten Hügel bietet und als Rastplatz dienen kann. Mit etwas Glück können Sie Wild beobachten, bevor Sie weiter bergab laufen und nach 350 m an einer T-Kreuzung links auf einen Schotterweg abbiegen. Dieser mündet 450 m später in die breite Schotterpiste **Tomtvassvegen**, der Sie nun knapp 6 km Richtung Süden (rechts) folgen. Die Markierung lässt manchmal zu wünschen übrig, es geht aber immer geradeaus. Der kaum frequentierte Weg ist als breite, lichtdurchflutete Schneise in den Wald geschnitten und führt durch die hügelige Landschaft auf und ab. Sie passieren nach 1 km das Moor Spjeldmyra und 1,5 km später den Wanderparkplatz **Lavøya** ❷. Beschilderte Langlaufloipen, Wanderwege und Mountainbikestrecken weisen die Gegend als attraktives Freizeitgebiet aus. Nun sind es noch 2,7 km, bis die nordwestliche Spitze des Sees **Tomtvatnet** durch die Bäume schimmert und die ersten Ferienhäuser am Ufer sichtbar werden.

500 m danach verlässt der Pilgerweg die Schotterpiste nach rechts ❸ und endet kurz darauf an einem Gatter. Sie müssen sich unterhalb der nahe

gelegenen Alm halten und deshalb etwas weiter links vom Gatter über den Zaun steigen. Ein paar Holzsprossen helfen bei der beschwerlichen Kletterpartie. Der Weg verläuft noch ein kurzes Stück am Zaun entlang und führt dann schräg die Wiese hinauf. Von der Lichtung haben Sie einen schönen Blick ins Tal und auf den Tomtvatnet. Einige Baumstümpfe können als Picknickplatz dienen und mit etwas Glück lassen sich hier wunderschöne Schmetterlinge beobachten.

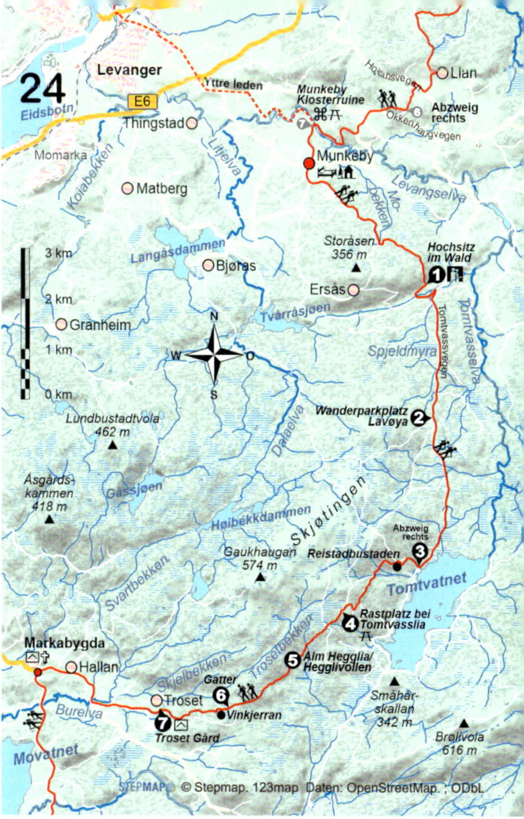

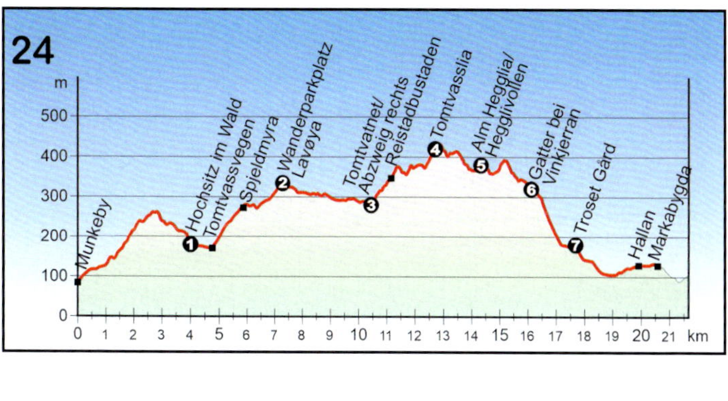

Kurz darauf müssen Sie mithilfe von Holzsprossen über einen weiteren Zaun klettern und rechts auf einen Wiesenweg abbiegen, der nach einer Linkskurve an der Alm **Reistadbustaden** vorbeiführt. Nun geht es noch einmal nach rechts und auf einem schmalen Pfad hinauf bis zu einem Strommast. Der Pilgerweg verläuft nun 1 km an der Hochspannungsleitung entlang und ist dabei extrem sumpfig. Zahlreiche Blaubeeren und ein toller Blick auf den See entschädigen jedoch für die Mühen. Schließlich durchqueren Sie einen kleinen Bach, gelangen kurz darauf zu einer T-Kreuzung und folgen dem Schotterweg rechts den Berg hinauf. 300 m später erreichen Sie bei der Alm **Tomtvasslia** ❹ den einzigen ⚼ Rastplatz des Tages mit schöner Aussicht über das Tal.

Weiter geht es durch das Gatter, über die Kuhweide, zwischen den beiden Gebäuden der Alm hindurch und auf der Wiese bergab bis zu einem weiteren Gatter. Im Wald beginnt wieder ein sumpfiger Abschnitt mit kleinen Bachdurchquerungen, wobei sich die schlimmsten Stellen oft am Rand umgehen lassen.

Von der Alm Tomtvasslia bietet sich ein schöner Blick ins Tal

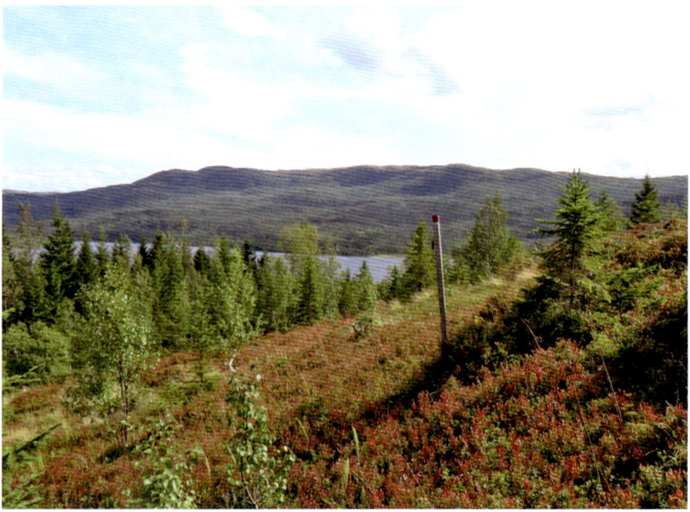

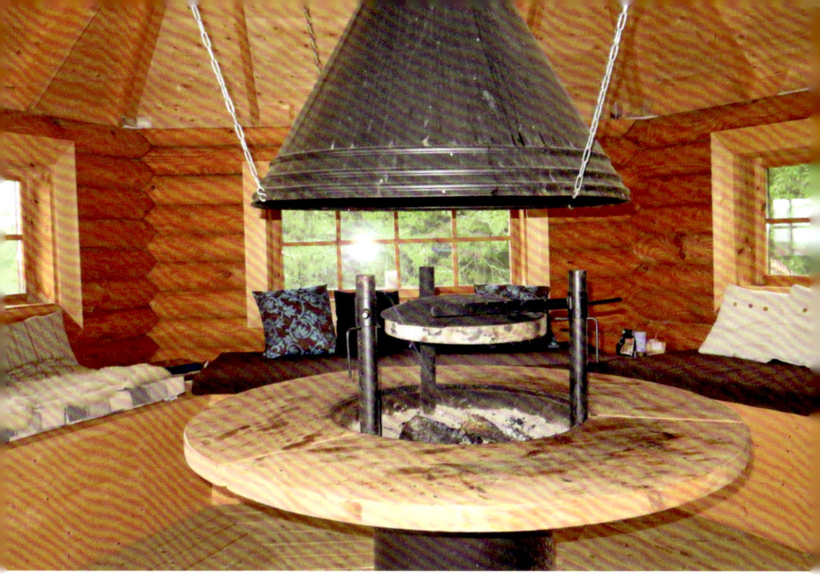

Die Grillhütte auf dem Hof Troset Gård wurde extra für Pilger errichtet

Nach ca. 1,5 km führt die markierte Route an der Alm **Hegglia ❺** kurz aus dem Wald heraus und über eine Weide. Dann liegt ein letzter sumpfiger Abschnitt vor Ihnen, bis Sie 1,5 km später zu einem breiten Wiesenweg kommen, kurz geradeaus weiterlaufen und dann nach rechts abbiegen. Gleich hinter dem Gatter bei **Vinkjerran ❻** haben Sie einen fantastischen Blick auf den See Movatnet und die Siedlung Markabygda, umgeben von Wäldern und Getreidefeldern. Markierungen in einzelnen Birken und links am Waldrand leiten Sie über die Wiese bergab. ✋ Da der Untergrund starke Unebenheiten aufweist, ist Vorsicht geboten. Hinter einer Zauntreppe geht es ein letztes Mal in den Wald hinein. An der nächsten Gabelung halten Sie sich rechts und erreichen auf einem bequemen Feldweg nach 400 m die Unterkunft ⌂ **Troset Gård ❼**.

⌂ **Troset Gård**, Heidi Troset, Trosetvegen 111, 7622 Markabygda, ☎ +47/95 15 14 20, ✉ pilgrim@troset.com, 💻 www.troset.com, Ü Grillhütte NOK 211, Ü Großmutterhaus (mit Küche, Bad und Waschmaschine) NOK 411, F NOK 111, AE NOK 211, Selbstversorgung möglich. Zusätzliche Angebote wie Akupunktur, Qigong, Meditation und Achtsamkeit (Mindfulness) laden zu einem Ruhetag ein.

Kurz vor dem Hof gibt es seit 2018 eine neue Quelle, die pro Stunde zwischen 1.000 und 2.000 l Wasser hervorbringt. Wie durch ein Wunder entsprang sie mitten in einem der heißesten Sommer Norwegens, als viele andere Olavsquellen bereits versiegt waren.

Von Troset führt ein 1,4 km langer Schotterweg ins Tal hinab bis zu einer T-Kreuzung, an der Sie rechts abbiegen und geradeaus bis zur Ortschaft **Markabygda** wandern. Am Ortseingang geht der Schotter in Asphalt über und kurz darauf liegen linker Hand die schöne Holzkirche von 1887 und das als Pilgerunterkunft dienende Gemeindehaus.

Markabygda Kirkestue, Støringvegen 13, 7622 Markabygda, +47/97 15 92 40 (Marie), +47/92 46 96 73 (Peder), +47/99 58 23 91 (Morten), nur Barzahlung! m-stue@outlook.com, www.markabygdakirkestue.wordpress.com, Schlafsaal mit 6 Betten und 15 Matratzen, Gemeinschaftsbad, Gemeinschaftsküche, Ü NOK 150, Ü/F NOK 250, AE NOK 100, LP NOK 50, Selbstversorgung möglich

25. Etappe: Markabygda – Borås

20,3 km, 5 Std. 30 Min., 496 m, 419 m, 85-293 m

0,0 km	127 m	Markabygda (Kirche)
4,2 km	142 m	Abzweig auf Schotterpiste mit Bank
8,0 km	279 m	Wanderparkplatz 10 på Topp
10,0 km	265 m	Felsbank am Bulandsvatnet
12,7 km	245 m	Badestelle Bulandsvatnet
14,2 km	292 m	Kriegsdenkmal Bulandet
15,8 km	194 m	Lia
18,2 km	191 m	Rastplatz Ausetvatnet
20,3 km	179 m	Herberge Borås Gård

Auf einfach zu gehenden Schotterpisten und kleinen Sträßchen führt der Weg an den drei Seen Movatnet, Bulandsvatnet und Ausetvatnet entlang durch die hügelige Landschaft. Schöne Ausblicke, herrliche Rastplätze in Ufernähe und die beinahe menschenleere Natur machen den Charme dieser Etappe aus. Gedenksteine in Bulandet und Borås erinnern an die Opfer des Zweiten Weltkriegs und an weniger friedliche Zeiten.

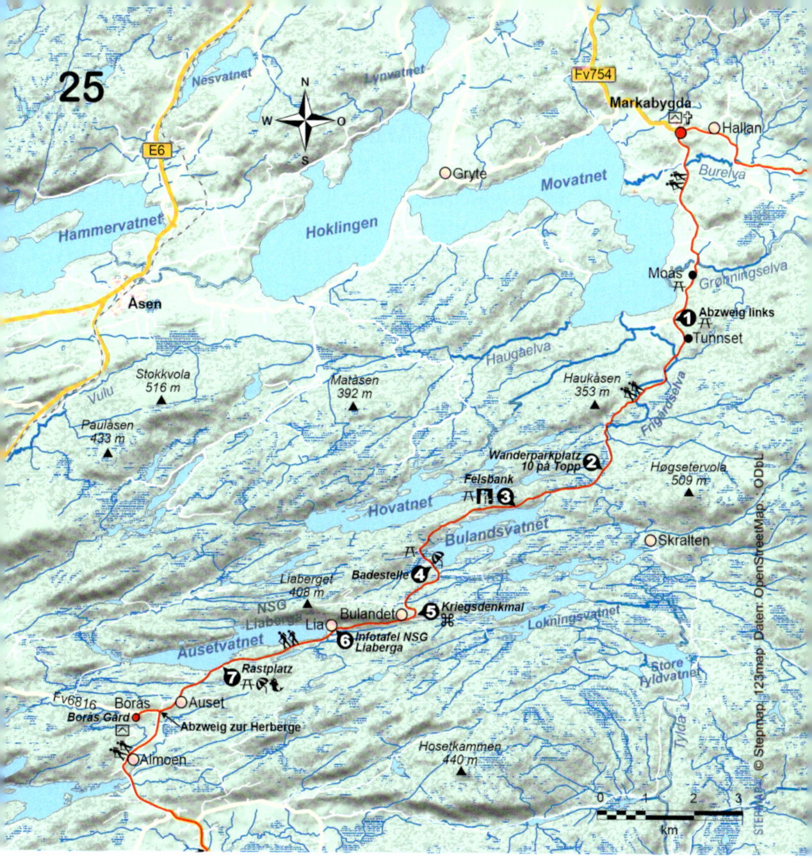
25
N
W
O
S
Nesvatnet
Lynvatnet
Fv754
Markabygda
Hallan
E6
Gryte
Movatnet
Burelva
Hammervatnet
Hoklingen
Moås
Grønningselva
Åsen
Abzweig links
Tunnset
Haugaelva
Stokkvola
516 m
Matåsen
392 m
Haukåsen
353 m
Vulu
Frigårdselva
Paulåsen
433 m
Wanderparkplatz
10 på Topp
Høgsetervola
509 m
Felsbank
Hovatnet
Bulandsvatnet
Skralten
Badestelle
Liaberget
408 m
NSG
Liaberga
Bulandet
Kriegsdenkmal
Lia
Lokningsvatnet
Ausetvatnet
Infotafel NSG
Liaberga
Store
Tyldvatnet
Rastplatz
Fv6816
Borås
Auset
Borås Gård
Abzweig zur Herberge
Tylda
Almoen
Hosetkammen
440 m
0
1
2
3
km
© Stepmap, 123map Daten: OpenStreetMap, ODbL

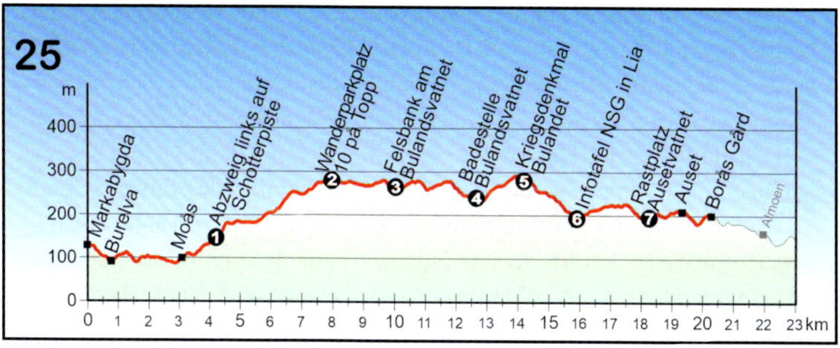
25
m
400
300
200
100
0
Markabygda
Burelva
Moås
Abzweig links auf Schotterpiste
Wanderparkplatz 10 på Topp
Felsbank am Bulandsvatnet
Badestelle Bulandsvatnet
Kriegsdenkmal Bulandet
Infotafel NSG in Lia
Rastplatz Ausetvatnet
Auset
Borås Gård
Almoen
0
1
2
3
4
5
6
7
8
9
10
11
12
13
14
15
16
17
18
19
20
21
22
23 km

Direkt hinter der ✞ **Kirche von Markabygda** biegt der Pilgerweg auf eine mäßig befahrene Asphaltstraße ab, die sich kurvenreich ins Tal hinab und durch die hügelige Landschaft schlängelt. Nach 1,3 km kommt der See **Movatnet** in den Blick, umgeben von bewaldeten Hügeln, einzelnen Höfen, Weiden und Getreidefeldern. Das idyllische, friedliche Gewässer liegt für 1,7 km auf der rechten Seite, dann führt der Weg über den Fluss Grønningselva in den Wald hinauf. Nach 300 m erreichen Sie bei Moås einen kleinen ⩩ Rastplatz an einem roten Schuppen und steigen anschließend ca. 1 km weiter bergauf bis zu einem Abzweig mit ⩩ Bank ❶. Hier halten Sie sich links und wandern bis zum verlassenen Gehöft **Tunnset**.

Kurz hinter einer Brücke zweigt der St. Olavsleden nach links auf eine mautpflichtige, kaum befahrene Schotterpiste ab. Mit zunehmender Höhe lichtet sich der Wald und Felsen säumen den Straßenrand. Nach 3 km liegt auf der Anhöhe der Parkplatz **10 på Topp** ❷ mit beschilderten Loipen und Wanderpfaden. Sie setzen Ihren Weg auf der Schotterpiste fort und passieren ein Moor sowie bizarre Felsformationen. Nach 1,2 km kommt der See **Bulandsvatnet** in den Blick, zu dem Sie 500 m später hinabwandern. Direkt vor einer Leitplanke können Sie links ein paar Schritte zu einer natürlichen Felsbank ❸ hinaufgehen, die zu einer ⩩ 🚻 Rast mit tollem Panoramablick einlädt. ✋ Der Picknickplatz befindet sich direkt an einer Steilküste mit senkrecht abfallenden Felsen.

Auf Ihrem Weg bergab zum Ufer überqueren Sie die Kommunengrenze zwischen Levanger und Stjørdal. Leider versperren am See zahlreiche private Feriendomizile den Zugang zum Wasser. Kurz vor einer Linkskurve können Sie an einem kleinen ⩩ Rastplatz mit Sitzgruppe eine Pause einlegen.

Der Weg umrundet nun das südwestliche Ende des Bulandsvatnet und kommt nach 400 m an einer Badestelle ❹ vorbei, bevor er das Wasser verlässt und durch den Wald hinauf zum Hof Bulandet führt. Die Markierung ist auf den folgenden 1,5 km spärlich, es geht aber immer geradeaus.

In **Bulandet** steht links vom Weg ein ⌘ Denkmal ❺ für den in Kriegsgefangenschaft geratenen und in Dachau umgekommenen Norweger Ludvik Buland. Von der Anhöhe folgt nun ein steiler, 1,6 km langer Abstieg hinab zum Weiler Lia ❻, der am östlichen Ende des idyllischen Sees **Ausetvatnet** liegt. Eine Infotafel weist auf das Naturschutzgebiet Liaberga hin.

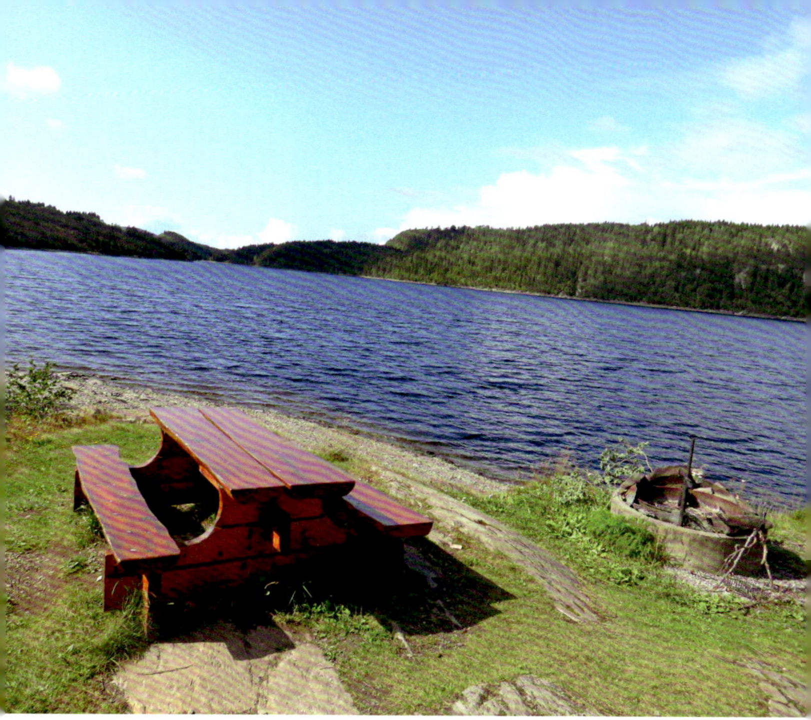

Großzügig angelegter Rastplatz am südlichen Ufer des Ausetvatnet

Das seit 1981 bestehende Naturschutzgebiet **Liaberga** oberhalb des nördlichen Seeufers erstreckt sich fast bis zum 408 m hohen Berg Liaberget hinauf. Aufgrund der südlichen Hanglage gedeiht hier ein sogenannter Edellaubwald mit einem großen Bestand an Ulmen und Haselnusssträuchern. Da diese Baumarten viel Sonne sowie einen nährstoffreichen Boden benötigen, sind sie vorwiegend in südlicheren Ländern beheimatet.

Der Pilgerweg führt die nächsten 2,4 km am südlichen Ufer des Sees entlang, das jedoch zeitweise hinter einer Felswand verschwindet. Am Ende des Ausetvatnet gelangen Sie zu einem großzügig angelegten ⛼ Rastplatz ❼ mit Bänken und Tischen sowie Grill und (kostenpflichtiger) Angelmöglichkeit.

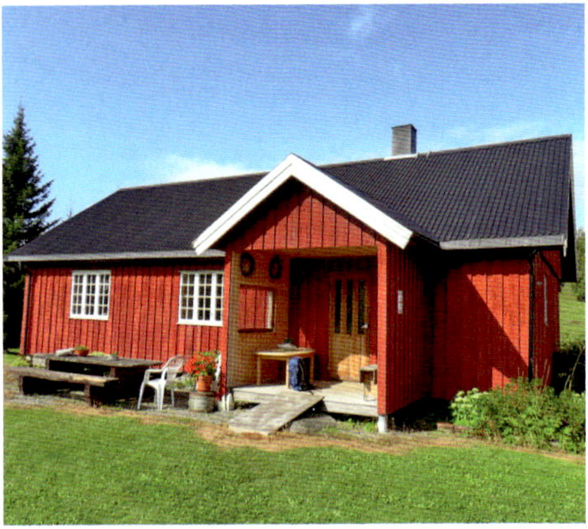

Pilgerherberge Borås Gård

Nach einem gut 1 km langen Anstieg erreichen Sie den Hof **Auset**, von dem aus Sie einen schönen Ausblick über die bewaldeten Hügel der nördlichen Skjelstadmarka genießen können. Anschließend laufen Sie 600 m hinab zur Straßenkreuzung in Borås. Zur ⌂ Herberge **Borås Gård** folgen Sie dem Wegweiser 400 m nach rechts den Hügel hinauf. Gegenüber vom Hof steht etwas oberhalb der Straße auf einer Weide ein interessantes ⌘ Kriegsdenkmal.

⌂ **Borås Gård**, Solfrid und Guri Frigaard, Langsteinvegen 1036, 7520 Hegra, ✆ +47/92 46 46 65, ✉ gurifrigaard1@gmail.com, borasgard@gmail.com, 💻 www.borasgard.wordpress.com, 3 Zimmer mit 10 Betten, Gemeinschaftsküche, Gemeinschaftsbad, Ü NOK 200, F NOK 50, AE NOK 100, Selbstversorgung möglich, ✋ nur Barzahlung!

⌘ Das Denkmal in **Borås** erinnert an 13 englische Luftwaffensoldaten, die im Zweiten Weltkrieg ihr Leben ließen. Im Januar 1942 ließ Hitler sein größtes Kriegsschiff, die 251 m lange „Tirpitz“, mit 2.340 Mann Besatzung nach Norwegen verlegen und im nordwestlich von Borås gelegenen Fættenfjord stationieren. Auf Befehl von Churchill griff die englische Luftwaffe die Tirpitz mehrfach an. Der Hauptangriff erfolgte in der Nacht vom 27. auf den 28. April 1942 mit insgesamt 40 Flugzeugen, von denen fünf abgeschossen wurden. Ein brennendes Wrack stürzte direkt oberhalb des Hofes Borås Østre ab, wobei die verbliebene Munition unter kräftigen Detonationen explodierte.

26. Etappe: Borås – Ersgård

➲ 19,3 km, ⌛ 5 Std. 30 Min., ↑ 332 m, ↓ 512 m, ⇧ 1-196 m

0,0 km	⇧ 179 m	Herberge Borås Gård ⍓
0,4 km	⇧ 179 m	Wiedereinstieg in den Pilgerweg
4,4 km	⇧ 77 m	Gedenkstein Hovraset ⌘ ⩚
10,8 km	⇧ 150 m	Rastplatz Monaplassen ⩚
11,9 km	⇧ 194 m	Rastplatz Vollshaugen ⩚ 🚻
13,6 km	⇧ 124 m	Rastplatz Bjørdalsplassen ⩚
16,5 km	⇧ 10 m	Kirche von Værnes und Stjørdal Museum ✞ ⌘ ☕ ⩚ 💧
18,4 km	⇧ 3 m	Rastplatz Mælen Bru ⩚
18,6 km	⇧ 3 m	Abzweig zur Herberge Ersgård
19,3 km	⇧ 10 m	Ersgård 🛏 🏠

Von Borås führt der Weg zunächst ca. 9 km an kleinen Landstraßen entlang durch Felder, Weiden und verträumte Siedlungen. Dann folgt bei Kokåsen ein anspruchsvoller Abschnitt mit steilen Anstiegen, feuchten Pfaden und glitschigen Bohlen, aber auch mit friedlichen Rastplätzen und herrlichen Ausblicken.

Höhepunkt der Etappe ist die mittelalterliche Kirche von Værnes mit ihrer einzigartigen Dachkonstruktion.

Von der ⍓ Herberge **Borås Gård** gehen Sie 400 m die Straße hinunter bis zur T-Kreuzung und halten sich dort rechts. Nun sind Sie wieder auf dem Pilgerweg und folgen ihm 1 km ins Tal hinab bis nach Fossen, wo früher eine Wassermühle stand. Die mäßig befahrene Landstraße Fv6816 (in manchen Karten Fv42) schlängelt sich durch Täler und über Hügel, passiert den Weiler Almoen sowie die östliche Spitze des Sees Almovatnet und erreicht nach 2 km **Okkelberg** mit einer schönen Kapelle aus dem Jahr 1905.

1 km später biegt der St. Olavsleden nach rechts auf die Landstraße 6794 (in manchen Karten Fv29) Richtung Hofstad ab. An der Kreuzung befindet sich ein ⩚ Rastplatz ❶ mit einem ⌘ Gedenkstein und einer Infotafel zur tragischen Naturkatastrophe Hofraset.

Am Abend des 14. September 1962 wurde das Dorf Skjelstadmark von einer großen Naturkatastrophe getroffen, dem sogenannten **Hofraset**. 2 Mio. m^3 Schlamm lösten sich von einem Berg bei Hoven und flossen ins Tal hinab. Die Lawine erfasste den Hof der Familie Reberg und zerstörte ihn vollkommen. Während fünf Menschen lebend geborgen werden konnten, fand man die Leiche des 2-jährigen Alf Magnar erst zwei Tage später.

Laut Wegweiser sind es jetzt noch 65 km bis Trondheim. Sie folgen der Asphaltstraße 4,6 km lang durch die landwirtschaftlich geprägte Skjelstadmarka mit Höfen, Feldern und Weiden. Kurz vor **Kvittem** führt die Straße für knapp 500 m in den Wald hinauf. Am Ende des kurzen Waldstücks zweigt die markierte Route nach rechts auf eine Schotterpiste ab ❷. Sie laufen mit Blick auf eine Skisprungschanze weiter, biegen 150 m später rechts auf einen Wiesenweg Richtung Monaplassen ab und halten sich an der nächsten Gabelung noch einmal rechts. Auf einem sumpfigen, teilweise mit Bohlen ausgelegten Pfad geht es über das Moor Hofstadmyra und durch den Wald bergauf Richtung Kokåsen. Mit etwas Glück können Sie hier schmackhafte Pilze wie die Gelbe Kantarelle finden. Nur das Dröhnen der Flugzeuge am Himmel und das Tuten der Züge im Tal durchbrechen die tiefe Stille und erinnern an die Zivilisation.

Waldpfad bei Monaplassen

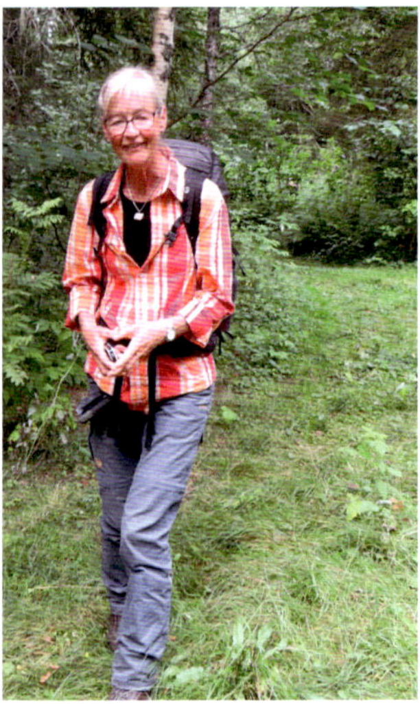

Nach 1,5 km erreichen Sie den auf einer Lichtung gelegenen ⩩ Rastplatz **Monaplassen** ❸ mit Tischen, Bänken und Tourenbuch. Der im August 2019 vom örtlichen Rotary Club errichtete Unterstand bietet nicht nur Schutz vor Regen und Wind, sondern kann auch als einfache Schlafstätte für bis zu vier Personen dienen. Es ist kaum vorstellbar, dass an diesem schattigen, feuchten Platz bis 1860 eine kinderreiche Familie einen kleinen Hof bewirtschaftete.

Am Ende der Lichtung macht der St. Olavsleden eine Rechtskurve, führt in den Wald hinein und biegt nach kurzer Zeit links auf einen Wiesenweg ab. Die ausgelegten Bohlen können bei nassem Wetter extrem glitschig sein. Passen Sie auf, dass Sie nicht ausrutschen! An der nächsten Gabelung folgen Sie dem Wegweiser Richtung Vollshaugen und nehmen einen schmalen, aus dem Wald herausführenden Pfad über Wurzeln und Steine. Nach einem steilen Anstieg werden Sie beim Rastplatz und Aussichtspunkt Vollshaugen ❹ mit einem fantastischen Blick über das weite Tal belohnt.

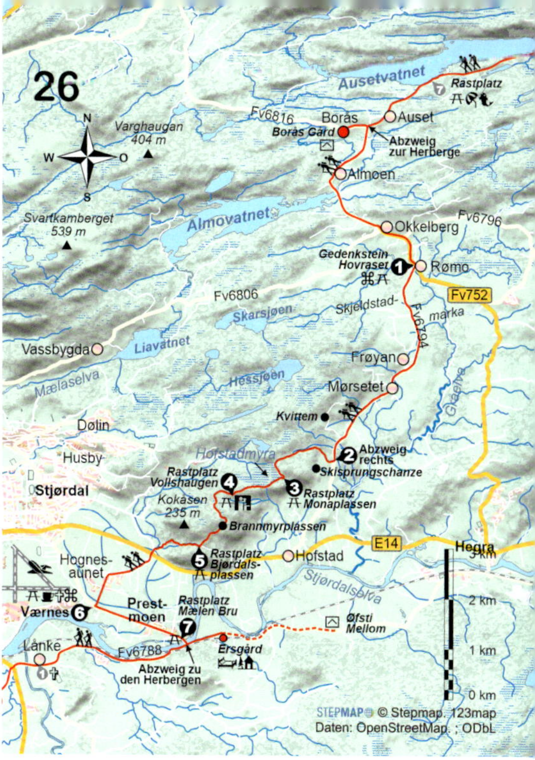

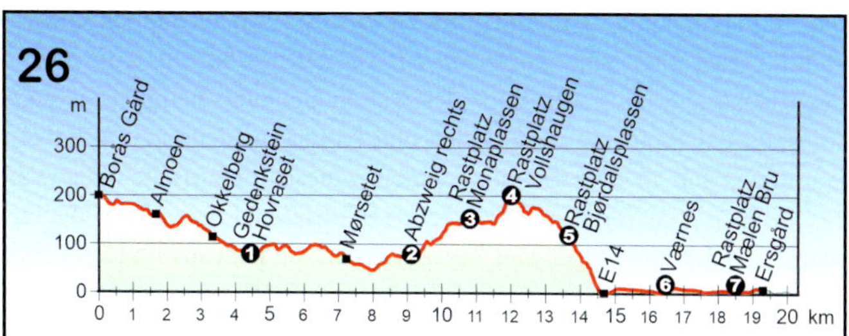

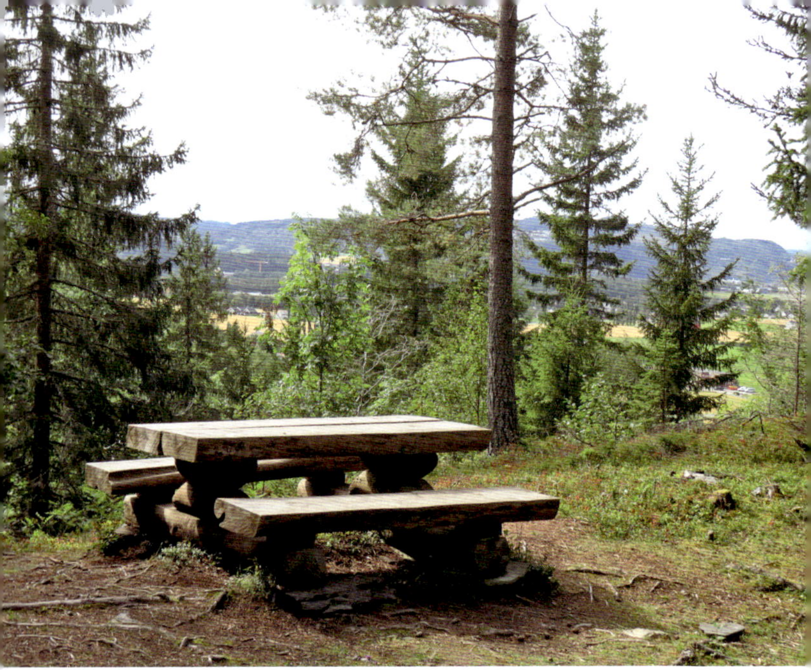

Rastplatz Vollshaugen

Während des Abstiegs passieren Sie zunächst abgeholztes Terrain und ein kleines Moor. Dann führt ein feuchter Wiesenweg in den Wald hinein und mündet bei **Brannmyrplassen** in eine Schotterpiste. Zu Beginn des 19. Jahrhunderts befand sich an dieser Stelle eine kleine Kate, die jedoch nur von einer Generation bewirtschaftet und 1848 aufgegeben wurde. Himbeersträucher säumen den 600 m langen Weg bis zum großzügig angelegten ⛩ Picknickplatz **Bjørdalsplassen** ❺ mit Tischen, Bänken und Unterstand. Hier lag von 1660 bis 1910 ebenfalls ein von Häuslern bewirtschafteter Hof. Am Ende des weiten Geländes nehmen Sie an einer Infotafel den Abzweig nach rechts und laufen auf dem steil absteigenden Gammelvegen in eine Schlucht hinein. Dieser historische Weg war bis 1864 die einzige Verbindung zwischen Stjørdal und dem 10 km weiter östlich liegenden Ort Hegra. Der Verkehr quälte sich am steilen Hang entlang, bis die neue Talstraße am Fluss Stjørdalselva eröffnet wurde.

Nach 400 m kommen Sie an dem großen Felsbrocken Storsteinen vorbei, der laut Sage von einem Troll hierhergebracht wurde. 450 m später biegt der Weg direkt vor einem Rastplatz links ab und führt auf einem sehr steilen Pfad hinab zur Schnellstraße.

⇘ ⌘ Vorher können Sie einen kleinen Abstecher zu den Überresten eines Schiefersteinbruchs machen, der zwischen 1866 und 1891 sehr intensiv betrieben und anschließend sporadisch weiter genutzt wurde.

Durch einen Fußgängertunnel unterqueren Sie die E14 und folgen auf der anderen Seite der Asphaltstraße Hognesaunvegen. Aufgrund der Einflugschneise des Trondheimer Flughafens ist immer wieder mit tief fliegenden Maschinen und Fluglärm zu rechnen. 1 km später biegt die Route nach links in den Jossiasvegen ab und führt durch ein Neubaugebiet bis zur mittelalterlichen **Kirche von Værnes** ❻ mit Bänken und Frischwasser. Laut Steinmonument sind es jetzt noch 47 km bis Nidaros.

Die um 1100 errichtete Kirche von Værnes

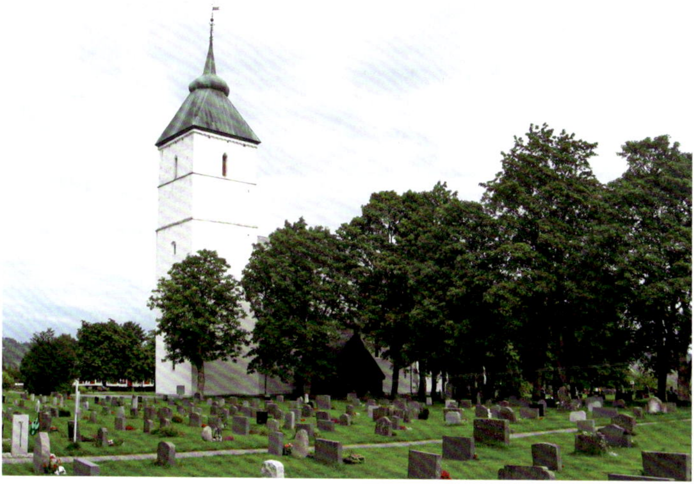

✞ Die **Kirche von Værnes** wurde um 1100 im romanischen Stil errichtet und gilt als ältestes Steingebäude Norwegens. Einzigartig ist das 800 Jahre alte, original erhaltene Dach, das u. a. als Vorbild für die Dachkonstruktion im Nidarosdom diente. Das Altarbild von 1639, ein Kirchenstuhl von 1685 und wertvolle Fresken machen das Gotteshaus zu einem wahren Kleinod. Am Eingang weist ein unscheinbares Schild darauf hin, dass der Kirchenraum 1814 im Rahmen der ersten nationalen Wahl Norwegens als Wahllokal genutzt wurde.

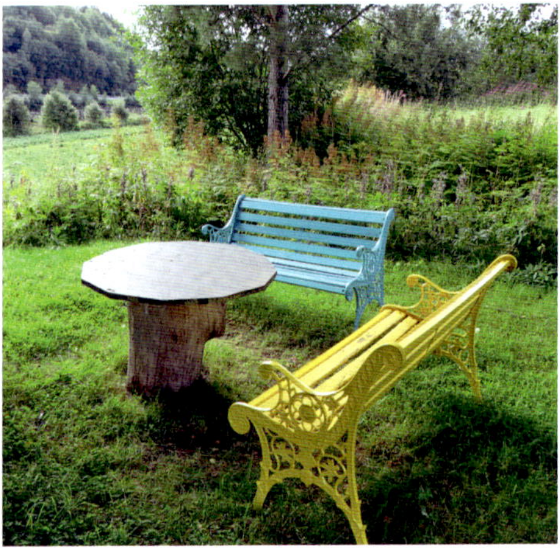

Liebevoll gestalteter Picknickplatz bei Mælen Bru

Neben der Kirche liegt der ehemalige Pfarrhof von 1820, der heute das ⌘ **Stjørdal Museum** mit Wechselausstellungen und ☕ Sommercafé beherbergt (🚪 Di-Fr 11:00-16:00, Sa 11:00-15:00, So 12:00-16:00). Von dort folgen Sie der teilweise verkehrsberuhigten Straße Prestmovegen 2 km durch ein Wohngebiet bis zur Brücke **Mælen bru**. Direkt am Wasser befindet sich ein schöner ⛩ Picknickplatz ❼ mit leuchtend farbigen Bänken. Am anderen Ufer des Flusses Stjørdalselva biegt der Pilgerweg Richtung Westen ab, während die Unterkünfte 🛏 🏠 **Ersgård** und ⌂ Øfsti Mellom 700 m bzw. 3 km östlich von der Brücke liegen.

🛏 🏠 **Hotel & Konferenzzentrum Ersgård**, Sørsidevegen 460, 7514 Stjørdal, 📱 +47/90 18 72 20, ✉ post@ersgard.no, 💻 www.ersgard.no, 🛏 14 Zimmer mit 27 Betten, Küche, Gemeinschaftsbad, DZ NOK 800, EZ NOK 600, 🏠 Ü Pilgerhütte Smia NOK 200, F + LP NOK 100, AE NOK 150, Selbstversorgung möglich

⊠ **Øfsti Mellom**, Irma Øfsti, Sørsidevegen 699, 7514 Stjørdal (ca. 3 km vom Weg, Transport ab Mælen bru), ☎ +47/41 69 50 36, ✉ irmaof@hotmail.no, 💻 www.ofstimellom.no, 3 Zimmer mit 6 Betten, Gemeinschaftsbad und Küche, Ü NOK 500, Ü/F NOK 600, AE NOK 150, Selbstversorgung möglich

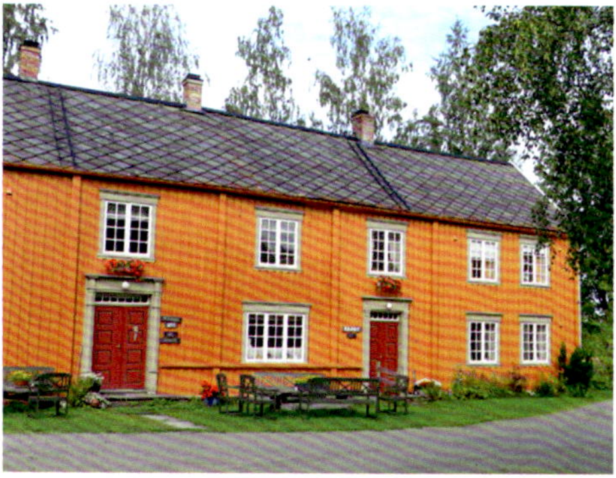

Ersgård blickt auf eine lange Geschichte zurück

Das historische Anwesen **Ersgård** blickt auf eine 250-jährige Geschichte zurück. Die ältesten Gebäude wurden nach einem Brand 1755 errichtet und bis 1833 mehrfach erweitert. 1814 durfte der damalige Hofbesitzer Peter Johnsen Erztgaard an Norwegens verfassungsgebender Versammlung in Eidsvoll teilnehmen. Die etwa 450 km lange, beschwerliche Reise dorthin dauerte mit dem Pferd 17 Tage. Sein Sattel ist noch heute im Hof ausgestellt.

27. Etappe: Ersgård – Folden

19,9 km, ⌛ 6 Std., ↑ 602 m, ↓ 463 m, ⇧ 1-196 m

0,0 km	⇧ 10 m	Ersgård 🛏 ⛺
0,7 km	⇧ 3 m	Einstieg Pilgerweg bei Mælen bru
3,9 km	⇧ 18 m	Kirche von Lånke ✞ 💧
9,2 km	⇧ 137 m	Gehöft Furan mit altem Vorratsspeicher ⌘
10,8 km	⇧ 186 m	Jettegrytan ❀
12,0 km	⇧ 149 m	Kjellbergdammen
14,4 km	⇧ 50 m	Rastplatz am Høybybekken ⛩
17,3 km	⇧ 130 m	Nygårdsvollen ⌘ ⛺
19,0 km	⇧ 163 m	Storfossen ❀
19,9 km	⇧ 181 m	Folden Gård ⊠

Während die ersten 5,5 km auf Asphaltstraßen und die letzten 5,5 km auf einer Schotterpiste trotz mehrerer Anstiege gut zu bewältigen sind, hat es der mittlere Abschnitt wirklich in sich. Extrem steile, schmale und rutschige Passagen machen ihn zum wohl schwierigsten Part des gesamten St. Olavsleden. Erschwerend kommt hinzu, dass es unterwegs nur einen einzigen Rastplatz gibt. Die friedliche Natur mit schönen Ausblicken und bizarren Felsformationen sowie der beeindruckende Wasserfall Storfossen sorgen für Lichtblicke und entschädigen für die Anstrengungen.

Von 🛏 🏠 **Ersgård** kommen Sie nach 700 m zurück zum Pilgerweg und laufen an der recht befahrenen Landstraße Fv6788 (in manchen Karten Fv26) entlang, die sich parallel zur Eisenbahn durch das Tal zieht. Nach 3,2 km erreichen Sie die 1899 errichtete ✞ 💧 Holzkirche von **Lånke** ❶. Mit Blick auf den Flughafen-Tower von Værnes überqueren Sie 300 m später den Fluss Leksa und unterqueren kurz darauf die Fv705 durch einen Fußgängertunnel.

↳ ✋ Hier können Sie einen Abstecher zum 🛒 Prix in Hell machen (🚪 Mo-Fr 7:00-23:00, Sa 8:00-21:00), indem Sie der Fv705 ca. 600 m westwärts folgen. Der nächste Supermarkt befindet sich erst in Vikhammer.

Die markierte Route biegt links auf eine Asphaltstraße ab, führt am Kindergarten vorbei und steigt bergan. Nach ca. 1 km halten Sie sich am Haus Støbban Nr. 10 rechts und gehen auf einem kräftig ansteigenden Rad- und Fußweg weiter, der nach 350 m in die Straße Skurruvegen mündet. Dem Straßenverlauf durch das Wohngebiet am Gjevingberget folgend gelangen Sie schließlich zur Bushaltestelle **Stormyra** ❷.

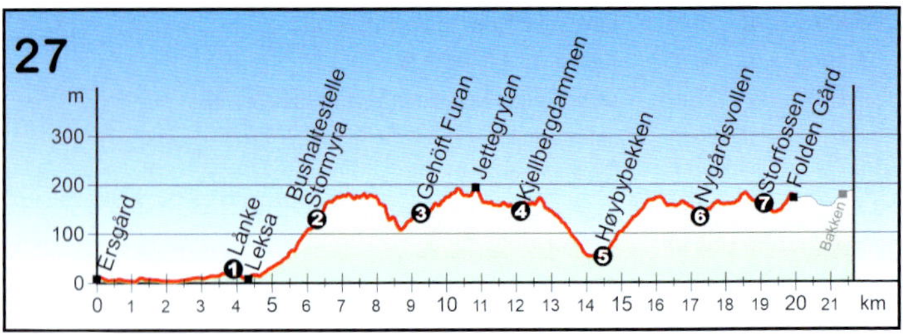

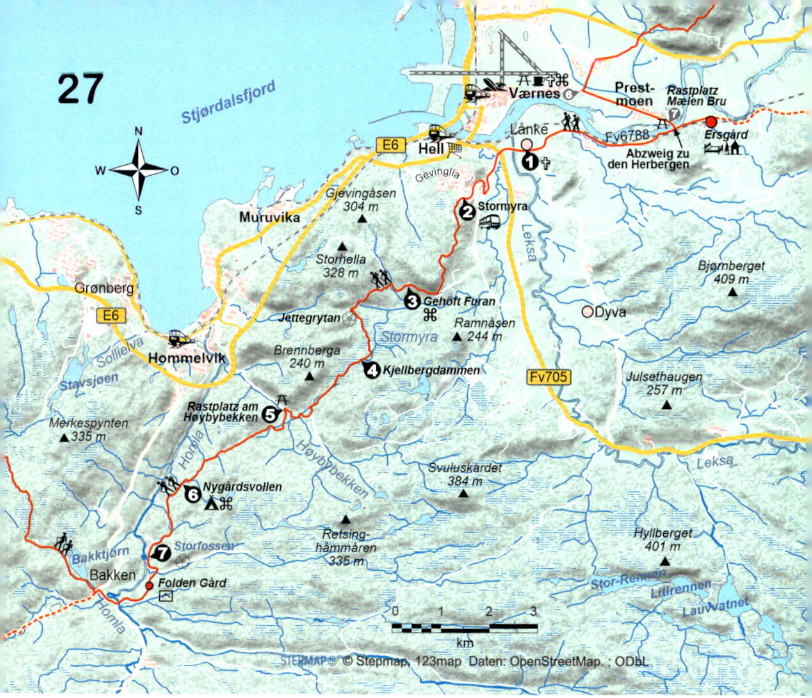

Hier zweigt der St. Olavsleden auf eine steil ansteigende Schotterpiste ab und führt 300 m später links auf einem Pfad in den Wald hinein. Sumpfige Stellen mit teilweise sehr wackeligen Holzbohlen und trockene Abschnitte wechseln einander ab. Zwischendurch verlassen Sie den Wald und überqueren eine Hochebene mit schönem Blick über das Tal und zahlreichen Heidelbeersträuchern. Wieder im Wald beginnt nach 300 m ein extrem steiler und schwieriger Abstieg, den Sie am besten mit einem Wanderstock bewältigen können. An der nächsten T-Kreuzung folgen Sie links dem Wegweiser Richtung Furan und müssen 500 m später einen weiteren anspruchsvollen Abstieg über Steine und Geröll in Angriff nehmen. Belohnt werden Sie durch einen weiten Ausblick über die Felder und Höfe im Tal. Weiter geht es auf einem schmalen, durch einen Zaun gesicherten Trampelpfad an der Felswand entlang bis zu einem Schotterweg.

Nun halten Sie sich rechts und laufen 700 m hinauf zum traditionsreichen Anwesen ⌘ **Furan** ❸ mit einem schönen alten Vorratsspeicher. 1707 verlieh König Frederik IV. den damaligen Besitzern das Privileg, auf ihrem Hof eine Schenke zu betreiben. Der Pilgerweg führt zunächst noch 450 m bergauf, biegt dann nach links auf einen alten Wirtschaftsweg ab und nach weiteren 400 m auf einen Pfad. Dieser ist zunächst trocken und angenehm zu gehen, überquert später auf Bohlen einen kleinen Sumpf und steigt links hinauf in den Wald. Sie passieren bizarre Felsformationen und kommen zu dem großen Wasserbecken ❀ **Jettegrytan**, das in der letzten Eiszeit durch Schmelzwasser entstanden ist.

Eine Holztreppe führt zur Anhöhe hinauf. Nach einem kurzen Abstieg beginnt eine angenehme Passage auf trockenen, von Blaubeeren gesäumten Pfaden durch den lichten Wald. Knapp 1 km später erreichen Sie die Strommasten und kurz darauf den **Kjellbergdammen** ❹, wo eine schwierige Kletterpartie um einen Felsen herumführt. Bis zur Kommunengrenze zwischen Stjørdal und Malvik bleibt der Weg sehr anspruchsvoll.

Am Kjellbergdammen führt der Pfad dicht am Fels entlang

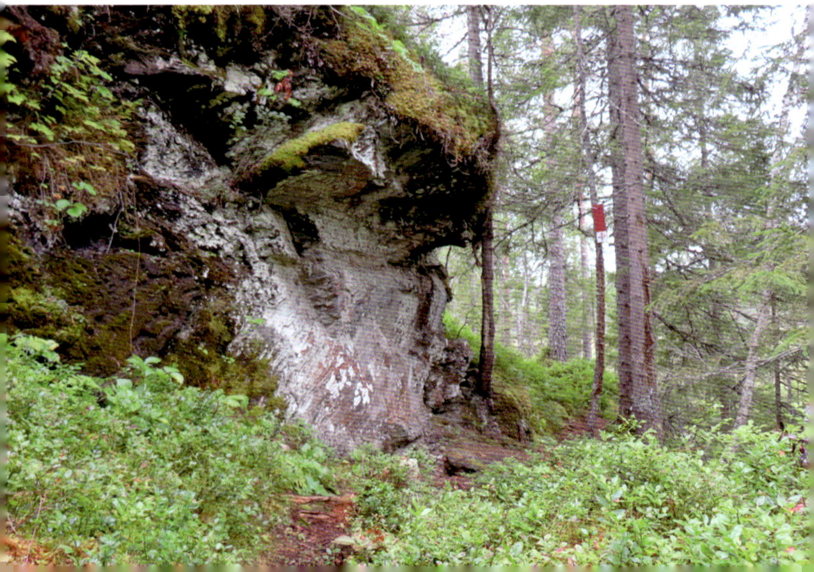

Hinter einer Lichtung wandern Sie auf einem zunehmend breiter werdenden Pfad 700 m durch den Wald hinab bis zur nächsten T-Kreuzung. Hier biegen Sie links auf einen breiten, matschigen Waldweg ab und laufen an der nächsten Gabelung halb rechts weiter. Nach einem steilen Abstieg passieren Sie ein kleines Anwesen und kommen kurz darauf zu einem Schotterweg, dem Sie an einer beeindruckenden, schroffen Felswand entlang hinab ins Tal folgen. 600 m später befindet sich direkt hinter der kleinen Brücke über den Bach Høybybekken der einzige ⩪ Rastplatz ❺ des Tages mit Tisch, Bänken und Tourenbuch.

Die letzten 5,5 km der Etappe sind auf einer immer geradeaus durch den Wald führenden Schotterpiste zu bewältigen. Nach einem anstrengenden, 1,5 km langen Anstieg wird der Weg zunehmend eben und erreicht nach weiteren 1,5 km den ehemaligen ⌘ Hof **Nygårdsvollen** ❻. Da die Pächter ihre Katen früher bei jedem Umzug mitnahmen, ist an dieser Stelle nichts geblieben als eine schöne ⛺ Campingwiese.

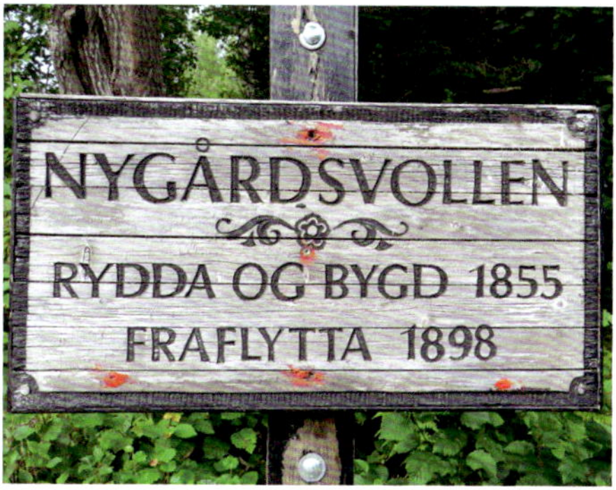

Hinweis auf den verlassenen Hof Nygårdsvollen

Auf dem kleinen, von 1855 bis 1898 bewirtschafteten Pachthof **Nygårdsvollen** wurde 1879 der gleichnamige norwegische Politiker Johan Nygaardsvold geboren. Nach einem kurzen Aufenthalt in den USA kehrte er 1907 in seine Heimat zurück und trat der Arbeiterpartei bei, an deren Spitze er 1935 zum norwegischen Staatsminister ernannt wurde. Als die Deutschen 1940 Norwegen besetzten, musste Nygaardsvold das Land verlassen und nach London fliehen. Von dort aus leitete er bis zum Frühjahr 1945 die norwegische Exilregierung und engagierte sich außerdem aktiv im Widerstand gegen den Nationalsozialismus.

1,5 km hinter dem verlassenen Hof passieren Sie eine Schranke, ignorieren den nächsten Abzweig nach rechts und können das immer kräftiger werdende Rauschen von Wassermassen vernehmen. Jetzt ist es nicht mehr weit bis zum ❀ Wasserfall **Storfossen ❼**, der mit einer Fallhöhe von ca. 40 m zu den größten Wasserfällen der Provinz Trøndelag gehört und rechts unten im Tal liegt. 500 m später macht die Schotterpiste eine Rechtskurve, führt über eine kleine Brücke und endet an einem Gatter, hinter dem die Herberge ⌂ **Folden Gård** liegt.

⌂ **Folden Gård**, Bernt Folden Kvam, Nygårdsvollvegen 88, 7550 Hommelvik, ☎ +47/99 10 39 31, ✉ foldkvam@online.no, 2 Zimmer mit 5 Betten in einem Privathaus, Mitbenutzung von Küche und Bad des Eigentümers, Ü NOK 300, Ü/HP NOK 550, Selbstversorgung möglich, ✋ Kartenzahlung bevorzugt!

28. Etappe: Folden – Vikhammer

➲ *15,8 km,* ⌛ *4 Std. 30 Min.,* ↑ *388 m,* ↓ *451 m,* ⇧ *82-293 m*

0,0 km	⇧ 181 m	Folden Gård ⌂
1,4 km	⇧ 170 m	Abzweig auf den Bakktjønnvegen
3,7 km	⇧ 284 m	Kvilstein ❀ ⛩
6,6 km	⇧ 236 m	Rastplatz am See Nyvatnet ⛩
8,9 km	⇧ 100 m	Brücke über den Sagelv
11,4 km	⇧ 152 m	Freilichtmuseum Fjølstadtrøa ⌘
15,1 km	⇧ 120 m	Abzweig zur Herberge Vikhammer Søndre ⛩
15,8 km	⇧ 115 m	Herberge Vikhammer Søndre ⌂ (↳ ca. 1 km: Vikhammer, Ortszentrum)

Nach einer angenehmen Aufwärmphase über Schotter und Asphalt folgt ein ca. 8 km langer, zeitintensiver Abschnitt auf kleinen Pfaden durch historisch interessantes Terrain. Höhepunkt ist der großzügig angelegte, wunderschöne Rastplatz am See Nyvatnet. Die größte Herausforderung des Tages bildet die Passage rund um den Bach Sagelv mit zwei Zaunüberquerungen und überwucherten Pfaden. Danach können Sie aufatmen und das Tagesziel Vikhammer bequem auf asphaltierten Straßen erreichen.

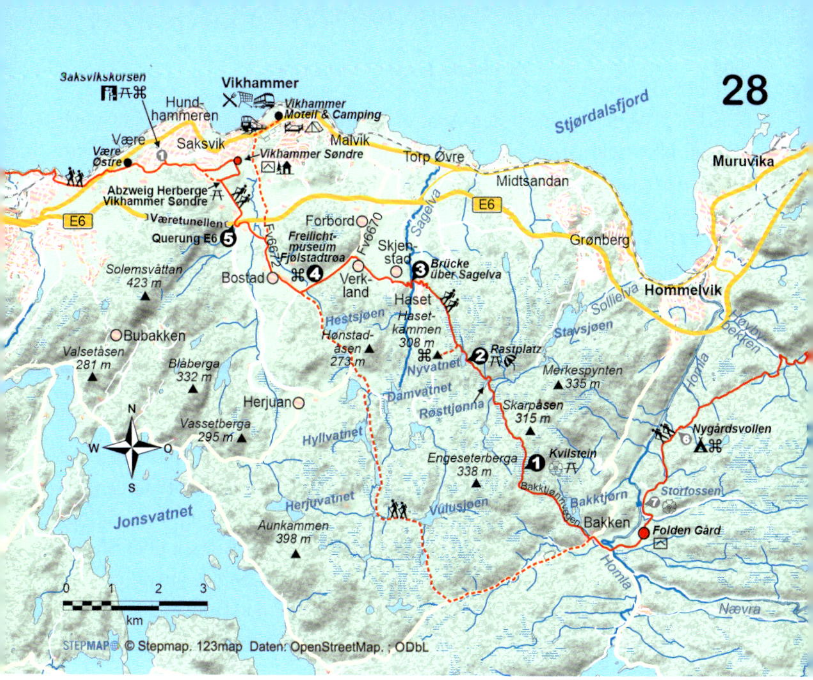

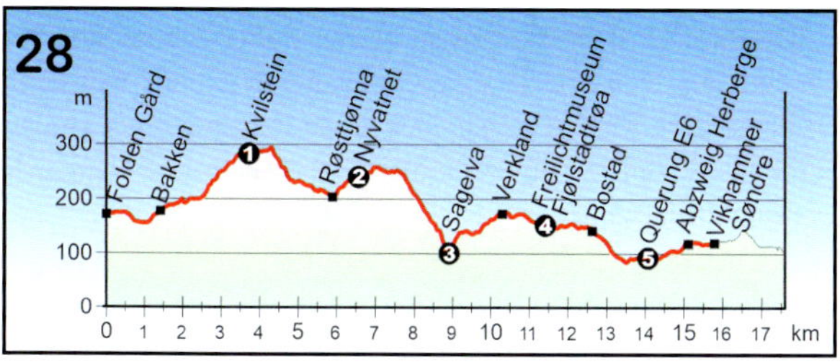

Von ⌂ **Folden Gård** folgen Sie der Schotterpiste geradeaus und erreichen nach 900 m die Brücke über den Fluss Homla mit ⩚ Grillplatz und Unterstand. Hier halten Sie sich rechts, gehen auf der Landstraße Fv6712 (in manchen Karten Fv963) etwa 400 m hinauf bis zur Siedlung Bakken und biegen dort links auf den Jervskogvegen Richtung Jonsvatnet ab. Der St. Olavsleden zweigt wenig später rechts auf den Bakktjønnvegen ab und steigt weiter an.

↳ ☺ Wenn Sie nach den Anstrengungen der letzten Tage nicht noch einmal über schmale Pfade balancieren möchten, können Sie eine 11 km lange Alternativroute wählen, indem Sie der Schotterpiste Jervskogvegen weiter geradeaus folgen. Diese Strecke ist zwar 600 m länger als der markierte Pilgerweg, aber deutlich einfacher und schneller zu gehen. Nach gut 3 km wählen Sie die erste nach rechts abzweigende Schotterpiste und wandern an mehreren idyllischen Weihern vorbei 5,3 km geradeaus bis zu einer T-Kreuzung. Hier halten Sie sich links und biegen 600 m danach rechts auf die Straße Markabygdvegen ab. Wenn die offizielle Route knapp 2 km später von rechts kommt, laufen Sie einfach geradeaus weiter.

Sie wandern am idyllischen Weiher **Bakktjørn** entlang, passieren ein Gatter und nehmen nach ca. 1 km hinter dem letzten Haus den Pfad geradeaus. Die Wegbeschaffenheit ist ähnlich wie an den Vortagen: Es geht auf leicht morastigem Untergrund durch den Wald und auf Bohlen über Sümpfe. Die An- und Abstiege sind jedoch moderat und weniger anspruchsvoll als zuvor. Nach 1,2 km führt der Trampelpfad bei der Hochebene Skarpåsen aus dem Wald hinaus und gelangt kurz danach zum Felsen ❀ ⩚ Kvilstein ❶ mit Bank und Infotafel.

Die Strecke über Skarpåsen ist ein uralter Verbindungsweg, der jahrhundertelang von Pilgern und Kirchgängern genutzt wurde, die zum Gottesdienst nach Malvik liefen. Der große Felsen auf der Hochebene wurde gerne als Rastplatz genutzt und erhielt deshalb den Namen **Kvilstein**, zu Deutsch „Ruhestein“.

300 m weiter befindet sich ein neuer ⩚ Unterstand mit Tourenbuch. Der Pilgerweg kommt anschließend zum markanten Felsen **Garpberget**, führt in den Wald hinein und steigt steil bergab. Die Sage berichtet, dass ein junger Schäfer einst an diesem Felsen eine wunderschöne Elfe sah. Er war wie verzaubert und sperrte vor lauter Staunen den Mund so weit auf, dass er ihn nie mehr schließen konnte. Seitdem heißt der Felsen „Garpberget“, auf Deutsch „Zauberberg“.

Hinter einigen Holzbohlen ignorieren Sie den Abzweig nach rechts und wandern auf einem matschigen Abschnitt geradeaus weiter bis zum schönen Weiher **Røsttjønna**.

An der nächsten Gabelung gehen Sie auf einem stellenweise feuchten Pfad links in den Wald hinein, durchqueren einen munter plätschernden Bach und gelangen nach 600 m zum idyllischen See **Nyvatnet ❷** mit einem fantastischen Rastplatz mit Tischen, Bänken, Grill, Tourenbuch und Bademöglichkeit.

Rastplatz am Ufer des Sees Nyvatnet

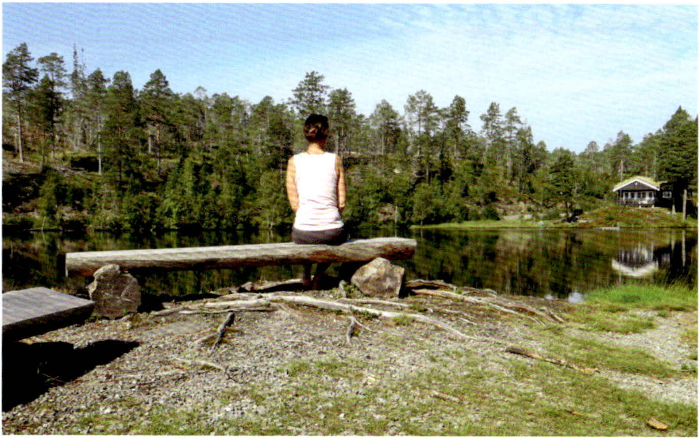

Der Weg umrundet nun in unmittelbarer Ufernähe das nördliche Ende des Sees, führt bei einem Ferienhaus für ein kurzes Stück in den Wald hinauf und stößt auf eine Schotterstraße. Hier berichtet eine Infotafel vom Schicksal des jungen Norwegers Jan Solberg.

Während des Zweiten Weltkriegs unterhielt die norwegische Widerstandsbewegung etwa 100 Funkstationen, mit deren Hilfe sie Informationen über deutsche Aktivitäten nach London übermittelte. Eine dieser Radiostationen befand sich am **Hasetkamm**. Am 11. September 1944 orteten deutsche Soldaten diesen Sender, griffen den 23-jährigen Norweger Jan Solberg auf und erschossen ihn unmittelbar. Sein Mitstreiter Johan Svedahl war gerade ins Tal hinabgestiegen, um die Batterien des Geräts aufzuladen. Dies rettete ihm das Leben.

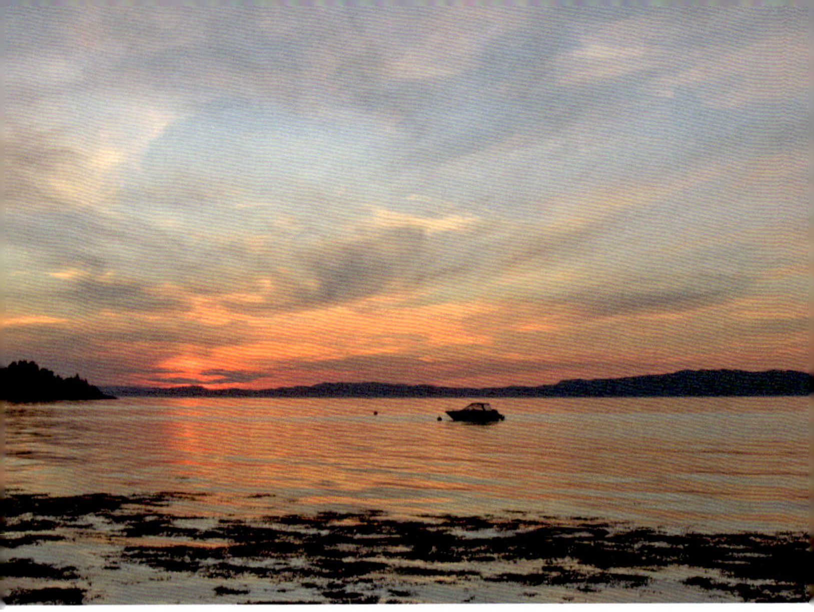

Abendstimmung am Trondheimfjord bei Vikhammer

Der Pfad setzt sich auf der anderen Straßenseite fort und kommt bald zu einer Gabelung, an der Sie einen ↳ Abstecher zum ⌘ Gedenkstein am **Hasetkamm** machen können. Der Pilgerweg wendet sich nach rechts und verläuft auf einem schönen, weitgehend trockenen Pfad mit zahlreichen Blaubeeren am Wegesrand. Kurz nachdem sich der Blick auf den Trondheimfjord geöffnet hat, beginnt der Abstieg. Sie halten sich an der nächsten T-Kreuzung rechts, folgen einem breiten Schotterweg 100 m bergab und gehen dann links auf einem zugewachsenen, feuchten Weg in den Wald hinein. Nach 400 m nehmen Sie an einer T-Kreuzung die breite Schotterpiste nach links.

Jetzt heißt es ✋ aufgepasst! Die Route ist bei einem kleinen Wohngebiet zwar gut markiert, biegt innerhalb kürzester Zeit aber fünfmal ab, und zwar nach links, rechts, links, links und rechts. Hinter dem letzten Abzweig ist die Wegbeschaffenheit für einige Meter eine Zumutung. Sie müssen sich durch dichtes Gestrüpp bis zu einem Zaun kämpfen, an dem entlang ein Pfad hinab zum **Sagelv** ❸ führt. Bevor Sie den kleinen Bach auf einer schönen Holzbrücke überqueren können, gilt es mithilfe von Holzsprossen über einen Zaun zu klettern. Am anderen Ufer wartet eine weitere Kletterpartie auf Sie, dann geht es auf einem zunehmend trockener werdenden Pfad bergauf. 300 m später ist bei einem Strommast das Ende des Waldes erreicht.

Der Weg setzt sich auf der anderen Seite des Ackers direkt am Waldrand fort und zweigt an der nächsten Gabelung rechts auf eine Schotterpiste ab. Nun befinden Sie sich wieder auf befestigten Wegen, denen Sie die letzten 6 km bequem bis Vikhammer folgen. Hinter dem Hof **Skjenstad** biegen Sie an der T-Kreuzung links auf den Forbordsvegen ab, der bald in Asphalt übergeht und ansteigt. Mit tollem Blick auf den Trondheimfjord wandern Sie 1 km durch eine kleine Siedlung bis zum nächsten Abzweig, an dem eine ⩩ Bank zum Verweilen einlädt. Der Pilgerweg setzt sich links am Waldrand entlang fort, kommt an einer weiteren ⩩ Bank vorbei und erreicht 500 m später das kleine ⌘ Museum **Fjølstadtrøa** ❹ mit sporadisch geöffnetem ☕ Sommercafé.

⌘ Der kleine Pachthof **Fjøldstadtrøa** gehörte zum Gehöft Fjøldstad und wurde 1851 von einer nicht erbberechtigen Tochter und ihrem Ehemann errichtet. Die sechsköpfige Familie lebte hier unter ärmlichen Bedingungen und erwirtschaftete sich mit Kartoffel- und Getreideanbau ein karges Auskommen. Zum Besitz gehörten auch eine Kuh, vier Schafe und ein Schwein. Die vier historischen Gebäude sind liebevoll restauriert und geben einen guten Eindruck von den bäuerlichen Lebensverhältnissen im ausgehenden 19. und frühen 20. Jahrhundert.

Nach 400 m halten Sie sich an einer T-Kreuzung rechts und laufen auf dem Markebygdvegen Richtung Være und E6 weiter. Die mäßig befahrene Straße passiert das idyllische Dorf **Bostad** und führt anschließend durch ein kurzes Waldstück bergab. Den Wegweisern nach Være folgend wenden Sie sich wenig später nach links und gelangen 700 m weiter zur E6.

✋ ⇘ Falls Sie zur Unterkunft 🛏 ⛺ Vikhammer Motell & Camping möchten, ignorieren Sie den Abzweig nach links und laufen stattdessen die Straße Vikhammerdalen geradeaus ins Tal hinab. Kurz vor dem 🚆 Bahnhof halten Sie sich am Malvikvegen rechts.

Vor den ersten Häusern biegen Sie rechts ab, unterqueren die E6 und laufen 1 km an Getreidefeldern vorbei durch die hügelige Landschaft. Nach einem kleinen Anstieg steht auf der Anhöhe eine Bank ❺. Wenn Sie in **Vikhammer Søndre** übernachten möchten, verlassen Sie hier den Pilgerweg und folgen den Hinweisschildern 700 m bis zur Unterkunft. Der St. Olavsleden führt geradeaus weiter.

Vikhammer

Vikhammer Søndre, Gullhaugveien 1 C, 7560 Vikhammer, +47/45 21 73 30, post@sportogtrim.no, Hütte für max. 4 Personen mit Bad und Küche, Ü NOK 350, 10 Betten im Schlafsaal mit Gemeinschaftsbad und Gemeinschaftsküche, Ü NOK 250, Selbstversorgung

Vikhammer Motell & Camping, Vikhammerløkka 2, 7560 Vikhammer (ca. 2 km vom Weg), +47/73 97 61 64, vikcampi@online.no, www.vikhammer.no, 50 Zimmer mit Dusche und WC, EZ ab NOK 575, DZ ab NOK 675, Frühstück NOK 120, Hütte mit Dusche, WC und Küche ab NOK 500, Selbstversorgung

Blick von der Pilgerherberge Vikhammer Søndre ins Tal

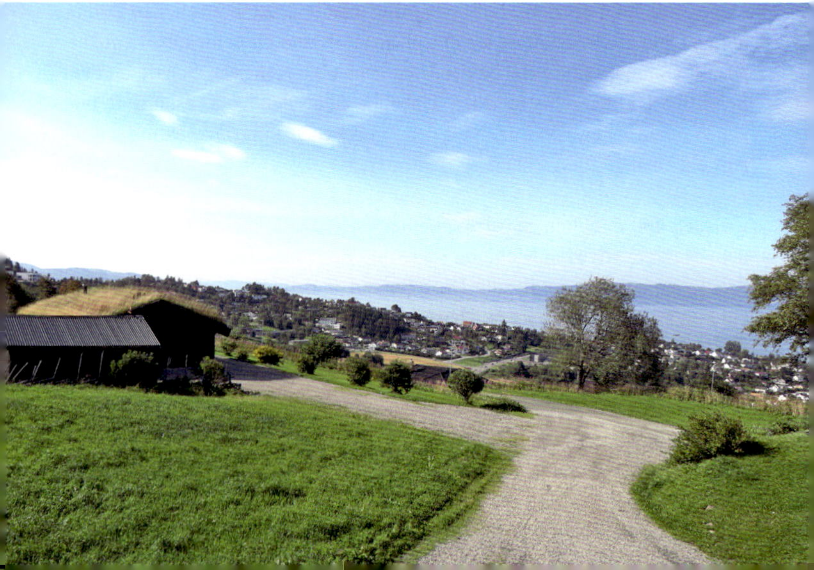

Der Rema 1000 (Mo-Fr 7:00-23:00, Sa 8:00-21:00) befindet sich ca. 1 km unterhalb der Herberge Vikhammer Søndre.

29. Etappe: Vikhammer – Trondheim

16,6 km, 4 Std., 291 m, 396 m, 0-156 m

0,0 km	115 m	Herberge Vikhammer Søndre (ca. 1 km: Vikhammer, Ortszentrum)
0,7 km	120 m	Wiedereinstieg in den markierten Pilgerweg
1,5 km	124 m	Saksvikskorsen
4,3 km	0 m	Rastplatz am Trondheimfjord bei Ranheim
9,7 km	9 m	Leangen Gård
12,6 km	33 m	Kirche von Lade
14,0 km	13 m	Kirche von Lademoen
15,5 km	27 m	Festung Kristiansten
16,4 km	0 m	Pilgerzentrum Nidaros Pilegrimsgård
16,6 km	2 m	Trondheim (Nidarosdom) BANK

Knapp die Hälfte dieser Etappe führt am idyllischen Ufer des Trondheimfjords mit schönen Rast- und Badeplätzen entlang. Als Einstimmung auf den Nidarosdom passieren Sie unterwegs gleich drei Kirchen in Ranheim, Lade und Lademoen. Laut und unangenehm ist der ca. 1,5 km lange Abschnitt durch die Außenbezirke Trondheims. Der verzwickte Weg durch die Stadt erfordert trotz guter Ausschilderung eine hohe Aufmerksamkeit.

Falls Sie in der Herberge **Vikhammer Søndre** übernachtet haben, folgen Sie dem Gullhaugveien 700 m nach links und steigen bergauf bis zum Pilgerweg, der an der Straße Væretrøa entlang Richtung Westen führt. 800 m später erreichen Sie den Rastplatz **Saksvikskorsen** ❶ mit einem Holzkreuz, Aussichtspunkt, Pilgerstempel und Tourenbuch.

Der historisch bedeutsame Ort **Saksvikskorsen** erhielt seinen Namen aufgrund des großen Holzkreuzes, das im Mittelalter an dieser Stelle stand. Von hier konnten die Pilger erstmals auf Trondheim und den Turm des Nidarosdoms blicken. Viele von ihnen fielen auf die Knie und dankten Gott, weil sie die lange Reise unbeschadet überstanden hatten. 2009 wurde die alte Tradition durch die Errichtung eines neuen Kreuzes wiederbelebt.

Saksvikskorsen mit Rastplatz und Pilgerkreuz

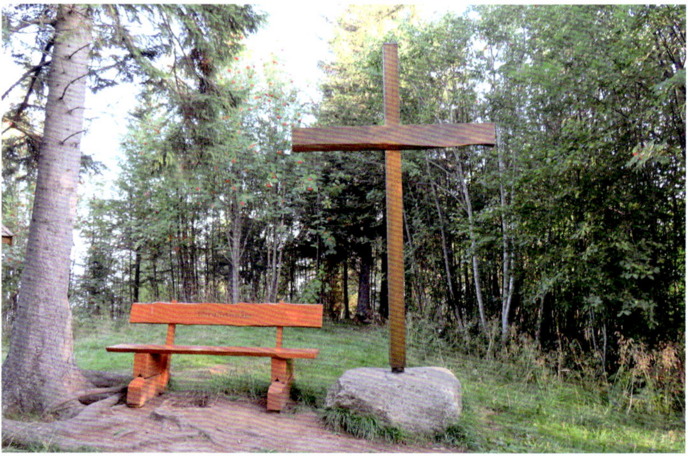

Die Strecke verläuft nun auf einem Fußweg am Væresvegen entlang, führt mit tollem Blick auf Trondheim steil bergab und passiert den Hof Være Østre mit zwei schönen alten Vorratsspeichern. Nach 1,2 km halten Sie sich rechts, unterqueren die Schnellstraße und biegen 300 m später auf den Ranheimvegen ab. Entlang einer kleinen Dorfstraße kommen Sie zur Ortschaft **Ranheim**, biegen am Antiquitätenladen „brukt og antikk" rechts ab, überqueren die Eisenbahn und gelangen auf einem Pfad zum Fjord. Am Ufer befinden sich ein schöner ⛼ Rastplatz ❷ und kurz darauf auch ein Badestrand.

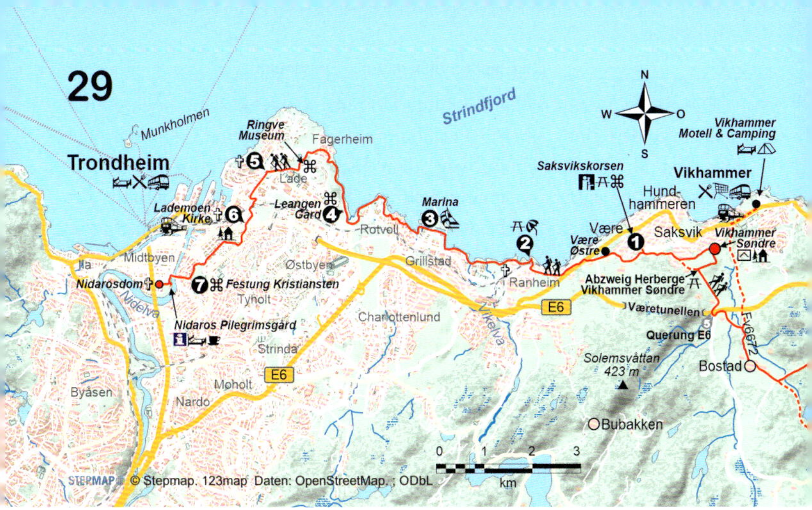

An ruhigen Bänken und kleinen Badeplätzen vorbei geht es 600 m weiter am Ufer entlang bis zur kreuzförmigen ✝ Kirche von Ranheim aus dem Jahr 1933. Sie bleiben immer in Wassernähe und passieren abwechselnd moderne Wohneinheiten sowie großzügige Einfamilienhäuser. Nach 1,6 km geht der Schotterweg für 800 m in eine moderne, asphaltierte Strandpromenade mit dem ⛵ Sportboothafen Grillstadmarina über ❸.

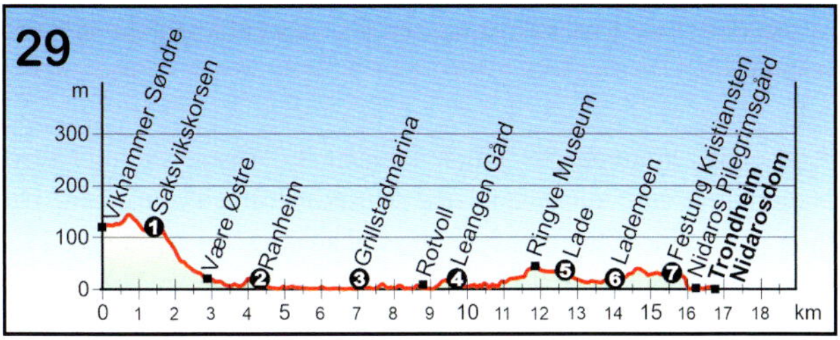

Anschließend wandern Sie auf Schotter nach **Rotvoll** hinauf, biegen an der T-Kreuzung rechts ab, halten sich an der nächsten Gabelung links und kurz darauf noch einmal links. Ein schmaler Pfad führt zu einem Spielplatz inmitten des Wohnviertels mit schönen alten Holzhäusern.

Die Route zweigt rechts Richtung Ufer ab, schwenkt dann noch einmal nach links den Hang hinauf und überquert einen Parkplatz. Kurz danach erreichen Sie einen Schotterweg, dem Sie westwärts durch ein kleines Waldstück bis zum Forschungszentrum Equinor folgen. Oberhalb des Gebäudes müssen Sie sich zweimal rechts halten, um auch weiterhin in Ufernähe zu bleiben. Nach 600 m kommen Sie zum idyllisch gelegenen ⌘ **Leangen Gård ❹**.

⌘ Der historische Gutshof **Leangen Gård** thront majestätisch auf einem Hügel oberhalb des Fjords und wurde 1661 als eines von drei repräsentativen Landhäusern auf der Lade-Halbinsel angelegt. Das heutige Hauptgebäude im Empire-Stil stammt aus dem Jahr 1820 und wird mit seinen historischen Räumlichkeiten für repräsentative Zwecke genutzt.

Eine schöne Passage führt durch ein Wäldchen und an einem Toilettenwagen vorbei bis nach Fagerheim, wo der Pilgerweg den Fjord verlässt und links den Hang hinaufsteigt. 60 m später nehmen Sie die Asphaltstraße Knut Glomsaas‘ Vei nach rechts, laufen durch ein Wohngebiet, kommen zum Smedstuveien und gehen immer geradeaus bis zur verkehrsreichen Hauptstraße Olav Engelbrektssons alle. Hier biegen Sie rechts ab und folgen 100 m weiter den Hinweisschildern zum ⌘ **Ringve Museum**.

An der Ostseite des Botanischen Gartens entlang geht es hinauf bis zur Anhöhe.

➯ Hier könnten Sie einen kleinen ➯ Abstecher zu Norwegens ⌘ Nationalmuseum für Musik und Musikinstrumente machen. Die Sammlung ist in einem historischen Herrenhaus aus der Mitte des 19. Jahrhunderts untergebracht und umfasst ca. 2.000 Instrumente aus aller Welt. Im Gebäude befindet sich auch das im Sommer täglich geöffnete ☕ Museumscafé Victoria (🚪 10:00-17:00).

Der Weg führt nun den Hügel hinab und mündet in die Hauptverkehrsstraße Lade alle, der Sie am Fußballstadion vorbei nach rechts folgen. Gut 600 m später liegt gegenüber von einem Gartencenter die zwischen Bäumen versteckte ✞ **Kirche von Lade** 💧 **❺**.

✞ Der Bau der mittelalterlichen **Kirche von Lade** wurde um 1130 begonnen und spätestens 1190 abgeschlossen. Architektonisch betrachtet herrscht der romanische Stil vor, nur das Westportal weist bereits gotische Züge auf. 1574 kam das ursprünglich zu einem Kloster gehörende Gotteshaus in Privatbesitz. Ende des 17. Jahrhunderts wurden fast alle Außenmauern niedergerissen und neu aufgebaut. Im Innenraum gehören das barocke Altarbild aus dem Jahr 1709 und die Kanzel von 1649 zu den bedeutendsten Ausstattungsstücken.

An der verkehrsreichen Straße entlang laufen Sie nun bergab, biegen nach 700 m auf der Höhe des Fahrradgeschäfts „Sykkelstation" links in den Stjørdalsveien ab und folgen der nächsten Querstraße Ladeveien rechts bis zum Bahnhof Lilleby. Auf der anderen Seite der Unterführung geht es geradeaus weiter auf die Grundtvigs gate und 150 m später nach rechts auf die Lademoens kirkealle bis zur ✞ Kirche von **Lademoen ❻**. Das 1905 im neoromanischen Stil erbaute Gotteshaus ist der zweitgrößte Sakralbau Trondheims nach dem Nidarosdom.

Die nächsten 500 m folgt der St. Olavsleden der Stadsing Dahls gate bergauf bis zum ruhigen Sträßchen Weidemanns vei. Hier halten Sie sich rechts und kommen im Laufe der nächsten 800 m nicht nur an schönen alten Häusern, sondern auch an der Jugendherberge, einem Bunnpris (Mo-Fr 8:00-23:00, Sa 9:00-21:00) und der Bispehaugen-Schule vorbei.

Kurz darauf geht es an einer T-Kreuzung nach links und am nächsten Abzweig gleich wieder nach rechts. Am Ende dieser Straße folgen Sie der Festningsgata ein kleines Stück bergab und biegen dann links auf einen schönen Pfad ab, der unterhalb der 1681 angelegten ⌘ **Festung Kristiansten ❼** entlangführt.

Sie ignorieren die nächste Gabelung und bleiben auf diesem Pfad, bis er in den Schotterweg Øvre Kristianstens gate mündet. Nach einem steilen Abstieg auf der Straße Kristianstensbakken mit Fahrradlift erreichen Sie den beliebten Stadtteil Bakklandet.

Hier führt die Alte Stadtbrücke ⌘ **Bybrua** über den von bunten Speicherhäusern gesäumten Fluss Nidelv. Das Wahrzeichen Trondheims aus dem Jahr 1861 hat zwei markante, rote Portale im neogotischen Stil und ist

82 m lang. Am anderen Ufer liegt linker Hand das nationale Pilgerzentrum **Nidaros Pilegrimsgård.** Hier erhalten Sie die letzten Stempel für Ihren Pilgerpass, den Olavsbrief sowie eine kostenlose Eintrittsmarke für den Nidarosdom.

Die alte Stadtbrücke Bybrua gilt als Wahrzeichen Trondheims

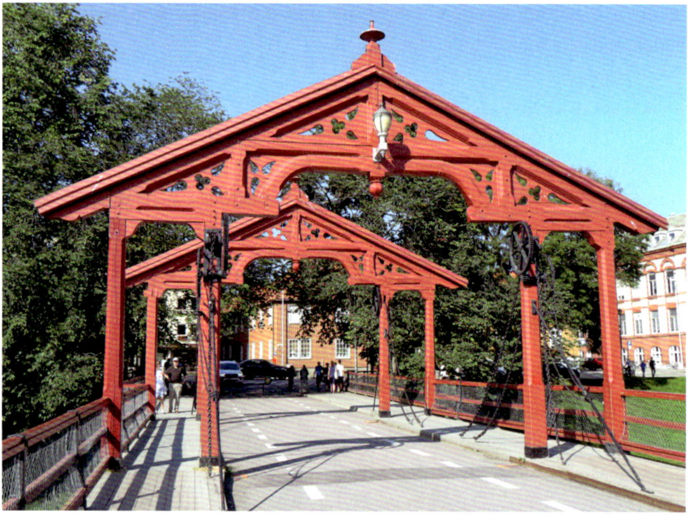

Gleich neben dem Pilgerzentrum beginnt der historische Friedhof des **Nidarosdoms** mit alten Grabsteinen und schönen Bänken. Vom Chor der prächtigen Kathedrale können Sie wahlweise an der Süd- oder Nordseite entlang bis zum beeindruckenden Westportal gehen. Hier liegt einer der größten und beliebtesten Plätze Trondheims, umrahmt von interessanten historischen Gebäuden und dem modernen Besucherzentrum mit Souvenirladen und Café. Etwas am Rand steht ein Meilenstein mit der Inschrift „0 km bis Nidaros“, vor dem sich die Pilger gerne fotografieren lassen. Im Mittelalter liefen die Pilger dreimal um die Kathedrale herum, bevor sie sie betraten.

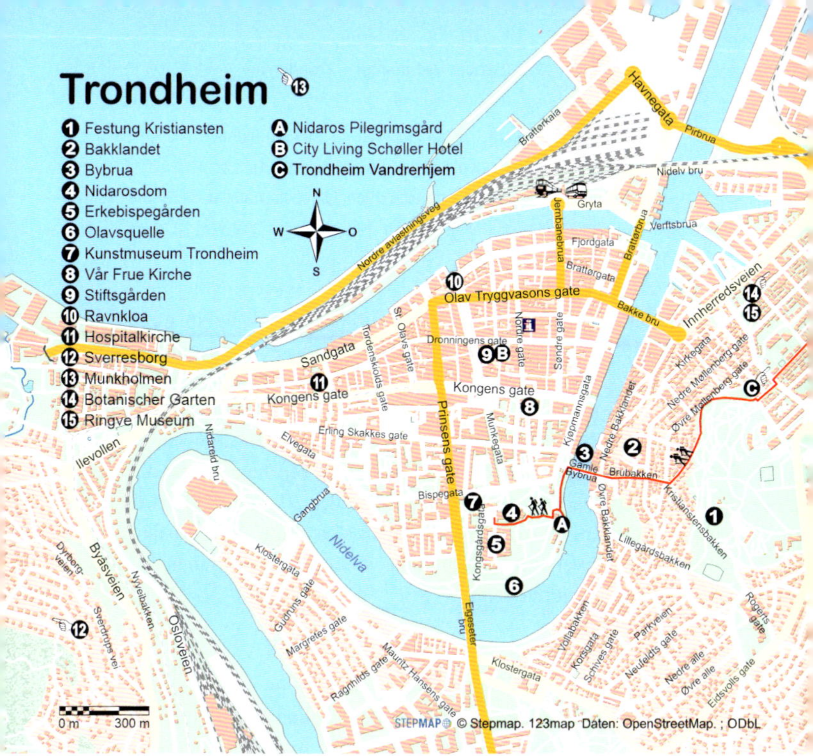

Trondheim

Turistinformasjon Trondheim, Krambugata 2, 7011 Trondheim, ☏ +47/73/80 76 60, www.visittrondheim.no, post@visittrondheim.no, Mo-Sa 9:00-18:00

Nidaros Pilegrimsgård, Kjøpmannsgata 1, 7013 Trondheim, ☏ +47/73 52 50 00, post@pilegrimsgarden.no, www.pilegrimsgarden.pilegrimsleden.no, Mo-Fr 9:00-20:00 (Juni-Sep) bzw. 9:00-17:00 (Okt-Mai), Sa/So 12:00-18:00 (ganzjährig), alle Zimmer mit Bad/WC, EZ/F NOK 890, DZ/F NOK 1.110, Ü Dreibettzimmer NOK 350, Ü Schlafsaal NOK 300, F NOK 80, keine Selbstversorgung

City Living Schøller Hotel, Dronningens gate 26, 7011 Trondheim, ☏ +47/73 87 08 00, scholler@cityliving.no, www.cityliving.no, EZ ab NOK 700, DZ ab NOK 800

Trondheim Vandrerhjem, Weidemanns vei 41, 7043 Trondheim, ☏ +47/73 87 44 50, booking@trondheimvandrerhjem.no, www.trondheimvandrerhjem.no, 76 Betten, Gemeinschaftsküche, Gemeinschaftsbad, Waschmaschine, EZ NOK 495, DZ NOK 640, Ü Schlafsaal NOK 335, F NOK 55, Selbstversorgung möglich

Die Vielfalt Trondheims ist beinahe grenzenlos, denn Norwegens drittgrößte Metropole mit ca. 180.000 Einwohnern besticht sowohl durch historischen Charme als auch durch pulsierende Modernität. Der 997 gegründete Ort wuchs sehr schnell und entwickelte sich schon bald zum wichtigsten Machtzentrum des Landes mit Königsresidenz und Bischofssitz. Doch die Reformation und mehrere verheerende Brände brachten der einst so prächtigen Stadt den Niedergang. Erst im Laufe des 20. Jahrhunderts führte ein neuer Aufschwung dazu, dass Trondheim sich heute als Touristenzentrum, bedeutender Universitätsstandort und wichtiges Versorgungszentrum für die Region präsentieren kann.

✞ Der Nidarosdom

Unmittelbar nach der Heiligsprechung von Olav am 3. August 1031 wurde über seinem Grab eine hölzerne Kapelle errichtet, die König Olav Kyrre (1066-1093) um 1070 durch eine Steinkirche mit Chor, Schiff und Westturm ersetzen ließ. Sie hatte eine Länge von 50 m und war schon damals die größte und bedeutendste Kirche des Landes. Der Hochaltar wurde genau an der Stelle platziert, wo sich der Sage nach das Grab des heiligen Olav befand.

Mitte des 12. Jahrhunderts begann man die Kirche im romanischen Stil zu erweitern, um die zunehmenden Pilgerströme aufnehmen zu können. Zunächst kamen ein Querschiff und ein neues, großes Kirchenschiff hinzu. Auch das Kapitelhaus – eine im Norden an den Chorraum angrenzende Kapelle – stammt aus dieser Zeit. Erzbischof Eystein Erlendsson entschied sich in der zweiten Hälfte des 12. Jahrhunderts außerdem für einen größeren, als Oktogon konzipierten Chorraum. Die außergewöhnliche Form wurde wahrscheinlich in Anlehnung an die Grabeskirche in Jerusalem oder die Kapelle Karls des Großen im Aachener Dom gewählt. Um 1220 konnten die Gebeine des heiligen Olav in das neue Oktogon überführt werden.

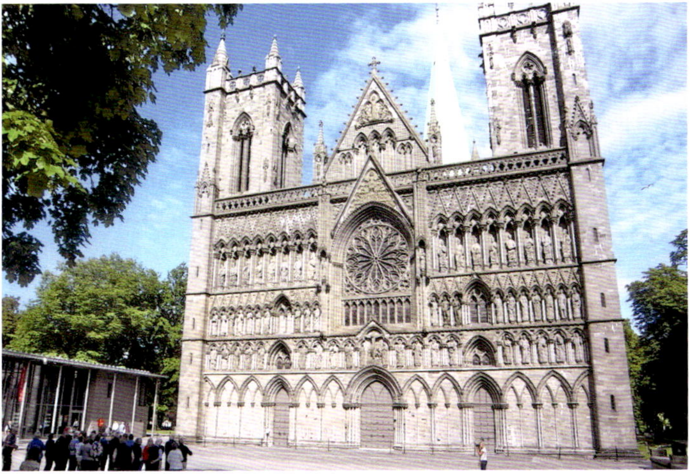

Prachtvolle Westfassade des Nidarosdoms

Inzwischen hatte sich die Gotik in Westeuropa verbreitet und inspirierte auch die Bauherren in Trondheim. Das 21 m hohe Kirchenschiff, die prächtige Westfassade und das Königsportal an der südlichen Chorseite sind Zeugen dieses Baustils und wecken Assoziationen an englische Kathedralen der Hochgotik.

Am 4. April 1328 zerstörte ein gewaltiges Feuer erstmals große Teile des Doms. Der Wiederaufbau wurde durch eine verheerende Pestepidemie und den damit einhergehenden Mangel an Arbeitskräften verzögert und erschwert. Außerdem richteten weitere Brände immer neue Schäden an, die mit dem Stadtbrand am 5. Mai 1531 ihren Höhepunkt fanden. Von der einst so prächtigen Kathedrale blieben nur die Grundmauern stehen.

Fünf Jahre später führte der dänisch-norwegische König Christian III. in seinem Reich die Reformation ein, vertrieb die katholischen Bischöfe, konfiszierte den Kirchenbesitz und ließ den prachtvollen Silberschrein des heiligen Olav einschmelzen. Die Überreste seines Leichnams wurden vermutlich in der Nähe des Hochaltars neu beigesetzt. Als schwedische Soldaten den Nidarosdom 1564 plünderten, befand er sich bereits in einem erbärmlichen Zustand.

Einen ersten Lichtblick brachte der dänische Adelige Oluf Parsberg, der von König Christian IV. zum Herzog von Trondheim ernannt worden war. Zwischen 1633 und 1638 ließ er die Kathedrale notdürftig restaurieren und dabei mit barocken Elementen versehen. Doch es sollte noch bis zum 19. Jahrhundert dauern, ehe der Wiederaufbau ernsthaft in Angriff genommen werden konnte. Beeinflusst durch das Zeitalter der Romantik entstand nun der Wunsch, die ursprüngliche Pracht des Nidarosdoms originalgetreu wiederherzustellen.

1860 erhielt der deutsche Architekt Heinrich Ernst Schirmer den Auftrag zur Generalrestaurierung der Kathedrale. Er hatte es sich zum Ziel gesetzt, möglichst viel von der alten Bausubstanz zu bewahren und nur dort Neues zu schaffen, wo es unumgänglich war. Ab 1869 wurden nach und nach das Kapitelhaus, der Chor, das Querschiff, der Glockenturm und das Hauptschiff restauriert. 1906 war der Nidarosdom provisorisch so weit hergerichtet, dass der erste König des seit 1905 unabhängigen Staates Norwegen hier gekrönt werden konnte.

Die offizielle Einweihung der Kirche erfolgte dann am 29. Juli 1930 zum 900-jährigen Jubiläum der Schlacht von Stiklestad. Die Westfassade war zu diesem Zeitpunkt allerdings noch nicht fertig, sie konnte erst 1969 vollendet werden. Seitdem zieren 59 Statuen von Aposteln, Heiligen und Propheten den prächtigen Haupteingang, in dessen Zentrum sich eine Figurengruppe mit dem gekreuzigten Jesus und eine kunstvolle Rosette befinden. Als 2001 das letzte Gewölbe im Nordturm eingezogen wurde, galt der Wiederaufbau nach 132-jähriger Bauzeit als abgeschlossen.

Im Inneren der 102 m langen, 50 m breiten und 21 m hohen Kathedrale faszinieren die bunten Glasfenster, die Gabriel Kielland und Oddmund Kristiansen nach französischen Vorbildern anfertigten. Im Chor ist noch die steinerne Einfassung der inzwischen ausgetrockneten Olavsquelle zu sehen, deren heilendes Wasser für die Pilger im Mittelalter eine zentrale Rolle spielte. Der heutige Hochaltar stammt aus den 1880er- Jahren und zeigt die Emmausjünger mit dem auferstandenen Christus. Sehenswert ist auch ein Taufbecken des berühmten norwegischen Bildhauers Gustav Vigeland von 1905.

Nach der Besichtigung des Kirchenraums können Sie die 172 Treppenstufen zur 91 m hohen Turmspitze hinaufsteigen und von oben den Rundblick über Trondheim genießen.

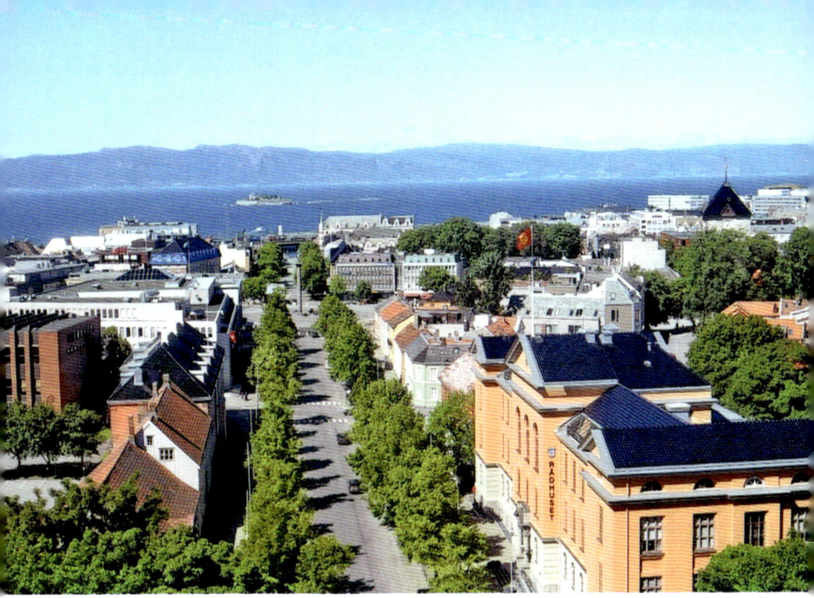

Blick auf Trondheim vom Kirchturm des Nidarosdoms aus (CO)

Weitere Sehenswürdigkeiten im Überblick

✝ **Hospitalkirche**: erste aus Holz gebaute, achteckige Kirche Norwegens von 1705, Kongens gate 70 A

✝ **Vår-Frue-Kirche**: Marienkirche aus dem 13. Jahrhundert mit romanischen und gotischen Stilelementen, Taufbecken von 1694, Kanzel von 1771, Kongens gate 5, 💻 www.nidarosdomen.no, 🚪 aktuelle Öffnungszeiten auf der Website

⌘ **Kunstmuseum Trondheim**: drittgrößte Kunstsammlung Norwegens mit Schwerpunkt von der Mitte des 19. Jahrhunderts bis zur Gegenwart, Bispegate 7 B, 💻 www.trondheimkunstmuseum.no, 🚪 aktuelle Öffnungszeiten auf der Website

⌘ **Ringve Museum**: Nationalmuseum für Musik mit ca. 2.000 Instrumenten aus aller Welt sowie 25.000 Notendrucken und Originalhandschriften, Lade alle 60, 💻 www.ringve.no, 🚪 Juni-Aug tägl. 10:00-17:00, Sep-Mai Di-So 11:00-16:00

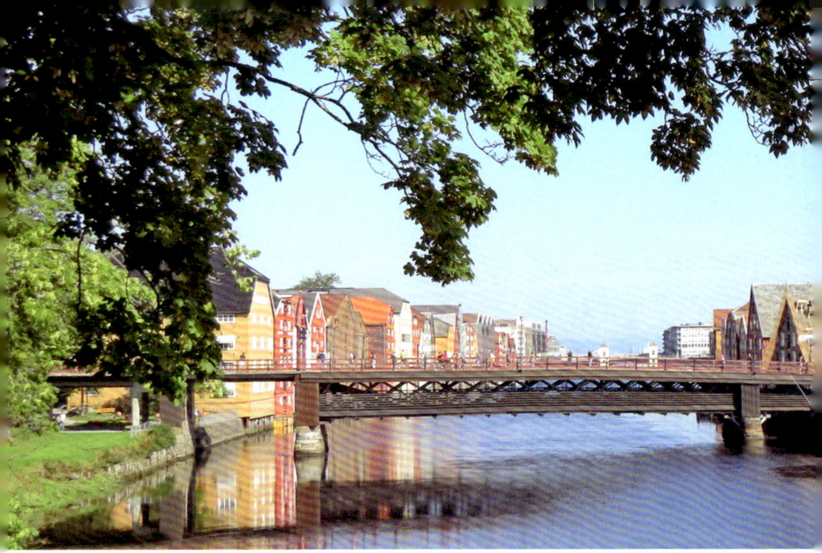

Alte Speicherhäuser säumen das Ufer des Nidelv

⌘ **Sverresborg**: Freilichtmuseum der Provinz Trøndelag mit gut 60 historischen Gebäuden und der nördlichsten Stabkirche des Landes, Sverresborg alle 13, 🖳 www.sverresborg.no, 🚪 Juni-Aug tägl. 10:00-17:00, Sep-Mai Di-Fr 10:00-15:00 und Sa/So 12:00-16:00

⌘ **Erkebispegården**: ältester Profanbau Norwegens aus dem 12. Jahrhundert, bis zur Reformation Residenz des Erzbischofs, heute Museum, u. a. mit den Reichsinsignien und archäologischen Funden, Bispegate 5, 🖳 www.nidarosdomen.no, 🚪 aktuelle Öffnungszeiten auf der Website

⌘ **Stiftsgården**: größtes Holzhaus Norwegens mit 140 Zimmern auf 3.000 m², 1787 als Palais der Geheimrätin Schöller errichtet, heute Residenz des norwegischen Königs in Trondheim, Munkegate 23, 🖳 www.nkim.no/stiftsgarden, 🚪 Mo-Sa 10:00-16:00, So 12:00-16:00 (Sommeröffnungszeiten)

⌘ **Festung Kristiansten**: Festung von 1681 auf dem Burghügel der Stadt mit fantastischem Ausblick

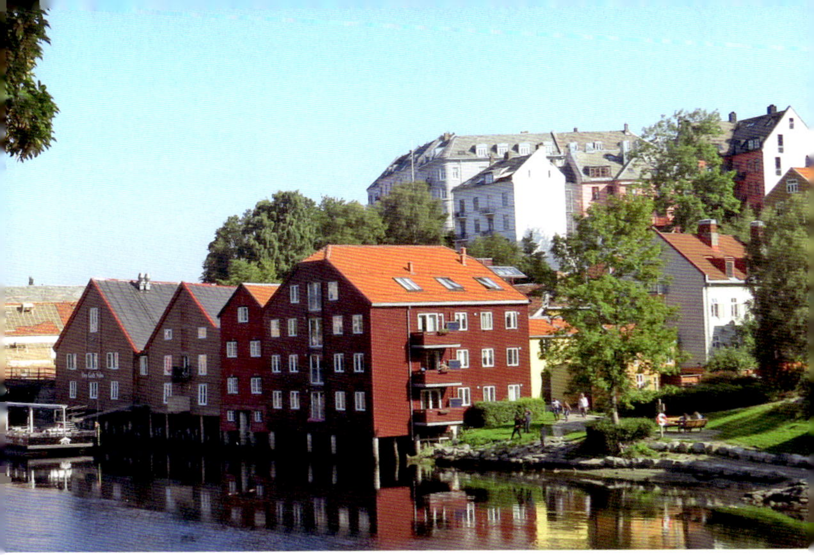

⌘ **Bybrua**: alte Stadtbrücke von 1861 mit zwei schönen roten Torbögen, am Ufer historische, in Pfahlbauweise errichtete Speicherhäuser aus dem 18. und 19. Jahrhundert

⌘ **Ravnkloa**: Fischmarkt und Fischhalle am Nordende der Munkegate

⌘ **Bakklandet**: ehemalige Arbeitersiedlung mit schönen alten Holzhäusern am Ostufer des Flusses Nidelv, weltweit erster Fahrradlift in der Staße Kristianstensbakken

⌘ **Munkholmen**: 2 km vor Trondheim liegende Schäre, früher Richtstätte, Kloster, Gefängnis und Zollstation, heute Ausflugs- und Badeinsel, Bootsabfahrten im Sommer täglich vom Fischmarkt Ravnkloa

❀ **Olavsquelle**: Pilgerquelle am Hadrians plass am Nordende der Elgeseterbrücke

❀ **Botanischer Garten**: 13 ha großer, 1973 gegründeter Universitätsgarten für Studien- und Forschungszwecke, Lade alle

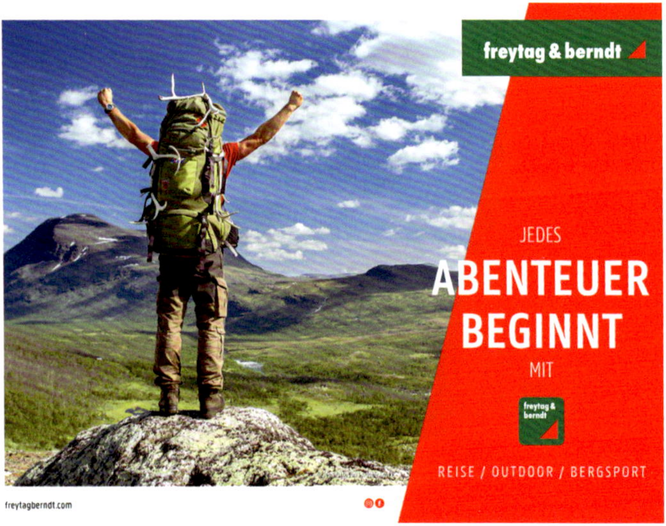
freytag & berndt
JEDES
ABENTEUER
BEGINNT
MIT
freytag & berndt
REISE / OUTDOOR / BERGSPORT
freytagberndt.com

Buchtipps aus dem Conrad Stein Verlag

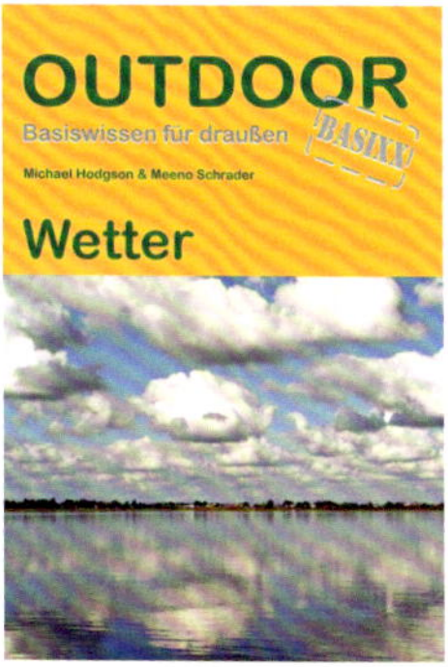

Wetter

Michael Hodgson & Meeno Schrader
OutdoorHandbuch Band 13
Basiswissen für draußen
96 Seiten ▸ 36 farbige Abbildungen
und 21 farbige Illustrationen

ISBN 978-3-86686-013-1

>>**Schwaben Alpin**: *„Wettervorhersagebücher gibt es ja viele. Nicht viele allerdings sind so klein und handlich wie dieses, das ja wirklich in Hosentaschengröße da liegt, aber trotzdem alles in sich trägt, was Otto Normal-Outdoorer so wissen muss, um die Wetterentwicklung einschätzen zu können."*

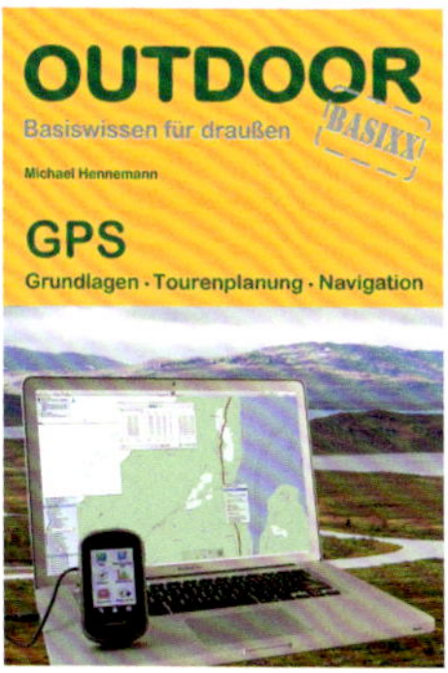

GPS
Grundlagen · Tourenplanung · Navigation

Michael Hennemann
OutdoorHandbuch Band 375
Basiswissen für draußen
160 Seiten ▸ 277 farbige Abbildungen

ISBN 978-3-86686-495-5

>> **outdoorsuechtig.de**: *„Das Buch glänzt durch seine präzisen Beschreibungen und durch viel Hintergrundwissen zur Benutzung eines GPS-Gerätes."*

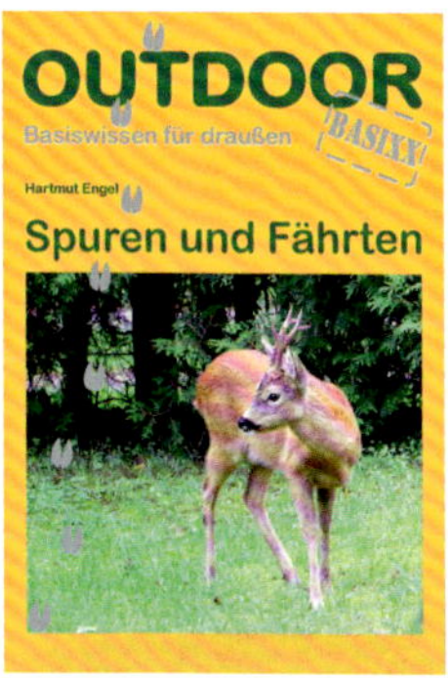

Spuren und Fährten

Hartmut Engel
OutdoorHandbuch Band 30
Basiswissen für draußen
125 Seiten ▸ 46 farbige Skizzen
und 39 farbige Illustrationen

ISBN 978-3-86686-353-8

>> FALTER:
„Kompetent und hilfreich."

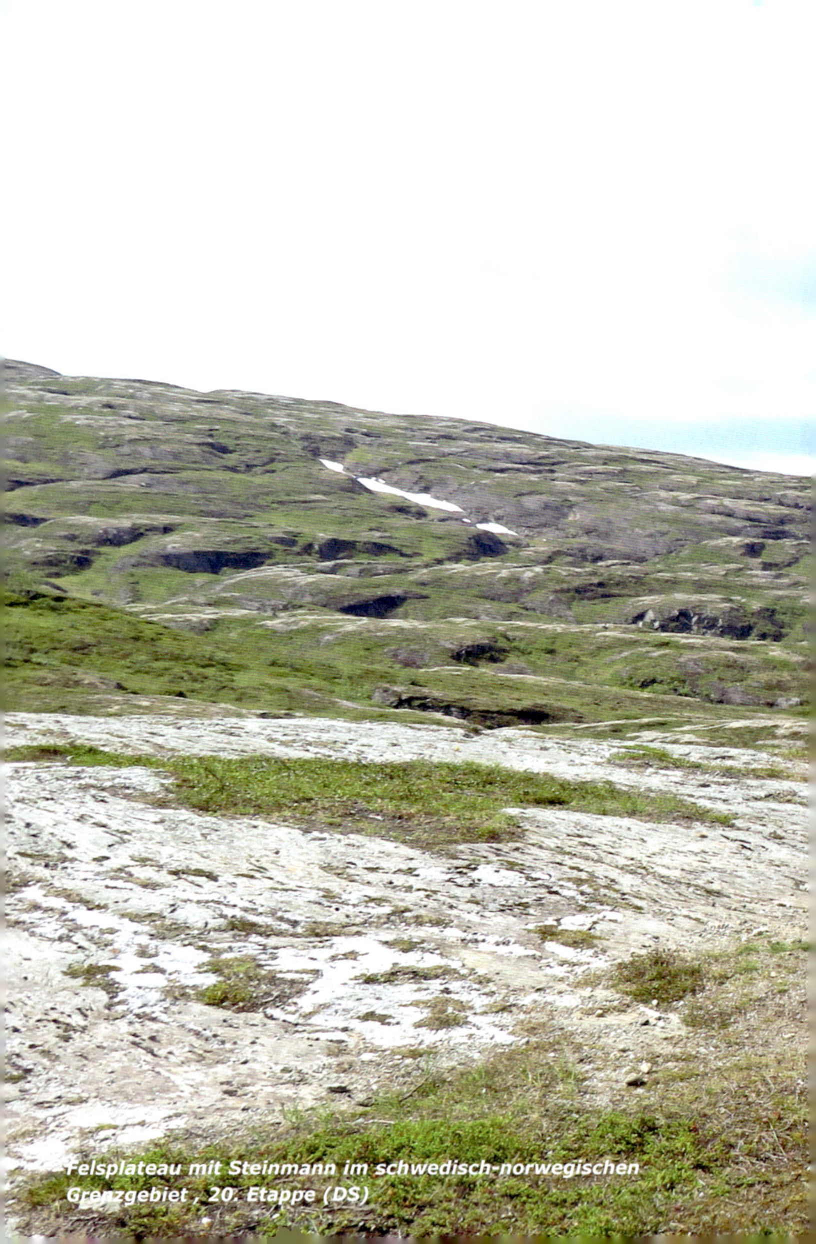

Felsplateau mit Steinmann im schwedisch-norwegischen Grenzgebiet , 20. Etappe (DS)

Index

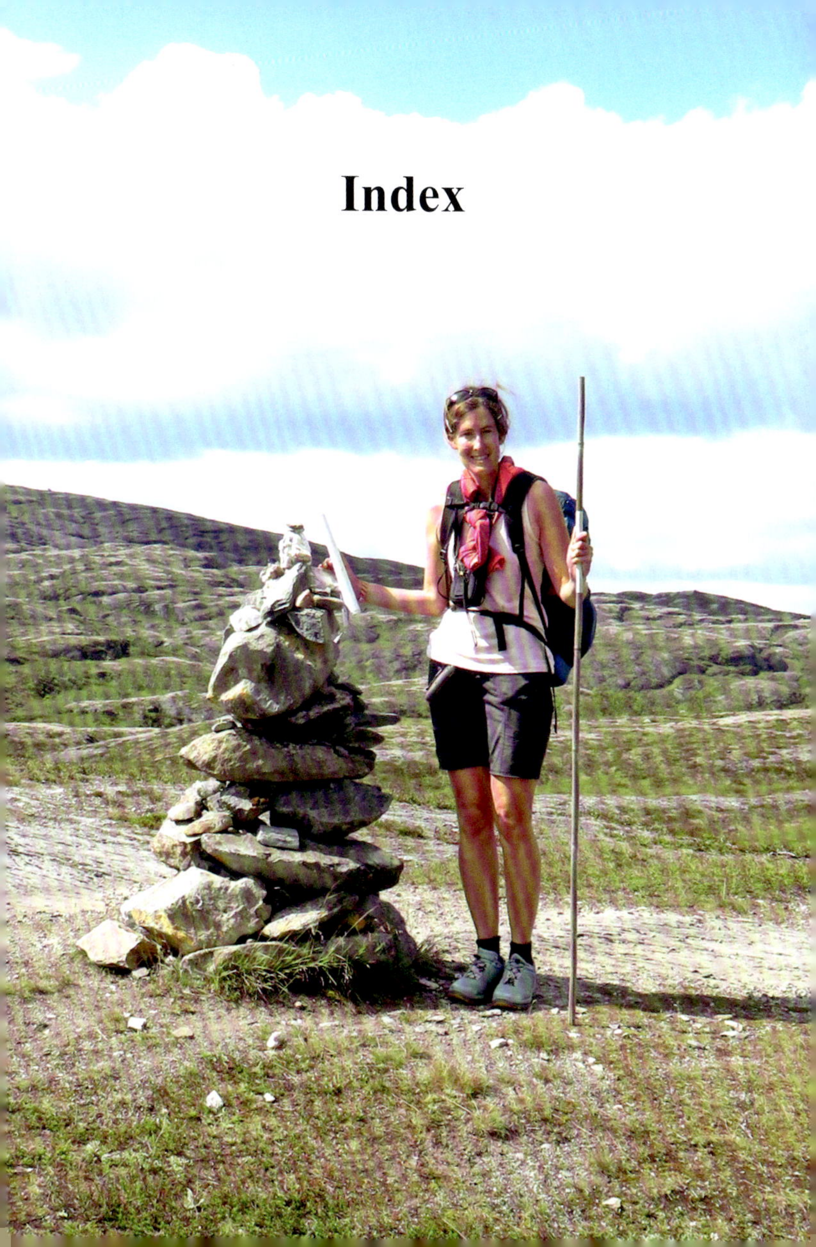

A

B

C/D

E

F

G

H/I